教育部人文社会科学重点研究基地重大项目成果

浙江省哲学社会科学重点研究基地——
浙江大学区域经济开放与发展研究中心出版资助

开放战略转型与

Transformation of Opening Strategy and
Development of Private Economy

民营经济发展

黄先海 杨高举 等◇著

人民出版社

目　　录

前　言

自改革开放以来,经过三十多年的发展,中国已成长为世界第二大经济体、跻身"中高等收入国家"行列。中国民营经济、民营企业也从无到有、从小到大,与整体经济一起经历了快速崛起过程。在对外经济领域民营企业也同样有不俗的表现,2015 年民营企业出口 1.03 万亿美元,占出口总额的 45.2%,占比首次超过外资企业(44.2%)居第一位;2015 年中国非金融类对外投资流量为 1456.7 亿美元,民营企业占40% 以上,已逐渐成为中国"走出去"的主力军。

然而,随着中国经济发展方式不可持续性的内在矛盾不断集聚,资源、环境的瓶颈约束日益彰显,劳动力、土地等要素价格高企,企业市场利润空间趋小,反映在对外经济领域就是原有的以低廉要素价格为支撑的比较优势逐步消失,传统开放红利式微。在新常态的大背景下,以追求规模、数量和速度为特征的中国对外开放战略已不能适应新的形势,亟待向质量效益提升转型。这对原本主要依赖资源要素价格优势参与国际竞争的中国民营企业来说,无疑是一个非常大的挑战,也是非常值得深入探讨的学术论题。

基于教育部人文社会科学重点研究基地"浙江大学民营经济研究中心"重大项目"开放战略转型与民营经济发展"的研究成果,本书对民营经济如何转变对外经济发展方式进行了深入探讨:前三章讨论了中国经济发展阶段转变、当前开放模式面临的挑战,中国开放战略转型的基本内容及其机理,并对开放战略转型的国际经验进行了总结与借鉴;第四、第五两章从理论和实证角度分析了民营企业全球价值链治理和出口复杂度提升的机理与影响因素;第六、第七章则从民营经济的角度分析了贸易逆向效应及其结构引擎功能重构,进口贸易的动态效应及其战略选择;最后两章分别探讨了民营企业对外投资的战略选择和国际分工地位提升的可行路径。

本书是多人合作的研究成果,参加各章节初稿撰写的有:黄先海(第一、二、九章),陈金俊(第一章),宋学印(第二章),胡馨月(第三章),余骁(第四章),蒋墨冰(第五章),陈航宇(第六章),贾曼曼、金泽成(第七章),蔡婉婷、卿陶(第八章),杨高举(第九章)。各章节初稿完成后,由黄先海教授和杨高举副教授进行了系统的修改和统稿。因时间与水平所限,全书的部分内容及某些观点难免存在值得进一步商榷之处,敬请读者不吝赐教。

第一章 中国经济发展阶段转变与开放模式面临的挑战

第一节 中国当前经济发展阶段

经济发展是一个伴随着收入、消费、贸易、制度、科技等因素综合发展的连续过程。对于政策制定者而言，了解本国经济发展所处的阶段，是评估过去经济战略成果以及制定科学经济发展方针的必要条件。因此，本章将对中国目前经济发展的阶段及特征进行评判，为之后的开放战略问题分析奠定基础。

一、历史性时点

中国经济发展过程中有两个里程碑式的时点：第一个里程碑时点是 2001 年，在改革开放 23 年后，我国人均 GNI 超过 1000 美元，终于摆脱"低收入国家"组，进入"中低等收入国家"组；第二个里程碑时点是 2010 年，经过 9 年的发展，中国跻身"中高等收入国家"行列，这一跨越速度在世界经济发展史中被誉为"东亚速度"。经过国际间的横向比较可知（见图 1-1），从"中低等收入国家"到"中高等收入国家"的转换，日本、新加坡和韩国分别用了 7、8、11 年的时间，其他国家耗时较多，如马来西亚用了 18 年，泰国和巴西均用了 20 年时间。

2010 年对中国经济发展具有十分重要的意义：根据世界银行的统计结果，中国当年人均国民收入（GNI）达到 4240 美元，走出"中低等收入国家"组，进入"中高等收入国家"组，标志着中国经过近三十年经济

（单位：美元）

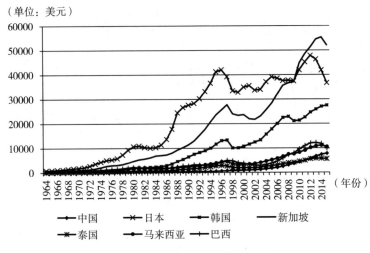

图 1-1　各国人均 GNI 发展比较

资料来源:世界银行:《世界发展指数》。

改革之后经济规模迈上一个崭新的台阶。① 改革开放后,中国人均国民收入(GNI)发展历程见图 1-2。

（单位：美元）

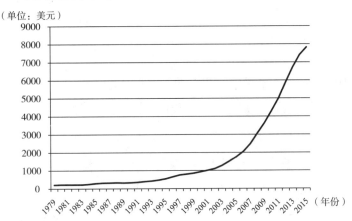

图 1-2　中国人均 GNI 发展过程

资料来源:世界银行:《世界发展指数》。

---

　　① 根据世界银行 2010 年的收入划分标准,"低收入国家"的人均国民收入(GNI)低于 1005 美元,"中等收入国家"的人均 GNI 介于 1006 至 12275 美元之间,"高收入国家"的人均 GNI 高于 12275 美元。其中,中等收入国家又被分为两个层次:人均 GNI 介于 1006 至 3975 美元之间为"中低等收入国家",而介于 3976 至 12275 美元之间为"中高等收入国家"。

摆脱了持续百余年的贫困境况之后，中国下一个发展目标是进一步的经济赶超——向高收入国家迈进，实现国家现代化。然而近年来，特别是国际金融危机爆发以后，中国经济结构性问题凸显，人口红利即将耗尽，经济发展过多依赖出口和投资，收入分配差距有扩大化趋势等。20世纪80年代拉美国家也曾在经历高速增长后进入中等收入国家，但之后因过低的储蓄率、过高的外贸依存度、过大的贫富差距等因素导致经济长期停滞，至今没有跨入高收入国家行列，落入了"中等收入陷阱"。如何吸取拉美国家经济发展的经验和教训、顺利跨越"中等收入陷阱"，向高收入经济体跃升，是中国面临的紧迫难题。

二、当前中国经济发展阶段的过渡性

20世纪70年代末，由于采用资本品进口替代战略，中国与拉美国家同时陷入经济增长停滞状态，后者继续维持动态封闭经济，而前者改变轨迹，走上了与东亚先行国家相似的道路——甄别和利用本国比较优势，努力调动本国生产要素，积极融入国际分工体系，从而实现了经济的快速增长。实际上，中国的开放过程也伴随着经济转型，而且具有所谓的"中国特色"，即中国的经济转型既是体制转型，又是结构转型。体制转型主要表现在资源配置方式上，即由计划经济转向市场经济，同时政治制度与社会环境也进行相应的调整。而结构转型则主要是指各产业或生产部门在国民经济中的相对地位变化，在中国主要表现为农业部门生产及就业所占比重的下降（高帆，2007）。

与东欧和俄罗斯之间的"突变"转型不同，中国采取的是"渐进"转型，正是这种渐进式的体制转型保证了社会秩序的稳定和国民经济的平稳发展。中国的体制转型是从1978年开始，率先在农村取得进展，以家庭联产承包责任制为核心的农村改革，经过试点和推广，终于在1984年把全国绝大部分农户转变成农产品的市场主体。同时在东南沿海地区，乡镇企业在计划经济体制边缘异军突起，这种自发的市场化行为被政府识别,并进行提倡推广。1984年着眼于城市的经济体制改革启动,在外围市场因素逐渐成长的情况下,城市经济改革的主要内容在于扩大企业经营自主权以及建立有效的价格体系,并限制了政府活动的范围。同时通过对外开放及设立"经济特区",中国积极利用本国比较优势与外国资本、技术与管理经验,试图通过扩大开放程度带动国内经济增长与改革。通过双轨式的转型路径,市场化的要素与资源配置方式和机制逐渐替代了计划经济,由于一、二、三产业的生产率差异,加之市场机制下价格发现体系的恢复运转与完善,以及经济主体逐利性的诱导,导致了要素与资源在产业及部门间的优化配置与流动,中国工业化与城市化浪潮即由此而起,其本质在于要素报酬及部门间生产率的趋同所引发的结构转型。从1978年至2014年,第一产业占GDP的比重由28.2%下降到9.2%,就业人数则从70.5%降到29.5%,说明二元经济结构显著地趋于收敛,这种趋势必然伴随着农村剩余劳动力的释放以及人均收入的提高,分别在供给和需求层面扩大了市场规模、深化了社会分工水平,这些都推动了市场化体制转型的进一步深入(高帆,2008)。经济转型解释了始于20世纪80年代的中国经济腾飞,GDP增长均速达9%,国民收入稳步增加,在2010年正式跻身"中高等收入国家",综合实力与地位明显上升。

然而,尽管总量迅速提升,但中国经济的结构性问题也不断累积,这应该归因于经济转型的非平衡性(高帆,2007)。这种失衡源于转型进度距离经济发展现实程度的滞后性。体制转型的非平衡性表现为:一是政府的过度干预,市场没有充分发挥资源配置作用;二是非国有经济在行业发展的不平衡和地理上分布的不均衡;三是金融、劳动力、土地等要素市场的市场化程度远低于产品市场;四是市场中介组织力量薄弱,行政效率低下等(王小鲁,2003)。而结构转型的非平衡性则表现为:一是城市化进程滞后于工业化进程(黄群慧,2006),现有的户籍制度与社会福利保障制度阻滞了农民工向城市居民的转化;二是经济发展重效率轻公平,农村居民收入增长滞后于城镇居民,收入差距不断拉大,基尼系数不断上升。作为市场化改革的结果,城镇居民也面临医疗、教育与住房等预算硬约束,无法迅速提高购买力,最终抑制国内消费对产出的贡献程度。

经济转型期的深层次结构性问题进一步外化为中国国民经济对投资及出口的过度依赖。经济增长的投资依赖倾向可追溯于计划经济时代至改革开放初期的资本短缺局面,即利用大规模投资对抗生产能力不足的矛盾。经济体制改革启动后,"双轨"性质使得计划经济的因素与机制尚未被市场经济完全取代,特别是政府干预色彩较明显,政府主导投资的动力仍然存在。过度依赖投资的增长方式会在经济体发展过程中产生某些隐患:社会生产能力迅速发展,但是社会的实际消费能力增长缓慢,会带来严峻的产能过剩局面。比如现阶段,我国的钢铁、煤炭、水泥、有色金属等的产量十分巨大,已经达到或超过世界其他国家生产总和,而这些产量消耗严重依赖于房地产行业的发展(尹中立,2012)。投资的迅速扩张也拉低了国内资本回报率,迟福林(2012)的研究表明,国内投资产出率已经从 1997 年的 3.17 下跌到 2010 年的1.44。另外,投资规模的扩大需要充足的货币供给,持续增加的 M_2 供给,在诱发通胀的同时,有可能提高银行业的不良贷款率,增加金融系统性风险。

中国经济偏重出口的发展方式需要从推力和拉力两方面进行分析。内需不足是出口导向策略的推力,而全球经济一体化趋势与国内较低的生产要素成本则构成了拉力。国内学者大多认为,当前中国的外贸增长方式还是数量型、粗放型扩张。中国依靠相对低价的商品促进了货物出口的迅速扩张,1980 年,中国贸易出口占世界出口总额的比重为 0.89%,到 2015 年已上升到 13.8%。然而,这种数量扩张下的贸易方式主要以加工贸易为主,中国在全球价值链上的比较优势依然锁定在劳动密集型的加工组装环节上,在国际分工体系中,处于低技术和低附加值的一端。扩张式的出口数量可以带来扩张式的出口收入，这可以被逐渐改善的收入贸易条件所验证，然而价格贸易条件却随着出口贸易扩张不断恶化，暴露了中国目前出口贸易效益不高的事实（简新华、张皓，2007）。国际金融危机以及欧洲主权债务危机爆发以来，以及由此引发的国际贸易保护主义以及发达国家"再工业化"浪潮，极大增加了国际市场的不确定性，将通过影响出口贸易对中国实现经济转型的进程产生消极作用。

毋庸置疑，三十余年的体制转轨与结构转轨给中国带来了经济总量与国际地位的显著上升。然而，由于市场化改革与二元经济结构转化进度相对经济发展现状的滞后性，一些结构性问题也在累积，进一步表现为国民经济的投资与出口主导性质。总之，由于经济转轨所引致，现阶段中国经济发展的基本特征具有过渡性质。

第二节　中国开放模式及其面临的挑战

对于中国在过去几十年中究竟采取的是何种开放模式，国内学者在不同角度上进行了研究。陆定、张永镕（2000）在东亚区域内总结了两种典型开放模式：一种是以日本为代表，以出口经济增长为特征的"外贸主导型"；另一种是以东盟和"亚洲四小龙"为代表，以引进国际资本带动国内经济与出口增长为方略的"外资导向型"，并认为中国同时借鉴了这两种模式，且正在走向第三种模式——大国经济背景下的内需导向型。张幼文（2003）从改革与开放关系的角度出发，认为中国开放模式的演进与经济体制改革的推进是互为动力、相互促进的，改革优化国民经济结构与企业经营能力，进而深化中国在国际分工中的参与程度，而开放则把竞争、市场规则与稀缺要素引入国内，促进了国内经济的市场化程度。张二震（2005）认为中国主要采取了贸易导向型的开放战略，进一步地，中国的外贸依赖外资驱动，加工贸易占据较大比重。在要素分工及贸易投资一体化的国际背景下,中国应以要素分工为基础,融入以跨国公司为主导的国际分工体系,转变开放战略。黄先海(2008)从省域角度,根据国际化启动的顺序,总结出中国存在的三种开放模式:一是"顺推型"开放,即国际化进程始于企业层面;二是"倒逼型"开放,即国际化始于市场层面;三是"扩散型"开放,即国际化始于分工层面,并以"倒逼型"的浙江为例,认为其开放模式在未来需要在国际范围内提升市场势力与要素汲取能力,拓展中高端领域开放。王宏淼(2008)用"新重商主义"概括中国开放战略,认为中国在改革开放后已经渐进式地形成了以国家干预为基础,以资本控制、出口导向、税收及准财政激励和固定汇率及强制结售汇制为四大支柱的开放模式或战略,认为在不放弃这一战略的前提下,应根据"重市场、重金融、重富民"的思路进行调整。于立新、陈万灵(2011)通过数据分析认为,中国正在经历从量变到质变的转换过程,根据互利共赢对外开放战略的指导,中国的对外开放将更加兼顾数量与质量、国内改革与对外开放统筹以及本国利益与伙伴国利益。

无疑,以上研究对中国开放模式的特征及其面临的挑战进行了一定的阐述,具有一定的借鉴意义。

一、中国开放模式的特征

欲对中国开放模式进行深入剖析,必须从绝对动态的演进规律以及相对静态的现状特点进行研究,下面分别从纵向特征与横向特征两方面进行总结。

(一)中国开放模式的纵向特征

从历史演进的角度看,作为中国经济转型的重要组成部分,中国对外开放模式亦有渐进特征。中国政府根据国内经济改革与世界经济全球化不断深入的现实,在发展与稳定的目标下,循序渐进地调整开放模式。从区域布局上看,对外开放区域历经由经济特区到沿海经济中心城市再到内地经济中心城市的"由点及面"式的纵深推进过程；从开放产业上看，中国贸易与投资的开放始于顺从比较优势的生产制造业，逐渐向更高技术复杂度的工业部门以及服务业扩散；从政策工具上看，政府用以引导与推进开放模式的政策，已经从开放初期的管制型过渡到功能型，即通过创造有效率的市场环境以提升国际竞争力的服务措施。渐进性的开放模式与中国整体的经济改革思路和近三十年来的经济全球化的进程是密不可分的。

20世纪70年代末，历经政治动荡与自然灾害，当国家重心开始转移到经济建设时，中国经济面临的基本状况是：计划经济体制根深蒂固，国民经济落后，经济结构失衡，技术短缺，但低成本劳动力丰富。因此，中国政府通过出口与引进外资，以拉动国内经济增长，同时进行经济管理体制改革。进入20世纪90年代，经济改革取得巨大成就的同时，中国也面临某些结构性问题，比如内需不足，国企垄断及低效问题，对外向型经济的深入推进因此有了必要性——通过扩大出口规模带动经济增长、提升国民收入；通过对外资的有选择引进，寻求比较优势的静态利用与动态升级，促进国内企业的竞争与效率的提高。由此可见，随着中国经济不断发展、改革的不断深入，对外开放模式及其侧重点也在不断演进。

改革开放初期的20世纪80年代，对外开放的定位仅仅为国内改革的补充(李安方，2007)。20世纪末到21世纪初，随着科技的进步与各国贸易壁垒的削减，要素在世界范围内的流动性大大增强。在跨国公司的推动下，生产与服务活动在全球范围内的分工趋于专业化，各国根据其比较优势参与这种以要素分工为特点的国际分工，在全球价值链上占据不同的增值环节。中国逐渐认识到积极融入经济全球化需要拓展要素分工，实现贸易投资一体化，因此大力引进外资，积极发展加工贸易，以投资带动贸易，通过数量扩张改善收入贸易条件，为国内经济的起飞奠定了重要基础。经历了中国加入世界贸易组织、世界金融危机、欧洲主权债务危机等国际重大事件之后，基于对经济全球化负面效应的认识以及提升价值链控制能力的需要,中国的开放模式也在 WTO 框架内进行调整,追求不断提高参与国际分工的要素质量,并且逐步推进贸易投资自由化进程。

(二)中国开放模式的横向特征

从世界范围看,第二次世界大战后新兴市场国家特别是东亚国家普遍采取了系统的政府干预经济路径。日本与韩国采用的是被克鲁格曼称为"结构式新重商主义"产业政策与出口导向型政策,对其经济地位飞速上升具有巨大贡献(王宏淼,2008)。中国也不例外,并在三十余年不断深化的实践中形成了具有"中国特色"的开放模式。围绕着"国家干预"这个主特征,可以进一步细分为三个横向特征:

一是出口导向。中国经济改革初期恰逢新一轮国际产业转移,同时又有东亚先行国家的示范效应,因此中国凭借大量低成本劳动力的比较优势逐步融入国际经济体系。可以认为中国的三十余年开放模式有着明显的数量扩张型出口导向特征,在政策倾斜下,出口一般高于进口,且维持较高的贸易顺差(见图1-3)。

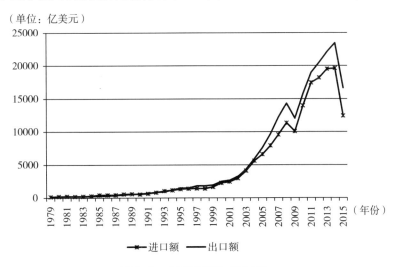

图 1-3　中国历年进、出口额

资料来源:根据历年《中国统计年鉴》整理。

在出口商品种类方面,中国以出口中低档工业制成品为主,进口则以自然资源、中间品与资本品为主(见图1-4到图1-6)。中国加入世界贸易组织之后,随着开放程度的增加以及国际重大事件带来的外需震荡的加剧,加上国内产业升级的迫切需要,中国近年来对外贸战略进行调整,鼓励进口,轻微扶持出口,国内有的学者称之为"出口导向的混合战略"(孔庆峰、王冬,2009)。

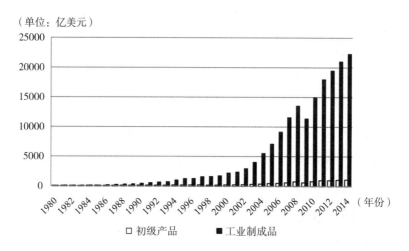

图1-4　历年出口产品金额与分类

资料来源:根据历年《中国统计年鉴》和《中国贸易外经统计年鉴》整理。

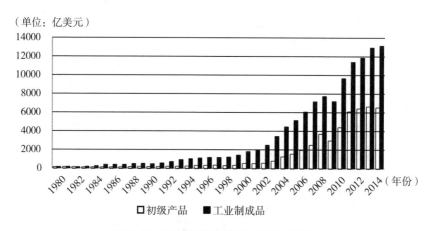

图1-5　中国历年进口产品金额及分类

资料来源:根据历年《中国统计年鉴》和《中国贸易外经统计年鉴》整理。

（单位：%）

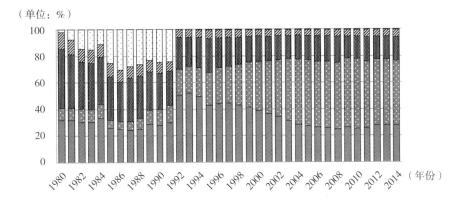

■ 杂项制品　　　　　　　　　　　　　　▨ 机械及运输设备
▨ 轻纺产品、橡胶制品、矿冶产品及其制品　▨ 化学品及有关产品
□ 未分类的其他商品

图1-6　中国历年出口工业制成品构成

资料来源：根据历年《中国统计年鉴》和《中国贸易外经统计年鉴》整理。

　　二是汇率稳定与资本管制。为了配合出口导向战略，人民币汇率在相当长一段时期内存在人为的低估。随着中国外贸结构的优化及金融市场的逐步完善，中国从 2005 年开始进行汇率改革，实行以市场供求为基础、参考一揽子货币、有浮动的汇率管理制度，人民币开始了缓慢的升值过程。尽管增加浮动弹性是趋势所向，当前的汇率变动以相对稳定为主，但为国内产业多样化与转型升级争取了时间，减少了出口风险。当然，中国亟待升级的产业格局以及巨大的外汇储备也不允许人民币大幅升值。作为维持汇率稳定与货币政策自主性双重目标的结果，中国保留了资本控制，主要模式为行政审批与数量控制的直接管制方式，管控的重点是资本流出和短期资本，因此资本流出严于资本流入，短期资本严于长期资本（王振全，2006）。资本控制一方面可以使国内利率免受国外利率的约束，另一方面可以维护中国政府对国内金融活动的管理能力。

　　三是产业政策的应用。进入 21 世纪，商品与资本的高速、频繁流动早已把各国市场紧密结合起来,一国国内的产业政策也逐渐跨越国界,影响对外经贸,其中的一个表征为中国的出口退税、企业补贴等"硬性"的产业政策招致越来越多的制度性贸易摩擦。例如2010年实施的以提高我国稀土市场国际地位为目的的稀土产业政策,2011年为支持国内自主创新实施的政府采购政策等,都遭到日、美等贸易对象的质疑和控诉。近年来特别是国际金融危机爆发之后,中国政府开始对产业政策与贸易政策进行协调,一方面遵循国际贸易规则,调整不协调的部分产业政策,缓和日益升级的制度性贸易摩擦;另一方面开始关注中国的技术创新与产业竞争力等产业发展问题,通过产业政策与贸易政策的配合引导中国产业结构调整与优化升级,逐步调整数量扩张的出口导向型贸易格局。

二、中国开放模式面临的挑战

毋庸置疑,中国的开放模式有力地推动了三十余年来中国经济的腾飞,然而这一模式发展至今已经暴露出许多问题,是经济改革与发展进入新阶段前必须解决的。

(一)低端锁定

中国在开放过程中按照比较优势参与国际分工,虽然出口产品的结构与技术在逐步优化升级,但仍面临"低端锁定"的困境。一方面,由于主要依赖劳动力资源与自然资源的比较优势,中国长期处于产品价值链的低端,并且随着参与国际分工的深化而不断强化;另一方面,虽然中国在某些制成品的生产与出口中进入高附加值环节,但技术进步的表面下是对外资及其技术的大量引进与依赖,主要通过技术外溢与模仿提升国际分工地位,自主创新基础仍然薄弱,技术升级、产业结构优化升级进展缓慢。

(二)逆向效应

由外资推动的加工贸易规模迅速扩张,有效地增加就业与引进相对先进的工艺技术,能对经济增长的正向产生间接且较长期的作用。但陈继勇、杨余(2008)的实证研究表明,相比加工贸易,一般贸易能更为显著地促进经济增长。然而,目前从事一般贸易的企业面临双重挤压:对加工贸易的政策倾斜引导了大量国内企业参与加工贸易,外资企业也在政策优惠的鼓励下大量进入国内开展加工贸易,这些挤压因素激化了国内出口市场的竞争,也加大了从事一般贸易的企业国际化成本,进一步地影响了国内相关企业的发展和产业升级。

(三)货币政策受困

改革开放初期,为了维持出口产品低价优势,除了使用出口退税、企业补贴等产业政策措施,中国政府还采取低估汇率的手段。强制结售汇制度作为固定汇率制的配套措施,有效突破了外汇瓶颈,维护了中国货币稳定。但随着中国贸易顺差扩大,外汇储备不断增加,意味着基础货币大量释放,进而给国内经济带来流动性过剩与通货膨胀压力。中央银行为了抑制资产价格与物价上涨,需要通过公开市场操作回收超发货币,同时又要兼顾稳定汇率与经济增长目标,货币政策的独立性因此受到较大牵制。

(四)内外经济失衡

出口与进口是国际贸易活动中两个相互影响的有机组成部分,但国内学界与决策层却把过多的关注投放在出口上。改革开放之后相当长的一段时期内,人均收入较低、技术落后、外汇短缺的背景,强化了激进的出口导向的合理性。在当前国内外经济背景变动的情况下,继续片面追求出口将会面临国内产业"低端锁定"与外需波动对国内经济的冲击等问题。实际上,在协调产业政策与出口政策的前提下,促进进口不仅起到引进技术的传统作用,而且在供给角度上,可以增加国内相关市场的开放与竞争程度,提高企业与产品的竞争力。在需求角度上可以增进国内消费者福利,完善与进口产品相关的上下游产业,从而有助于市场拓展与产业发展。

经济失衡还表现为国内地域发展失衡。以加工贸易为例,从事加工贸易的企业主要集中在广东、上海、江苏、浙江、福建和山东六省市,占全国加工贸易总额的 90% 左右。这些地区大量的加工贸易,是在广泛吸纳中西部地区自然资源与劳动力的基础上开展的,这在一定程度上加剧了沿海地区与内陆地区的经济失衡,拉大了地区差距。

第三节　中国开放战略转型的背景与依据

经过三十多年的改革开放和快速增长,中国已经成为世界第二大经济体和第一大贸易国。然而,国内外经济社会环境今非昔比,决定了中国以出口导向和追求贸易规模的对外开放模式具有不可持续性。

一、开放战略转型的国内外背景

(一)经济发展阶段面临升级

中国人均国民收入在 2010 年达到 4240 美元,进入"中高等收入国家"行列。在顺利跨越了"低收入"与"中低等收入"之后,中国的后续发展处在一个十字路口:是沿着日本、新加坡等东亚先行国家的"黄金增长路径"维持高速增长,最后跻身"高收入国家",还是步巴西、阿根廷等拉美国家的后尘,陷入"中等收入陷阱"?

经济增长动力决定了中国经济发展的阶段。从改革开放伊始到 2008 年国际金融危机,中国经济增长动力主要有两个:首先是以体制转型与结构转型为表现的经济转型,逐步建立与完善了市场机制与价格体系,鼓励了经济主体的逐利本性,促进通过不同产业与部门生产率的趋同,掀起"工业化"与"城市化"浪潮;其次是比较优势原则下的要素粗放型投入。李名峰(2010)的研究表明,以 2003 年为界的前后两个阶段,分别对应着劳动力与土地对经济的显著贡献时期,中国凭借人口红利与土地政策参与国际分工,有效促进了对外贸易与招商引资的快速发展。此外,能源等自然资源和国内资本的大量积累也为经济快速增长提供了重要引擎(郑秉文,2011)。国际金融危机之后,粗放式发展模式的不可持续性已经显现,中国应该走内涵式增长路径,克服对粗放经济发展方式的惯性依赖,以自主创新与效率提升作为经济发展新动力。与之相对应地,开放模式的追求目标也要从规模与速度转型到质量与效益,以维持较高的经济增长率,推动中国继续向高收入国家收敛。

(二)国内要素禀赋的变化

劳动力禀赋的变化一直以来备受学界与决策层的关注,特别在2004年"用工荒"在沿海地区首次出现之后,表明中国廉价劳动力已不再是无限供给状态。与此同时,熟练工人供应却处于短缺状态。尽管学术界对中国是否已过"刘易斯拐点"尚存争议,但根据第六次人口普查的结果及其预测,中国的人口红利将于近几年消失(巴曙松,2011;袁霓,2012)。[①] 计划生育政策以及最低工资制度的继续实施将使得中国以往基于低廉劳动力的静态比较优势不断弱化,而周边国家凭借更低廉的劳动力对出口导向战略的仿效更是加速了这一过程。

资本包括物质资本与人力资本,而物质资本积累是新兴国家经济迅速增长的最初动力。目前中国尚无物质资本总量的官方数据,学术界对于此问题的探讨也主要采用永续盘存法(贺菊煌,1992;王小鲁、樊纲,2000;张军、章元,2003;李治国、唐国兴,2003;单豪杰,2008;范巧,2012等)估算,虽然研究者在基年资本存量与资本折旧率的选择上尚存争议,但都能导出一个基本结论:改革开放以来,中国的物质资本存量增长速度十分迅速。以范巧(2012)的估算结果为例,以1952年的不变价为准,1978年中国物质资本存量为6301.00亿元,2009年达到129247.14亿元,年平均增长率达10.6%,高于同期的GDP年平均增

---

① 袁霓(2012)认为"刘易斯拐点"指经济体中劳动力供给从无限剩余到有限剩余的转折点,是一个总量概念,而"人口红利"指经济体中劳动适龄年龄人口比重较大,社会需要抚养的老年人比重较小,社会的人口年龄结构有利于经济增长的情况,是一个结构概念。

长率。至于资本形成的原因,扬(Young,1994)认为东亚新兴经济体增长的主要原因是资本深化,即资本—劳动比例显著增加,而全要素生产率无显著增长。李治国、唐国兴(2003)进行了实证考察之后也认为,中国在1994年的转型阶段有增量改革特征,随着配置效率改善空间越来越小以及动态效率的停滞不前,资本产出比例在下降,之后的改革开放阶段依靠资本深化促进经济增长,一定程度上带来了资本产出比例提高的趋势,也产生了当前资本形成与利用的粗放问题。学界普遍认为,人力资本可以弥补资本与劳动边际收益递减的影响而促进增长。然而,人力资本在估计方法以及数据可获得性上的困难与争议更大。据叶飞文(2004)基于1990年不变价的估算(见表1-1),考虑了国民在教育、训练与信息获取等方面的投资以及受教育期间维持人口再生产的投入后,可以发现中国人力资本的总量以及在资本总量中的比例维持上升趋势。

表1-1 中国人力资本现状

年份	名义人力资本 总量(亿元)	实际人力资本 总量(亿元)	实际物质资本 总量(亿元)	人力资本比 物质资本
1952	239	602.3	2501	0.240
1964	2126	4347.6	8153	0.533
1982	9354	17227.0	31657	0.544
1987	18588	26516.0	48231	0.549
1990	34492	34492.0	62403	0.553
2000	225839	132379.0	178548	0.741

资料来源:叶飞文:《要素投入与中国经济增长》,北京大学出版社2004年版,第120页。

技术进步对经济的贡献受到学界与政策层越来越多的关注。中国改革开放初期恰逢全球第三次科技革命在发达经济体中迅猛发展,特别是20世纪90年代苏联解体与东欧剧变后,国际竞争主要体现在经济和科技实力上。认识到科技对生产力效率提高的巨大推进作用之后,中国开始注重并加速科学技术的发展:通过"科学技术是第一生产力"的口号将经济与科学技术的发展结合在一起,"科教兴国"战略也使中国史无前例地重视知识、技术与人才。从科学技术基本情况上看,国家对科技的投入呈上升趋势,发明专利授权数与高技术产品进出口额的走势也体现了中国科技发明与科技市场化情况的改善(见图1-7)。

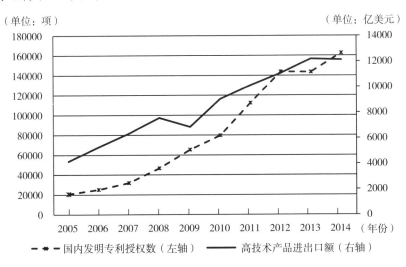

图1-7　发明专利授权数高技术产品贸易额

资料来源:据历年《中国统计年鉴》和《中国科技统计年鉴》整理。然而,考虑到中国经济总量已经居世界第二,如果与其他发达国家相比,中国的技术要素仍相对稀缺。以 Essential Science Indicators(ESI,基本科学指标数据库)论文被引用为例,中国截至2009年8月在被引用次数方面排名世界第九,但论文平均被引用数只有5.24次/篇,明显低于排名前后的国家(见表1-2)。

表1-2　各主要国家论文引用状况表

国家	位次	被引用次数(次)	论文数量(篇)	论文引用率(次/篇)
德国	2	9406841	766162	12.28
英国	3	9399334	682018	13.78
日本	4	7602742	788650	9.64
法国	5	6304141	548046	11.5
加拿大	6	5233211	424562	12.33
意大利	7	4417871	403588	10.95
荷兰	8	3419657	236344	14.47
中国	9	3404466	649689	5.24
澳大利亚	10	3067686	276622	11.09

资料来源:ESI,基本科学指标数据库。

张如意（2012）利用工业行业的研发投入与产出水平数据，测算了2009 年中国 37 个工业行业的技术效率指数，结果表明技术效率高的行业比例只占 16%左右，并且集中在"传统行业"上，比如化学纤维制造业，皮革、毛皮、羽毛（绒）及其制品业等，这说明中国技术研发的低投入产出比特性。总体说来，我国的研发投入虽然一直在增长，但是其占 GDP 的比重仍然很低（见图 1-8）。许庆瑞（2012）对中国技术进步历程的追溯表明，中国许多战略性产业通过"市场换技术"手段，没有抓住技术外溢与模仿后的自主创新机遇，陷入了技术依赖困境，在核心技术上与发达国家存在相当差距。当前中国正在经历由市场、要素驱动经济向效率、创新驱动经济的转换过程，自主创新能力的提升至关重要。

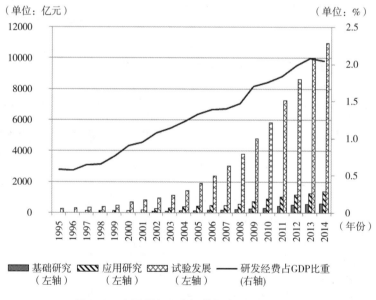

图 1-8　中国历年研发经费及占 GDP 比重

资料来源：根据历年《中国统计年鉴》和《中国科技统计年鉴》整理。

（三）国内居民收入差距的变化

根据国家统计局公布的数据，2015 年中国居民收入基尼系数为0.462，比 1981 年的 0.309 高出 0.153，表明改革开放至今居民收入差距不断拉大。[①] 直观上对这种现象的解释是居民工资增长速度相对GDP 而言比较缓慢,导致劳动者收入份额的下降。李稻葵(2007),白重恩、钱震杰(2009),黄先海、徐圣(2009),肖文、周明海(2010)等学者对此问题从不同角度进行了分析。其中肖文、周明海(2010)的实证研究表明,劳动份额收入份额下降不仅与产业结构变动、技术进步以及国有垄断力量下降有关,而且也与贸易模式的转型有关。在经济及外贸发展仍属于以数量追求为特征的粗放型时,市场环境对出口产品价格与成本的干扰,以及出口产品从劳动密集型向资本或技术密集型的转变,都会压缩对低廉劳动力的需求,因此降低居民劳动收入比例,降低社会福利,甚至影响社会稳定。所以,居民劳动收入份额下降与收入不公平加剧,可能是国内经济与开放模式不协调的结果,因此也需要通过经济发展与开放模式的转型以解决这个事关社会稳定的问题。

(四)国际经济环境的变化

目前,始于20 世纪70 年代的电子信息革命仍在改变着各国产业布局以及国际竞争力,而新一轮以生物、纳米、材料和信息技术领域交叉结合为特征的科技革命也初现端倪。[②] 作为对科技经济史规律的借鉴运用,利用科技创新扶持与发展战略性新兴产业在当下成为各国应对国际经济危机的突破口。作为科技创新与产业调整的领先国家,美国政府也在2009 年推出了7870 亿美元的经济刺激方案,计划在新能源、生物、信息与航天等领域进行大量投入。发展中国家特别是新兴国家要走出金融危机,实现下一阶段的经济赶超,应该以全球视野与战略眼光跟踪科技革命的发展,根据本国国情发展新科技和新技术。当前中国正在经历要素结构升级,技术与产业协调度在上升,企业与企业家

---

① 资料来源:国家统计局网站,http://finance.sina.com.cn/stock/t/2016 - 01 - 19/doc - ifxnqriz9875090.shtml。

② 参考 Silberglitt, Anton, Howell, Wong(2006)为 RAND 公司所作的报告"The Global Technology Revolution 2020, In-Depth Analyses"。

在国际化中不断成熟,应该把握新科技革命发展和全球经济调整的历史契机,改善中国的国内发展模式与国际分工地位。

当前的世界经济仍未完全走出2008年国际金融危机的影响,仍处于缓慢的复苏阶段。复杂的经济政治格局导致了严峻的国际贸易形势,新的贸易保护主义有重新抬头的趋势。部分国家政府为了促进出口与降低本国失业率等经济与政治目的,出台了带有对外歧视性质的经济刺激政策,例如美国的"购买美国货"计划、欧美日对本国汽车工业的资金援助计划,以及印度、阿根廷、巴西等发展中国家紧随其后的贸易限制措施。当下的贸易保护主义具有名义上合理性、形式上隐蔽性、实施上便利性与作用上有效性等新特征(吴桂华,2010)。中国由于长期依靠数量扩张性出口模式以及由此带来的巨额顺差,成为众多贸易限制与贸易摩擦的目标,再加上政府、行业协会与企业的联动不足,没能有效地化解针对我国的贸易保护措施带来的负面影响,导致中国深受贸易保护主义之害。为了应对问题,中国不仅要在WTO协调机制下促进国内外相关利益方的有效沟通,更要在内因上,即经济发展与产业结构上寻求转型与升级,以在长期中提升国际分工地位及主动权。

中国在向国际分工价值链攀升的过程中受到愈演愈烈的前后竞争。中国在过去的改革开放过程中借鉴东亚先行国家的发展模式,承接由发达国家转移而来的相对落后的生产技术与过程,实现了与发达国家竞争与合作协调并行的状态。日本、韩国、中国台湾等经济体在技术引进消化过程中逐步提升了自主创新能力,经历20到30年的发展阶段也实现了技术输出,提升了国际分工地位。然而中国至今仍处于大规模的技术引进阶段,对自主创新的经济与政策激励不足,过度依赖劳动或资本密集型产业的局面犹在。技术、管理能力等动态比较优势的汲取与构建上的滞后,导致中国企业在与发达国家企业的国际合作与竞争中缺乏主动权。此外,周边发展中国家与地区也竞相效仿中国的出口导向战略,积极发展外贸外资,以更加低廉的劳动力成本和更优惠的招商政策,对中国的静态比价优势构成威胁。近年来部分劳动密集型产业外资纷纷从中国撤厂,转移到越南、柬埔寨等东南亚国家,就是最明显的例证。

二、开放战略转型的理论依据

中国在达到中高等收入国家水平后,如何通过外贸战略的转型,避免落入"比较优势陷阱"和"中等收入陷阱",需要有可靠的理论支撑。从实践来看,对我国外贸战略转型有重要借鉴意义的是动态比较优势理论和战略性贸易政策理论。

(一)动态比较优势理论

动态比较优势是指要素积累和技术进步会引起比较优势的动态变化,由此使得比较优势部门升级或分工环节提升(Balass,1977)。该理论的核心内涵是比较优势并非一成不变,在现实中,如果政府欲推动某个产业的发展而加强对其投入,则可能使得该产业从国际贸易中的劣势地位转变为具有比较优势地位。根据动态比较优势原理,政府可以对具有潜在比较优势的产业进行适度的政策干预,以促进其快速成长,具体而言,一方面可以对要素、技术和生产率进行提升;另一方面构建起相应的制度安排与环境,培育潜在比较优势的产业。该理论是筱原三代平对德国经济学家李斯特幼稚产业保护论的发展,他认为,如果按照李嘉图的比较优势理论,发展中国家只发展具有比较优势的初级产业,而发达国家发展具有比较优势的重工业,初级产业的生产收入弹性低,技术进步慢,因此长远来看,这种按照传统的比较优势理论的国际分工模式对于发展中国家是十分不利的,会拉大发达国家与发展中国家的收入差距。史蒂芬·瑞丁(Stephen Redding,1997)进一步对动态比较优势进行了论述,认为发展中国家在参与国际分工的过程中会面临两种选择:按照比较优势原则专业化生产低技术产品,或是通过政府选择性的产业政策建立动态比较优势,当前比较优势是过去的技术变迁路径内生决定的,并同时决定着现在的技术创新速度。因此,自由贸易不一定比保护贸易能够获得更多的福利,即按照当前的比较优势进行自由贸易可能会降低本国的社会福利,因为这会使得一国沿着既有的技术路径前进,未必能推动其产业进步和升级,而采取一定的保护措施反而可能增进社会福利,对大国而言,这种福利增进效果可能更大(林毅夫、孙希芳,2003)。

(二)战略性贸易政策理论

战略性贸易政策理论(Strategic Trade Policy)是基于新贸易理论在政策层面的应用,是指在规模经济和不完全竞争的市场结构中,政府可以积极运用补贴或出口鼓励等措施鼓励和培育本国相关产业发展,推动该产业扩大生产、实现规模经济效益,提高市场份额及本国产业的国际竞争力。战略性贸易政策可以改变不同国家竞争企业之间战略性互动形成的均衡。

战略性贸易政策理论最早兴起于20世纪80年代中期。该理论的出现,不仅对国际贸易理论体系产生了重大影响,而且对许多国家的贸易政策制定也产生了重大影响。随着这个理论影响力的扩大,受到了越来越多主张自由贸易的学者的批评和反对,同时这个理论模型自身也有待进一步完善和修正。尽管有诸多不足,但战略性贸易政策却深深动摇了传统的基于规模报酬不变和市场完全竞争的国际贸易理论的统治地位,并且该理论的政策性建议在实践中得到了有效实施(任重、朱延福,2006)。比如,各国政府运用包括研发补贴在内的相关政策工具扶持本国的高科技产业在国际上十分普遍,主要是为了降低企业新技术研发的成本和扩大生产以获取规模效应。事实上,战略性贸易政策理论的实际影响力或许更为深远,它不仅影响一国在该产业的国际地位,也可以影响整个国家在国际分工中的地位。因此,战略性贸易政策理论,也为中国贸易强国战略的实施提供了强有力的理论支撑。

第二章　中国开放战略转型的基本内容及其机理

国际经济环境的重大变化,以及作为新兴经济体在国际经济版图中地位的不断上升,外在要求中国对参与全球化的方式作出新调整。国内低成本劳动力比较优势的弱化,外向型经济增长乏力风险的增大,也内在促使中国必须适时扭转传统对外经济发展方式,加快构建适应新阶段的新型开放战略,充分利用全球化趋势和国内新优势,全面提高对外经济开放水平与层次。

第一节　中国对外开放战略转型的客观要求

中国三十多年来的出口导向发展模式随着经济发展阶段转变日益显现弊端,特别是在国际金融危机冲击下更面临严峻的挑战,因此必须实施开放战略的转型。只有转型,才能不断提高中国的开放型经济发展水平,在全球化经济中争取更高更新的地位。

一、国内经济发展方式转变的内在要求

经济发展(Economic Development)与经济增长(Economic Growth)相比,不仅意味着经济规模的扩张,更本质的含义在于经济增长结构、增长动力、增长效率和增长开放度以及增长福利等多维多层面的综合进步。自 1978 年改革开放以来,经过近四十年的高速增长,中国以高

要素投入、中低端技术、中低端价值为竞争力组合的传统发展方式难以为继。特别是过去 5 年来,中国经济整体进入发展新常态,加快经济发展方式转变迈入关键时期,国内经济和社会可持续发展的任务异常繁重,市场、资源和环境等硬性约束问题日渐突显,经济结构调整和产业升级压力倍增,加快扭转国内经济发展方式刻不容缓。而另一方面,中国已深刻融入全球经济体系,国内经济发展方式转型必然要求相应的对外经济发展方式转型与之匹配、提供支撑。但从实际来看,追求规模、数量和速度仍然是中国对外贸易和投资的主要特征。对外经济发展状况势必时刻影响国内市场和经济的运行,此时如继续盲目地追求规模、数量和速度型对外经济增长方式,势必对国内经济发展方式转变形成障碍,甚至为传统发展方式得以延续提供了窗口。对此,张燕生(2010)指出国内经济发展方式的转变,必然要求对外经济发展方式的迅速转变,以提高外部经济对经济发展和经济增长的推动作用。

二、国际经济环境转折性变化的"倒逼"要求

2008 年国际金融危机以来,全球经济环境发生了很大的变化,世界进入大变革大调整的新周期,这对中国对外经济带来了新的国际挑战和机遇:(1)以"跨太平洋伙伴关系协定"(TPP)为特征的新的跨区域贸易规则正在形成,WTO 全球多边贸易体制面临冲击。美国主导推动的 TPP 在知识产权保护、环境和劳工保护标准方面,均提出了远高于 WTO 的保护水平,对国内当前出口导向型产业提升技术和环保水平实际上构成重大的"倒逼"压力。(2)贸易保护主义重新抬头。贸易保护的方式、所涉及的主体、产业和领域都出现新的变化,以美国、欧盟等为首的西方国家与中国的贸易摩擦会更加频繁、更加激烈,贸易救济、技术性贸易壁垒呈现常态化。(3)全球商业模式发生变化。在信息技术高速发展和全球物流和贸易网络化的新背景下,新型国际商业模式层出不穷,例如全球跨境电子商务模式,要求产品贸易越来越小型化、定

制化与快速化,无疑对当前国内制造业仍然以工业 2.0 时代的大批量贸易方式构成冲击。(4)新的国际产业分工格局正在重塑。当前全球新一轮产业与科技革命浪潮风起云涌,新一代高速通信、生物医药、新能源、新材料、航天航空等新产业正在加速发展,世界正步入空前的技术密集创新和新产业不断出现的时代。美国、欧洲、日本等国家纷纷制定工业4.0、工业物联网等新型发展战略,大力培育新兴产业,努力抢占新一轮经济繁荣期制高点。这意味着能否紧跟新科技革命发展趋势,把握全球经济调整的历史契机,将在很大程度上决定中国未来的国际分工地位。

表 2-1　对外开放战略的国际比较

国家	类别	开放战略	主要特征及措施
美　国	发达国家	战略型	以世界级跨国公司为核心,在全球范围内组织生产,贸易投资高度一体化
日　本	发达国家	出口导向型	坚持出口导向,贸易投资一体化
韩　国	发展中国家（高收入）	出口导向型	进出口自由贸易,跨国公司投资走出去步伐加快
俄罗斯	发展中国家（中等收入）	能源出口导向型	以能源和资源外交推动出口,2011 年加入 WTO 后有所多元化
印　度	发展中国家（低收入）	出口导向型	以贸易便利化改革大力推动产品出口规模和速度

资料来源:笔者总结整理。

三、传统开放红利式微客观要求对外开放战略转型

长期以来,中国传统低端产品的市场占有率虽然很高,但缺少市场和规则话语权导致贸易摩擦和反倾销调查压力不断升级,传统开放战略带来的经济技术红利日益缩小。此外,通过引入外资、促进外贸实现"出口创汇"是中国开放战略的主要指向,但当前中国外汇储备不是短缺而是盈余过多以至于引起国际收支平衡难题,2014 年 6 月以前,我国外汇储备不断积累财富,规模逼近 4 万亿美元。中国对外经济在多

边贸易体系与区域经济合作中的市场势力(Market Power)与国际影响力不足,难以为国内经济发展方式转变提供外部支持。由于中国在国际分工中处于不利地位,对外经济发展中实现的比较利益相对较少。并且中国对外经济存在明显的重规模(数量和速度)、轻效益的现象,使得产品国际市场势力长期缺失,国际获益能力相对有限。因此,中国迫切需要从战略层面谋划对外经济的长远发展方式,加快转变对外经济发展方式,特别是及早调整出口导向型的对外贸易战略,提升对外贸易的质量与效益,提高中国在国际市场中的影响力和话语权。

第二节　加快中国开放战略转型的基本思路

改革开放三十余年,尤其是中国加入世界贸易组织以来的对外贸易扩张使中国开放经济形势进入了新的发展阶段,当前的出口导向型对外开放战略成功推动了中国由封闭经济向开放经济转型,却无法进一步支撑经济结构的高端化和发展方式的转型,在要素价格上升、比较优势弱化、贸易摩擦加重的新环境下,中国传统的开放战略必须加快扭转并实施三大战略转型,即开放战略目标要由注重规模速度以出口创汇向注重质量效益以推动国内科学发展转变,开放战略层次要由内源主导型的产品出口国际化向内外源融合型的要素利用国际化转变,对外开放政策要由单边的奖出限入激励体系向有管理的多边双边互惠体系和规则治理转变,创造开放经济综合竞争力,获取对外开放更高层次红利,全面提升国家开放型经济水平。

一、开放战略目标转型

1978年对外开放初期,中国外汇储备严重匮乏,外资尚未被允许进入,外贸规模占国民经济比重微乎其微,当时的战略目标,定向为以追求外贸规模和发展速度以积累外汇换取关键设备和技术,具有历史合理性并取得了举世瞩目的成就。35年后的今天,中国的外汇储备已不再短缺而是过多,以至于构成人民币汇率上升和国内通货膨胀的压力,以低廉价格的劳动力成本优势吸引外资并通过加工贸易渠道进入全球生产链的对外经济发展方式,如今愈来愈难以为继。更为重要的是,因过于注重外贸外资粗放型发展的规模和速度,长期以中低端产品为主的外贸结构升级缓慢甚至出现低端路径锁定,FDI一揽子要素的溢出效应不明显甚至出现外部迁移。这些问题表明中国的开放战略目标必须由规模速度扩张向质量效益提升转型,进而推动国内经济结构升级和发展方式转变。

二、开放战略层次转型

国内外贸企业多以中小型民营企业为主,通过利用本地低成本生产资源进行外贸订单生产,这可称为一种"产品国际化、要素内源化"的内源主导型开放模式(黄先海、叶建亮等,2010)。该模式充分发挥了中国廉价劳动力和环境成本优势,推动中国在加入世界贸易组织后迅速成长为世界第一出口大国,贸易产品如今已覆盖绝大部分国家。然而,迄今为止出口部门并未形成真正意义上的市场国际化,巨大的出口规模和较弱的市场影响力与规则制定能力极不匹配,亟待推动开放层次由内源主导的产品国际化向内外源融合的要素国际化转型。一要扩充"产品国际化"新内容,提高服务贸易品比例,促使服务贸易国际化,金融、物流、设计、信息等服务贸易对提高总体贸易竞争力极为有效,既可提高制造业产品价值链地位,又有助于构建中国贸易产品的全球市场营销网络。二要在充分利用本地资源的同时,更加注重利用外部资源,拓展高级生产要素的汲取能力和国际化配置能力。金融危机为中国企业"走出去"对外投资提供了全球资源整合的机遇,应积极通过海外并购、合资、合作经营等方式与境外企业开展合作,积极利用其至掌控外部资源、技术、研发能力、品牌和销售渠道等高端要素和资源,从而不断提升中国企业的国际竞争力。

三、开放政策体系转型

为配合开放初期追求"出口创汇"的政策设计目标,中国开放政策长期施行的是以"奖出限入"为总体特征的出口导向型激励体系,激励方式集中在对国内出口企业、外资企业进行税收、汇率、补贴、用地等单边的政策性激励。该开放政策激励体系在较短的时间内促使了中国外贸和引进外资规模迅速扩张,成功推动了中国由封闭经济向开放经济转型,却无法进一步支撑贸易结构和国内总体经济结构高端化转型的新目标,在当前要素价格上升、比较优势弱化、贸易摩擦加重的国内国外新环境下,开放政策体系必须由单边的奖出限入向有管理的多边互惠体系和规则治理转型。一是要在注重国内贸易利益的同时,加快海外利益的维护和协调管理能力。二是要坚持互利共赢的开放战略,营造既有利于"引进来"又可"走出去"的外部环境,在进口出口、双向投资等方面构建偏中性的多边和双边互惠体系。三是积极参与全球价值链(Global Value Chain)治理,主动承担与自身能力相适应的国际责任,从中国加入世界贸易组织前以接受国际规则为主逐步向参与国际规则制定转变,提升市场话语权和全球及区域性贸易投资规则制订能力,不断提升中国企业的国际市场势力。

第三节　开放战略转型的内在机理

一、从静态比较优势转向动态比较优势

中国对外开放的主要比较优势长期依赖于低廉而丰富的劳动力禀赋——利用发达国家劳动密集型产业跨境转移的机遇,以优势劳动力承接产业转移,同时大量参与跨国公司组织开展的产品内分工,大力发

展对外经济贸易,由此经济技术实力和国际竞争力得到了大幅提升。但经过 35 年的快速发展,中国人力、土地、环境等静态比较优势也发生了深刻变化,特别是中国赖以参与全球竞争低成本劳动力优势,由于国内劳动力市场供求结构的变化而呈快速上升趋势,导致低成本的优势正在逐渐削弱。更为重要的是,长期的粗放发展也使得土地和环境的承载能力趋于饱和。但值得注意的是,在对外经济发展的同时,中国的要素质量也在不断递进,更高级要素逐步积累形成,特别是丰裕的资金、完善的基础设施、完备的产业配套能力、逐渐提升的人力资本存量等新的动态比较优势开始显现,这为中国大规模发展资本密集型和知识密集型产业提供了良好的条件,从而有利于推动对外贸易中的比较优势部门从低端加工制造业向先进制造业和生产服务业转型升级(隆国强,2011)。

二、从利用外部市场转向利用大国经济综合能力

大国经济是中国正在形成的另一重要的战略能量。与全球其他贸易伙伴国比较,未来十年,中国是全球唯一的兼具低成本(特别是非劳动密集环节)与国内大市场的经济体(隆国强,2011),使中国在全球贸易与投资竞争中处于独特的有利地位。大国经济效率对提高对外贸易综合竞争力的作用:一是拥有巨大的市场容量和潜在容量使中国外贸部门便于获取规模经济和外部经济,出口和内销拥有更大的回旋余地。二是巨大的出口规模和全球市场份额为获取市场话语权和提升全球治理能力打下基础条件。三是巨量的外汇储备,可以成为中国发挥全球影响力和对外投资的重要资源。与小经济体只能被动等待国际机遇不同,中国应积极利用大国经济优势,主动创造有利的国际金融、汇率和贸易规则等对外经济条件,提高开放型经济管理水平,增强国际综合竞争力(隆国强,2011)。

三、从价值链低端转向价值链高端

在国际分工格局中,中国外贸企业一般处于加工制造的价值链低端环节,只能取得微薄的生产利润,而研究和开发利润、销售利润和无形资产利润等高利润环节大部分仍被发达国家获取,价值链升级空间巨大。中国外贸部门应充分利用当前对外开放的发展势头,推动由成本型开放向知识型开放转变。一方面要积极融入跨国公司国际生产分工体系与价值链网络,尤其要纳入跨国公司的采购体系、供应链管理网络和服务业国际外包体系,努力向全球价值链上游环节靠拢。另一方面要以产业内升级为主导,强化原始设计、营销、品牌、自主创新和知识产权保护等价值集中环节,不断提高产品的知识、技术含量和附加值,特别是注重劳动密集型产业的内部升级和要素密集型的逆转,从而不断向价值链高端转型(见图2-1)。

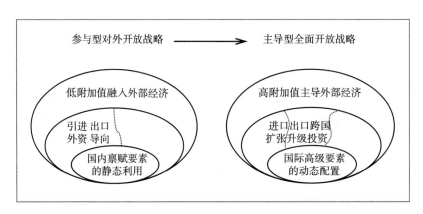

图 2-1 对外开放战略转型示意图

资料来源:笔者绘制。

第三章　开放战略转型的国际经验借鉴

纵观世界各国开放型经济发展过程,绝大部分国家都曾随着经济发展阶段的转变而相应地进行开放战略的转型,并作出了一系列的政策调整。不过,因路径选择不同及政策举措差异,相应的开放型经济发展的绩效也迥异。本章选取国际上具有代表性的四个国家和地区:日本、韩国、中国台湾和巴西为研究样本,总结归纳各自开放战略转型历程,分析其政策举措,以期为中国开放战略转型提供有益的经验借鉴。

第一节　日本开放战略转型的经验与借鉴

一、"日本模式"的内涵与发展历程

日本作为一个岛国,国土面积狭小,自然资源极其贫乏,迫使其在经济发展初期只能依赖外部市场来获取其实现经济腾飞所需的各种资源,以推动工业发展、实现现代化。据统计,日本石油的 99.8%、天然气的 90.9%、铁矿石的 99.6%、铜的 95.9%、铝的 100%、镍的 100% 都需要从国外进口(金明善,1993),"贸易立国战略"成为日本战后发展经济的必经之路。然而初期的"贸易立国战略"带有浓厚的保护主义色彩,政府通过优惠的政策扶植,配合使用具有特色的"倾斜政策",选定具有发展前景的产业进行保护,从而实现重工业化、完成经济赶超。

总体来说,日本"贸易立国战略"的推行取得了有效的政策结果,

这主要表现在如下几个方面。

(1)进出口总量迅速增长。在世界出口贸易总额中,日本出口所占比重于1968年超过法国,1971年超过英国,一跃成为仅次于美国和联邦德国的世界第三大出口国。而日本在世界进口总额中的比重则在1973年超过法国,1974年又超过英国成为世界第三大进口国。日本开始逐渐走上了世界贸易大国的道路,并于20世纪80年代成为世界第二大贸易国(陈秀荣,1999)。

(2)经济增长率提高。日本"贸易立国战略"的推行促成了20世纪50年代中期至70年代初期日本经济的高速增长,其国民生产总值在1955年到1973年期间增长了13.75倍,人均国民生产总值也相应地增长了11.03倍(张霞,2007)。可以说日本自60年代起,经历了近十年的经济发展的"黄金时期",并在70年代中期一跃成为世界第二大国,堪称经济奇迹。

(3)国际竞争力增强。日本"贸易立国战略"的推行使得日本不仅在商品贸易上获得了极大的飞跃,在技术贸易中也取得了很大的发展。同时,"贸易立国战略"的推行使日本企业面临更大的竞争,迫使其改进生产技术,从而提高竞争力。日本通过对技术的"引进、吸收、消化和创新",极大地提高了相关产业的技术水平。以钢铁行业为例,1951年日本六大钢铁公司生产钢材的主要原材料成本平均比美国八大公司要高61%,但到1970年反而比美国公司低出15%(徐立军,2002)。

在"贸易立国战略"创造出日本经济"神话"的同时,在20世纪70年代末,该战略带来的种种弊端也日益显现。巨大的贸易顺差使得其同欧美各国的贸易摩擦加剧。到80年代,贸易保护主义有所抬头,以美国为首的发达国家纷纷向日本施压。日本从1981年被迫开始实行对美汽车出口"自愿限制",到1988年美国"超级301条款"的通过以及两国广场协议的达成,美国利用各种贸易保护主义政策对日本出口进行施压,在一定程度上缓和了美日日益升级的贸易摩擦。

为了缓解对世界其他国家的大量贸易顺差,绕开贸易壁垒,日本政府采取了"投资拉动的开放战略"。通过该战略,日本积极开展对外直接投资,把历年积累的巨额贸易盈余,通过投资的形式返还到各个国家和地区,以此替代直接出口。日本政府试图通过这种战略实现贸易顺差的相对减少,减缓贸易摩擦带来的外部压力,同时还可以化解因日元大幅升值带来的国内成本提高问题,从而达到占领海外市场和日本经济国际化的目的。进入 20 世纪 80 年代后期以来,日本对外直接投资迅速膨胀,1989 年度达到了创纪录的 675 亿美元(刘昌黎,2001),并且连续三年日本都成为当时全球最大的对外直接投资国。然而 1990 年以来,随着泡沫经济的崩溃,日本对外直接投资出现短暂的退潮,但 90 年代中期起,对外直接投资再度出现增加势头。之后,由于 1997 年亚洲金融危机以及 2008 年全球金融危机,日本对外直接投资进入了短暂的下调,但日本企业并没有减少对外直接投资的热情,并很快恢复增长势头。尽管日本对外直接投资一直处于波动状态,但是日本政府已经明确认识到对外直接投资对其经济的重要地位,并明确提出了"投资立国"的经济发展战略。

面对世界各国间日益紧密的关系,日本已经认识到单纯的直接投资为主导的"利用主义"的"投资拉动的开放战略"已经不可能维系了,唯一的路径就是建立自由贸易区,建立广泛的经济合作伙伴,将区域内国家间的市场准入门槛降低,加强各国间的政策协调,改善国际环境,为大规模产业调整和升级找到入口和出口。为此,日本政府开始倡导 FTA/EPA 计划,提出构建多边和双边自由贸易区的国际协调型战略模式,"投资拉动的国际协调型战略"的"日本模式"由此形成。表3-1 列出了截止到 2016 年,日本与其他国家所缔结的区域经济合作协定情况。

表 3-1　日本的区域经济合作协定完成情况

合作对象	时　间
新加坡	2002 年 1 月签字,2002 年 11 月生效
墨西哥	2004 年 9 月签字,2005 年 4 月生效
马来西亚	2005 年 12 月签字,2006 年 7 月生效
智利	2007 年 3 月签字,2007 年 9 月生效
泰国	2007 年 4 月签字,2007 年 11 月生效
印度尼西亚	2007 年 8 月签字,2008 年 7 月生效
文莱	2007 年 6 月签字,2008 年 7 月生效
ASEAN	2007 年 11 月发表结束谈判的共同声明,2008 年 3 月日本签字,2008 年 4 月,东南亚国家联盟各国签字完毕
菲律宾	2006 年 9 月签字,2008 年 12 月生效
瑞士	2009 年 3 月签字,2009 年 9 月生效
越南	2008 年 12 月签字,2009 年 11 月生效
印度	2011 年 2 月签字,2011 年 6 月生效
秘鲁	2011 年 5 月签字,2012 年 1 月生效
澳大利亚	2014 年 7 月签字,2014 年 8 月生效
蒙古	2015 年 2 月签字,2016 年 7 月生效

资料来源:根据日本外务省资料整理(http://www.mofa.go.jp/policy/economy/fta/index.html)。

日本政府完成了由"贸易立国",经过纯粹的"投资拉动的开放型战略",最终走向"投资拉动的国际协调型开放战略"的转型过程。所谓"投资拉动的国际协调型开放战略"是指以投资为主要驱动力,以区域战略为辅助的全面开放型战略。它是在日本 20 世纪 80 年代兴起的"投资拉动的开放型战略"的基础上,结合当代世界经济的环境,旨在通过投资以及多边与双边的经济合作发展本国经济的一种新型的开放战略。

二、"日本模式"的主要政策举措

(一)"地区主义"倡导下的双边贸易政策

长期以来,日本都紧随西方国家积极推行 GATT、WTO 体制下的"多边主义"原则,对在贸易上具有差别待遇安排性质的区域协定始终

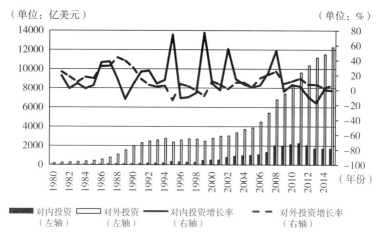

（单位：亿美元）　　　　　　　　　　　　　　　　（单位：%）

图例：■对内投资（左轴）　□对外投资（左轴）　—对内投资增长率（右轴）　--对外投资增长率（右轴）

图3-1　1980—2015年日本对内/对外直接投资总额及增长率

资料来源：联合国贸发会数据库,http://unctadstat.unctad.org。

抱着抵触态度。然而,2002年1月,日本与新加坡正式签署了自由贸易协定。作为日本签订的第一个具有双边性质的贸易协定,日本和新加坡的协定,在取消农产品之外的所有产品进口关税的同时,还促成了两国在投资和服务贸易等领域的广泛合作。该自由贸易协定的签订打破了日本长期以来一直坚持的以GATT、WTO体制为核心的多边主义立场,而将重心转移到区域协定中(李远,2005)。

(二)针对海外直接投资制定相关的辅助政策

第二次世界大战结束后,日本作为战败国没有经济能力进行对外直接投资。到了1969年以后,随着日本经济景气上升,日本政府通过修改相关的法规,对海外直接投资的管制"由紧到宽",逐步实现海外直接投资的自由化(钱晓婧,2008)。为了扶植在海外投资的日本企业,政府还建立了"日本贸易振兴机构"为海外企业提供相关的信息服务。除此之外,日本政府还在金融与税收等方面制定相关的优惠政策,提高日本企业在国际市场上的竞争力。日本政府根据海外投资收益率高低,有选择性地促使企业投资具有较高收益率的行业,努力促进海外投资收益率的提高。

(三)组建日本投资委员会改善国内投资环境

日本投资委员会于 1994 年 7 月成立,该委员会是关于引进外国直接投资的最高决策机构,由内阁总理大臣担纲,旨在更好地吸引外国直接投资(崔健,2004)。在 2003 年,该委员会制定了一份旨在改善投资环境的"促进引进外国直接投资计划",并把促进引进外资作为促进日本经济新生的关键战略之一,其中包括增强企业信息的透明度和可靠性,加强公共部门的信息发布,以"一站式"的形式为投资者提供信息等。

三、"日本模式"对中国开放战略转型的经验借鉴

(一)对外直接投资是缓解贸易摩擦的有效对策

日本开展对外直接投资的一个很重要的原因就在于绕开欧美国家的贸易壁垒。20 世纪 70 年代末,欧美国家针对日本的大量贸易顺差,普遍高筑关税壁垒,使得日本企业的出口商品竞争力严重下降。为了绕开贸易壁垒,日本企业纷纷到海外投资,以缓解贸易摩擦。

目前,中国作为世界上遭受反倾销最多的国家,与 20 世纪 80 年代日本在出口贸易上的遭遇非常相似。因此,中国应该借鉴日本的成功经验,充分利用对外直接投资对出口的替代作用,重新整合全球资源,从而绕开贸易壁垒,规避贸易摩擦。

(二)通过国际经济合作实现战略目标

在经济全球化以及区域经济一体化的大背景下,世界经济呈现出更加多元化的国际经贸合作新格局。作为亚洲大国的日本对于建立国际经济合作的态度也从不重视转变为积极参与,力图通过经济自由贸易区的建立,协调日本与其他国家之间的经济关系,满足日本政治外交以及经济发展的需求(孙世春,2012)。中国也应该效仿日本,努力从国际经济合作的战略被动态势转为战略主动,通过在经济合作中占据主导地位来实现中国自身的战略目标。

（三）结合国内产业升级的需求开展对外直接投资

日本开展对外投资是按照"边际产业扩张理论"的雁行模式开展的。日本根据国内产业升级的需要,把在本国不再具有比较优势的产业转移至其他发展中国家。正如日本经济学家牧野升的"滚动产业国际升级理论"所说的"一国对外投资应该以该国经济发展的总体目标为向导"（韩丽珠,2003）。中国在进行对外直接投资的时候,也应该借鉴日本的经验,不断探寻自己的动态比较优势,在对外开拓的同时实现国内产业结构的更新换代。

第二节　韩国开放战略转型的经验与借鉴

一、"韩国模式"的内涵与发展历程

建国初期,韩国经济一直处于低迷的状态,趋于保守的韩国政府主要采取进口替代政策。虽然该政策的实施在一定程度上保护了国内企业的发展,但由于韩国自身资源匮乏、市场狭小、资金和技术短缺等客观条件的限制,使得国内企业生产所需要的原材料等严重依赖外国企业,最终导致赤字扩大,债务加重。最终,这种内向型的发展战略在20世纪50年代末60年代初暴露出了大量的经济问题,以进口替代为主的内向型经济发展战略不可持续显露无遗。

为了改善韩国当时的经济状况,韩国政府因时而动,在20世纪60年代初世界经济发展的"黄金时代",抓住世界范围内发达国家普遍推行产业结构调整的有利机遇,果断地将内向型发展战略变为以出口为导向的外向型发展战略,以出口增长作为经济发展的引擎,将经济活动重点转向国际市场,创造了"汉江奇迹",实现了世界范围内罕见的快速工业化。

然而,1997年的亚洲金融危机以及2008年全球经济危机的爆发与蔓延,使得韩国"出口导向的外向型发展战略"出现了严重的问题,给韩国经济带来了沉重的打击。韩国政府逐渐认识到,单纯依靠外贸实现经济腾飞注定不会长久。为此韩国政府及时调整外贸发展战略，在不断的调整与改善中，逐渐形成了"结构优化驱动的出口导向型发展模式"，虽然此种模式依然存在着局限性与进一步改善的空间，但是该种模式的实施确实让韩国经济很快实现重振，进出口各项指标迅速地开始企稳回升，使得韩国经济迅速走出金融危机的阴影，这些都值得中国在外贸转型的关键时期予以学习与借鉴。从图3-2可以看出韩国进出口贸易在2008年金融危机之后经历了2009年短暂的下降之后，于2010年开始逐渐稳步回升。

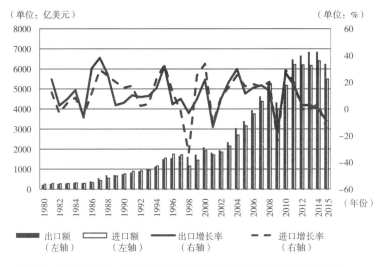

图3-2　韩国1980—2015年货物及服务贸易出/进口额及增长率

资料来源：联合国贸发会数据库，http：//unctadstat.unctad.org。

注：2013年之后的数据因服务贸易分类统计方法变动，和之前的年份有一定差异。

　　韩国在逐步的改良中完成了由"以出口导向的外向型发展战略"向"结构优化驱动的出口导向型开放战略"的转型。所谓"结构优化驱动的出口导向型开放战略"，简单来说就是以促进本国产业升级为目的，以出口为主要手段，以出口产品结构优化，出口市场结构多元化等为表现，以适度保护为辅助的、内涵式的、自主型发展模式。该战略主要由强调"结构优化"在"出口导向型"发展模式中的重要作用，其中

"韩国模式"中的"结构优化"主要表现在以下几个方面。

（一）国内产业结构的优化

在韩国经济发展过程中,韩国政府充分利用国际环境中的有利时机,结合韩国国内的客观情况,不断改变产业结构,走过了"劳动密集型产业——重化工产业——技术密集型产业——知识密集型产业"的发展过程。

（二）出口产品结构的优化

随着国内产业结构的不断优化,其出口产品的结构也随之而改变。就初级产品的出口而言,其出口份额逐年下降,从 1979 年的 52.7%降至 2015 年的 22.63%。与之相反,工业制成品的比重则大幅上升,其中劳动密集型产品由 1979 年的 24.4%上升到 2015 年的 48.3%;资本密集型产品的出口份额虽然一直小于劳动密集型产品的出口份额,但是在 1979 年至 2015 年之间仍然有大幅度的上升。图 3-3 显示出了韩国各类产品结构在 1979—2015 年期间的变化趋势。

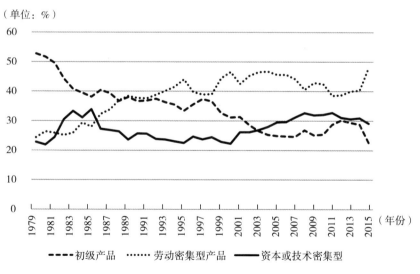

图 3-3　1979—2015 年韩国出口产品比重

注:此处将 SITC0-4 类产品归为初级产品,SITC5-9 类产品归为工业制成品,其中 SITC6、SITC8 类为劳动密集型的制成品,SITC5、SITC7、SITC9 类为资本或技术密集型产品的制成品。

资料来源:Korea International Trade Association。

(三)出口市场结构多元化

日本和美国是韩国经济发展早期的主要出口市场,如在 1990 年,韩国对外贸易对美的依存度高达 27.7%。为了分散出口市场的单一性而带来的外部风险,韩国政府鼓励出口企业采取出口市场多元化的政策,在巩固传统市场的同时积极开拓新市场。到 2015 年,韩国对美的依存度降为 13.3%,15 个主要贸易伙伴占韩国总出口额的 74.49%。除此之外,在过去 20 年韩国对外贸易范围明显扩大,到 2015 年出口目的国达到 237 个,其中对 10 个主要贸易伙伴的出口中,即使向最大的目标市场中国的出口也仅占其总出口的 26%,而美国则仅为 13.3%(见图 3-4)。

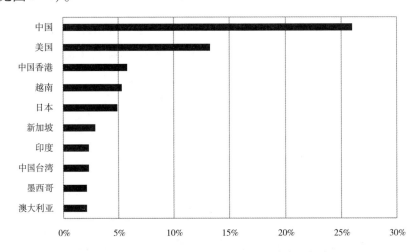

图 3-4　2015 年韩国 10 个主要贸易伙伴出口额占比

资料来源:国别数据网,http://countryreport.mofcom.gov.cn/index.asp。

(四)经济增长动力结构优化

经济增长的"三驾马车":投资、消费和出口,在不同的发展阶段有着不同的贡献率。虽然韩国一直坚持以"出口导向"为主的开放战略,但是在贸易保护主义抬头、国外环境不利的情况下,韩国政府会应时而变,及时转变比较优势,将静态比较优势动态化,转变经济增长的引擎,重视对外直接投资以及消费对国内经济的拉动作用。

二、"韩国模式"的主要政策举措

(一)加大科技投入,实现"科技立国"

为了避免对国外技术的过度依赖,韩国早在 1982 年就提出了"以技术为主导"的战略口号,并先后制定和实施数项 5 年科技发展计划,以加强对国家科技发展的宏观指导(尹贤淑,2007)。除此之外,韩国还设立专门研究机构及其他一些附属机构,改善韩国科研及管理体系。

(二)改革大企业集团制度,积极支持中小企业发展

曾经"大企业主导"的发展模式对韩国经济的腾飞起到了重要作用,是韩国出口导向型经济的支柱。2008 年,韩国有 15 家跨国公司进入世界 500 强(吴金希、李宪振,2012),是世界上大企业最多的前 10 个国家之一。三星、现代等大企业集团所创造的价值在国民经济中所占的比重超过 60%。

然而,这种过度集中的结构也存在隐患。由于这种经济贸易高度集中的结构,加上"出口导向"的战略,导致韩国出口与就业的联动效果不明显,长期呈现出口不断增长,就业却不见增加的局面。为此,韩国政府在改革大企业制度的同时,在 2003 年开始重视中小企业的培育,并颁布推动中小企业发展的具体措施,推动大中小企业之间的有机结合和均衡发展。

(三)加强立法,为服务业发展提供制度保障

韩国政府为实现服务贸易的长远发展,一方面通过制定和完善相应的法律法规,取消对服务业不利的政策,从而为国内服务业发展提供扶持;同时,韩国政府还注重制定相关领域的发展战略,以推动国内服务业发展。通过这些措施,形成了以现代服务业为主的经济新增长点(陈雪,2010)。在 2003—2005 年,韩国政府围绕服务贸易的发展陆续提出了关于实现服务贸易高附加值的方针以及通信、广告、教育、医疗等 26 个服务业部门的发展规划,并取消了阻碍服务业发展的政策限制

（陈国荣,2009）。政府政策的有效实施为韩国服务业的发展提供了坚实的基础,电力和通信设施的改善,金融体系的不断完善,以及物流服务效率的提高为韩国经济的腾飞起到了不可忽视的作用。

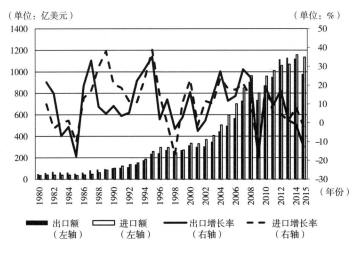

图 3-5　1980—2015 年韩国服务贸易进出口额和增长率

注:2013 年之后的数据因服务贸易分类统计方法变动,和之前的年份有一定差异。

资料来源:联合国贸易与发展会议数据库,http://unctadstat.unctad.org。

三、"韩国模式"对中国开放战略转型的经验借鉴

(一)承接国际产业转移促进国内产业结构调整

韩国实现"汉江奇迹"的一个重要原因,在于该国能够充分利用国际上发达国家转移的在其国家内失去比较优势的产业,并结合韩国自身基础条件和发展水平,紧跟世界经济前进的步伐,适时进行产业结构调整,推动经济增长。同时,不断向外转移夕阳产业,并挖掘新的比较优势、发展新型工业,实现产业转移的双向互动局面。

(二)准确实施政府主导型的战略

由于经济基础较为薄弱,市场机制发育不健全,市场无法有效发挥"看不见的手"的作用,为此韩国经济在发展的初期和中期主要通过政府制订的经济计划来实现其国家发展战略,保障其正常经济运行秩序

（陈汉林，2003）。随着国内经济的不断发展，市场经济体制的日趋完善，韩国政府开始不断调整政府与市场的角色，实现市场与政府的有效互动，形成具有特色的政府主导下的市场协调机制。

（三）适时推进服务贸易发展

1980 年以前，制造业一直是韩国经济发展的重心，对服务贸易并不重视。直至 1980 年，韩国的服务贸易总额仅为 24.02 亿美元。进入 20 世纪 80 年代后，国际贸易进入一个新阶段，服务业对世界经济增长的贡献越来越大，韩国政府也充分认识到开放服务业的重要性，并针对不同的服务行业制定了不同的支撑政策，有选择有步骤地实现服务业的发展。

中国应该借鉴韩国开放服务业的相关经验，实行有计划、有步骤、有策略的开放战略的同时，应加强监管，并采取针对性的措施以缓和外部市场对中国服务行业的冲击。自加入 WTO 以来，中国服务行业已经逐步得到放开，但是由于中国自身服务贸易行业竞争力较弱，因而对服务业的开放需谨慎推进。此外，在服务贸易的相关法律法规上，韩国政府十分注重与本国的经济形势和政策接轨，以及相关产业间的协同带动的关联效应，这一点也值得中国借鉴。

第三节　巴西开放战略转型的经验与借鉴

一、"巴西模式"的内涵与发展历程

享有"南美洲的巨人"美誉的巴西经济实力位于拉美之首，拥有较为完善的产业体系。历史上的巴西曾经以农牧业作为其经济的支柱产业，是拉动巴西经济发展的火车头。19 世纪 80 年代末到 20 世纪 30 年代，巴西开始逐步进入现代化发展的初级阶段。在这一阶段，巴西依靠其自身的资源优势，采用了初级产品的出口型发展战略（孙红国、何仁杰，2006）。这一时期的开放战略基本上属于自由主义的对外贸易政策。

从 1930 年起,由于经济大萧条和第二次世界大战的冲击,巴西推行"内向型进口替代工业化战略"(房建国,2012),该战略持续到了 20 世纪 60 年代中期,创建了巴西重工业,为巴西经济的起步建立了较完整的消费工业,同时发展了巴西的基础工业和设备工业。然而由于出口部门缺乏活力,对国内市场的过度保护导致产品生产成本高,质量低,缺乏国际竞争力使得巴西不仅没有减少对外部的依附,反而使其陷入一种更为严重的局面。

20 世纪 60 年代中期开始,巴西政府开始转向实行"外向型的进口替代战略"。该战略一直运作到 80 年代,创造了"巴西奇迹"。在 1968—1974 年的 7 年间,巴西国内生产总值年均增长率高达 11%以上(孙红国、何仁杰,2006)。当时盛行的"积累理论"和"引进外资理论"使得巴西走上了依靠大量举借外债进行工业化的道路。虽然该战略在一定程度上刺激了巴西经济的发展,但是犹如饮鸩止渴,"负债发展战略"使得巴西债务负担严重,通货膨胀居高不下,并最终卷入债务危机。1981 年至 1990 年十年间人均 GDP 出现负增长。以负债进行工业化导致巴西"从负债的增长走向由外债引起的危机"(孙红国、何仁杰,2006)。

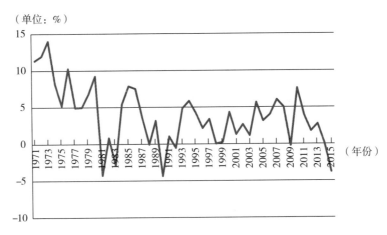

图 3-7　巴西 1971—2015 年实际经济增长率

资料来源:联合国贸易与发展会议数据库。

就在巴西经济发展的十字路口上,新自由主义理论深深地影响了拉美当局。在该理论的基础上,20世纪80年代末90年代初,巴西政府实施了新自由主义为导向的被动的外资依附型开放战略。该战略要求巴西政府大力推行贸易自由化、投资自由化、金融自由化等。客观上,巴西政府开放型战略由"外向型的进口替代战略"向"新自由主义为导向的被动的外资依附型开放战略"的过渡,使得巴西经济有所好转,工业部门也得到了不同程度的发展,但是该战略并没有使巴西走出外债危机,反而使巴西外贸赤字上升、收入分配不均、财政负担加重,巴西经济就此迷失了整整十年(孙红国、何仁杰,2006)。

所谓"新自由主义为导向的被动的外资依附型开放战略"指的是以新自由主义为依据,以外资为经济发展动力,完全依赖外资的开放型发展道路。这种战略的实施使得巴西过分地依赖外部力量,缺乏自主发展的能力,给巴西经济的增长与发展造成了非常被动的局面。

二、"巴西模式"的主要政策举措

(一)全面开放经济

对于巴西而言,全面开放的经济主要包括降低关税和放宽技术引进的限制,以及鼓励外资进出自由。如巴西平均进口关税率1990年高达85%,但到1994年之后则将改革的目标明确设定为降低进口税率至14%以下。此外,政府于1994年颁布法令,规定国内外企业均享有对技术引进的选择和决定权,政府不再对具体事项进行干预,政府还取消了外资并购巴西企业的一些限制,这一政策直接促成了1996年大量外资涌进巴西(陈江生、郭四军,2005)。

(二)公共预算改革

巴西当局信奉"华盛顿共识"的主要政策,坚信财政上需要拥有占国内生产总值几个百分点的"基本盈余"。为此政府开始制定旨在减少政府支出、增加税收的计划。但是由于其他政策举措的落后,这一旨

（单位：百万美元）

图 3-8　巴西 1970—2015 年对内/对外直接投资额

资料来源：联合国贸易与发展会议数据库。

在精简机构的公共预算改革大大削减了社会必要支出，使得巴西人民的生活状况不断恶化（孙红国、何仁杰，2006）。

（三）创新反通膨政策

"膨胀式增长"的特点使得通货膨胀一直出现在巴西工业化的进程中，政府针对不同时期的经济形势，为不同时期的通货膨胀制定了不同的经济政策与计划。例如在 20 世纪 70 年代末 80 年代初针对巴西的恶性通货膨胀，巴西政府制定了"克鲁扎多计划"，这些计划除包括了一般的保守的财政和货币政策外，还包括诸如冻结工资和物价、外汇钉住以及非指数化等非正统的措施（张宝宇，1995）。又如 1993 年制定的、实施时间最长的"雷亚尔计划"等。虽然这些应对通货膨胀的政策存在一定的局限性，但是其治理通货膨胀的思路值得中国政府学习与借鉴。

三、"巴西模式"对中国开放战略转型的经验借鉴

（一）市场自发调节与政府宏观调控的有机结合

"政府"与"市场"的争论一直是经济学中备受关注的问题。巴西

在新自由主义思想的影响下,试图完全让政府脱离开市场,让市场放任自由发展,使得市场中的各要素通过完全的自由竞争而进行资源的配置。虽然这种战略在一定程度上可解决政府干预不当的问题,但与此同时对于一个市场经济并不完善的发展中国家而言,新自由主义战略的实行带来了更多的社会问题。所以,我们应当认真处理市场和政府的关系,既不能完全脱离政府的宏观调控,也不能让政府过度干预,放弃市场经济的优势。

(二)防止过度举债增加政府财政负担

在"积累理论"和"引进外资理论"的指导下,巴西政府一直实施负债发展战略,大量引进外资,弥补经济发展中的资金缺口。到 2001 年年底,巴西外债总额已达到 6609 亿雷亚尔,是 1994 年的 11 倍,扣除通货膨胀因素,债务增长率高达 355%(齐晓斋,2004)。长期通过负债进行改革的战略最终使得巴西"从负债的增长"走向了"由外债引起的危机"。纵观我国二十多年来利用外资的情况,中国已连续十年成为吸引外资最多的发展中国家,中国经济对外资的依赖性已经超过 60%。与巴西具有极其相似的背景,虽然中国利用外资的方式与巴西不同,但中国也应该吸取巴西的经验教训,在逐步推进金融开放的同时,避免因外资突然大量流出带来的冲击,并进一步提高利用外资的能力与效率。

(三)宏观经济管理政策创新

巴西政府反通货膨胀的经验是值得我们认真学习的。巴西的经验已经证明:为了实施反通货膨胀的战略,必须针对不同的经济情况,灵活、广泛地运用各种工具,如货币或财政手段、制度改革等。进入 2007 年以后,由于美元的不断贬值,推动了国际石油、大宗商品和食品价格的不断上涨,在经济持续保持高增长的同时,中国的通货膨胀率也明显上升了,出现了从"高增长低膨胀"到"高增长高通胀"的转变。为了采取有效的反通货膨胀措施,中国政府可以借鉴巴西的创新反通胀政策,以期实现经济平稳增长。

第四节　中国台湾开放战略转型的经验与借鉴

一、"中国台湾模式"的内涵与发展历程

中国台湾作为"亚洲四小龙"之一,出口对中国台湾经济的腾飞起了关键性作用,其初期对外贸易发展是典型的"出口导向"模式。然而,单纯地依靠出口促进经济增长并不长久,引进外资在中国台湾经济的起飞与飞速发展中都起到了重要的作用。特别是近年来,以 FDI 的形式存在的外资对中国台湾经济的促进作用更是对外贸易不可取代的。

其实,早在 20 世纪 50 年代初期,中国台湾就开始利用外资。但直到 20 世纪 90 年代初,外资才开始大规模地以 FDI 的形式流入。战后,由于台湾有限的自然与物资资源,迫使台湾采取了实行"进口替代战略"以恢复战后经济的发展。通过利用以美援为主的外资和以农养工的政策,实现工业化。"进口替代战略"推动了台湾经济在 20 世纪 50年代的快速增长。但由于台湾市场局限性,使得台湾在 60 年代初开始转变外贸发展战略,逐步由进口替代的内向型经济转变为出口导向的外向型经济。这一时期,由于美援的资金开始逐渐退出,台湾采用的外资形式主要以外国银行贷款为主。在 1966—1972 年间,台湾吸引的外资累计达 16.8 亿美元,其中外国政府和银行贷款达 9.3 亿美元,占外资流入量的55%。到 20 世纪 70 年代末,台湾累积引进外资共计 62 亿美元,占同期引进外资的 70%(石正方,2004)。

随着台湾经济的快速发展,在 20 世纪 80 年代后半期,由于工资水平的提高,台湾企业为了绕开成本上升的趋势,开始向劳动力比较低廉的东南亚进行转移,由此大量的对外直接投资开始出现。进入 90 年代初期以来,美、日、西欧等国家跨国公司将日趋成熟的技术产业转移至中国台湾,加上中国台湾地区内日趋优化的投资环境以及投资政策,外

资也越来越多地开始流入中国台湾,此时涌入中国台湾的外资主要以FDI的形式存在。FDI的流入优化了台湾的贸易出口结构,并随之带来了先进的技术。

进入21世纪初期,台湾经济陷入衰退阶段,经济环境的恶化使得对外资的吸引力呈现不断下降的趋势。2003年之后,台湾加大了引进外资的政策扶持力度,加上台湾当时主导产业的集群效应的吸引,FDI开始恢复上涨趋势。"投资"和"出口"在台湾对外经济中此消彼长,从而形成了台湾"投资和出口联合拉动的双引擎发展模式",为台湾经济的发展起到了重要作用。

台湾经济在衰退与增长的经济周期中,通过探索逐渐完成了由"出口导向型的发展战略"向"投资和出口联合拉动的双引擎发展模式"的转型。所谓"外资和出口联合拉动的双引擎开放战略",简单来说就是以出口和外资为经济发展引擎,以国际市场为依托的外向型发展模式。由于台湾自身资源的有限性,该种发展模式强调外资和出口创汇对经济的促进作用。

（单位：亿美元）

图3-6　中国台湾1970—2015年吸引外资和对外投资额

资料来源:联合国贸易与发展会议数据库。

二、"中国台湾模式"的主要政策举措

(一)中国台湾经济的"全球布局战略"

由于台湾岛内"磁吸效应"的舆论,中国台湾当局制定了以削弱祖国大陆对岛内产业的"磁吸"作用为目的的"全球布局战略"。该战略主要出发点旨在扼制两岸经贸关系。从表面上看,中国台湾经济"全球布局战略"主张以"积极开放,有效管理"取代"戒急用忍"(石正方,2004),但总体上看,其本质仍然是掣肘与拖延两岸经贸正常往来。该战略限制大陆与台湾地区的"三通"、直接贸易以及商品运输等,导致大陆与台湾地区长期畸形发展的格局。

(二)建立社会保障制度

值得一提的是,台湾在保持经济 50 年高速增长的同时,贫富差距基本保持在适度范围内,创造了令人称道的"均富型增长模式"。台湾之所以能在高速发展的同时,维持合理的收入分配差距,主要归功于台湾适时正确地制定了社会保障制度并对此进行不断的完善与健全。1993 年,台湾颁布实施了社会福利政策纲领,就业服务法和中低收入老人生活津贴,1995 年实施了全民健康保险制度(陈文强,2009),1999年颁布了公教人员保险法。在此期间,台湾在社会保障上的投入预算也得到了大幅的提高,1994 年台湾社会保障支出占台湾总预算的8.9%,1995 年增加到 13.5%(张露,2011)。

(三)立法扶持中小企业发展

进入 20 世纪 80 年代以来,世界许多国家和地区出现了企业小型化的趋势。为了适应世界经济的变化,充分发挥中小企业在经济中的促进作用,中国台湾当局通过设立"中小企业处""中小企业辅导处"等机构以期服务于中小企业发展。目前,中国台湾形成了以《中小企业发展条例》为主,其他相关法规为辅的旨在从融资、租税、用地、国际商场开拓、公共工程采购等全方位服务于中小企业的完整辅助体系,为中

小企业的发展提供了完善的法律支撑和良好的经营环境,从而提升了中小企业的竞争力(徐宗玲、李艳华,2004)。

三、"中国台湾模式"对中国开放战略转型的经验借鉴

(一)开发内需以防止对外部市场过度依赖

尽管中国台湾地区"外资和出口联合拉动的双引擎发展模式"在经济的高速发展中起到了关键作用。但是,进入 21 世纪以来中国台湾经济增长率明显下降也让人开始怀疑该种战略的局限性。"外资和出口联合拉动的双引擎发展"模式使得台湾长期过于依赖外部市场,而内部需求萎缩、民间消费与投资持续不振,导致经济增长拉动趋于弱化。2001—2008 年,中国台湾内部需求对经济增长的贡献率由 20 世纪 90 年代的 98.98%降至 37.06%。而同期贸易出超的贡献则由 90 年代的 1.02%剧增为 62.94%,成为这一时期较低经济增长的主要动力来源(邓丽娟,2011)。为此,中国应该以此为戒,在实行开放战略的同时,应该注重国内需求的培育,开辟多元化的外销市场,以防止国内经济因外部环境的急剧变化而出现大幅波动。

(二)警惕压缩型发展模式带来的产业空洞化

20 世纪 90 年代末期,IT 产业在台湾地区迅速崛起,在岛内是典型的新兴产品,离成熟阶段还有一段路程要走。但是随着世界分工的不断深化,经济效率的不断提升,在这种情况下,IT 新兴产业并没有按照传统的"雁行模式"进行产业转移与承接,而是大大缩短了在台湾地区的滞留时间,迅速转移到祖国大陆生产。这种快速的转移造成台湾地区内部因为缺少主导制造业而未能及时填补传统产业所释放出的空间,从而导致经济增长率下降,引发"产业空洞化"的担忧。中国目前也处于国际海外直接投资的潮流中,为了避免类似于台湾地区的情况发生,中国应该提高制造业的质量,按照国内产业化步伐稳步前进,走"质量主导"而非"数量取胜"的渐进型开放战略。

（三）推动经济增长与缩小收入差距并举

中国台湾是世界上唯一能够在经济发展与收入分配之间得到完美权衡的经济体。改革开放以来，中国大陆经济保持了长期的高速增长，但其社会收入分配差距越来越大，成为世界上收入分配最不均衡的国家之一。根据国家统计局公布的2003—2015年的基尼系数，中国大陆的基尼系数一直处于0.462—0.491之间，虽然自2009年以来已经连续7年有所下降，但仍然超过了国际公认的警戒线0.4标准。收入分配的严重不公极大地影响了社会稳定。如何在经济发展的同时改善收入不均衡的现状，台湾地区的经验值得大陆借鉴。

第四章　全球价值链治理与民营经济转型升级

　　20 世纪 60 年代以来,以跨国公司为主导的经济全球化推动了世界范围内的资源重新配置,使得劳动力、资本、技术等要素在全球范围内加速流动。同时由于现代通信技术的不断进步,国际信息交流的成本大幅度下降。这两方面的因素综合作用,使得产品以及产品生产流程中的各个环节和工序可在全球范围内根据要素禀赋状况进行最优化配置,由此带来了国际分工模式的巨大变化,即形成了价值链条各环节的全球价值链分工(张奎亮,2011),亦即产品内分工。中国正是借此奠定了世界工厂的地位,特别是中国的民营经济主动利用生产要素价格低廉的比较优势参与全球产品内分工,大力发展加工贸易,即通过国际代工或贴牌代工方式参与到主要由国际大买家或者跨国公司主导与控制的全球价值链分工体系中,由此带来民营经济对外贸易的爆炸式增长(张奎亮,2011)。然而由于主要以低成本劳动力等低端要素参与国际分工,中国企业从中所能获得的收益非常有限,大多数制造业企业局限于全球价值链条中"附加值最低、最消耗资源、最破坏环境、不得不剥削劳动的制造环节"(王柏玲、江蓉,2010),这种"'低成本竞争'模式"的发展空间不断缩小,在国际市场上却面临越来越多反倾销调查(张奎亮,2011)。

　　在当前国内经济增速放缓的背景下,民营经济产业转型升级是中国产业结构转型升级的重要内容,对于中国经济实现可持续发展,改变以量的扩张为主的增长模式至关重要。因此转变民营经济发展方式，对中国形成新的经济增长点、提升产业的全球价值链地位有着重要的现实意义。

第一节　全球价值链与中国民营经济发展

一、全球价值链及其治理

20 世纪 80 年代，国际上众多学者提出了企业价值链理论，为全球价值链理论的发展奠定了基础。波特（Porter, 1985）将企业的活动分解为基本活动和辅助活动两部分，前者主要包括运输、生产、营销和服务，后者则包括基础设施、人力、研发和采购等，这两类活动在价值创造过程中的相互联系构成了企业价值链。科格特（Kogut, 1985）则进一步强调了价值链在空间上的配置，即技术、原料和劳动在各种投入环节的相互融合过程中构成了价值链，它通过市场的产品最终交易和消费，实现了价值的循环过程（池仁勇、邵小芬、吴宝，2006），其流程见图 4-1。

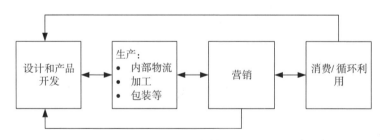

图 4-1　价值链的四个环节

资料来源：池仁勇、邵小芬、吴宝：《全球价值链治理、驱动力和创新理论探析》，《外国经济与管理》2006 年第 3 期。

20 世纪 90 年代，杰罗菲（Gereffi）等学者将价值链的概念与产业的全球组织直接联系了起来，并集中探讨了其内部不同价值增值环节的相互关系,提出了主导企业对链条的控制问题,以及全球商品链中所存在的驱动机制,即全球采购商和跨国公司对资源在全球范围内分配和整合中所起的推动作用(刘寿涛,2011)。一般认为全球价值链有"生产者驱动型"(Producer-driven)和"买者驱动型"(Buyer-driven)两种,前者以资本密集型和技术密集型行业为主,如汽车、飞机和半导体等行业,后者以劳动密集型行业为主,如鞋帽、服装和家电消费品等(池仁勇、邵小芬、吴宝,2006)。

20世纪90年代,英国发展研究院(IDS)的学者基于对世界各地相关产业演化的案例分析,结合价值链与全球商品链研究方法,提出了全球价值链分析方法。汉弗莱·约翰和休伯特·施密茨(Humphrey和Schmitz,2003)将价值链治理定义为:基于价值链中企业之间的生产连接和制度安排,推动价值链中不同经济活动和不同环节间的非市场化协调(池仁勇、邵小芬、吴宝,2006)。也有研究者认为应以交易费用、企业网络和企业学习能力为基础,开展对全球价值链治理的分析,并将全球价值链的治理模式细分为五种,即市场、模块型、关系型、俘获型和层级制(Gereffi、Humphrey和Sturgeon,2003;池仁勇、邵小芬、吴宝,2006)。卡普林斯基和莫里斯(Kaplinsky和Morris,2001)则从权利分离的角度,将全球价值链治理所包含的职能分成了三大类:立法治理、司法治理和行政治理(刘寿涛,2011)。彼得和法诺(Gibbon和Ponte,2005)认为价值链治理包括:价值链环节中各参与者资格的确定,主导企业将增值率低的部分分配给合作者等。实际上,生产环节的标准化是企业融入全球价值链的前提条件,治理者常常通过制定各参与者的标准化"游戏规则"来强化这种权力关系,包括进行各种积极、消极或中性的制裁,从而达到限制供应商并巩固自身价值链地位的目的(田丽敏、谭力文,2010;刘寿涛,2011)。

表4-1　全球价值链理论的演进过程

价值链理论	企业价值链理论	"片段化"价值链理论	全球商品链理论	全球价值链理论
代表人物	波特	科古特	格里芬等	UNIDO、英国Sussex大学等
提出时间	20世纪80年代中期	80年代中期	90年代中期	90年代末
主要观点	企业与企业的竞争,不只是某个环节的竞争,而是整个价值链的竞争,全球价值链概念的基础	生产过程的"片断化",价值链组成环节在全球空间范围内的配置,对全球价值链观点的形成至关重要	围绕某种产品的生产形成的一种跨国生产组织体系,在全球价值链研究中起到了里程碑的作用	以产品为轴线的全球性跨企业网络组织,看重研究产品的增值环节和价值链内企业关系与利益分配

资料来源:郑洁琦:《基于全球价值链的中国制造型产业集群升级模式研究——以浙江产业集群为例》,北京交通大学,2010年硕士学位论文;陈柳钦:《全球价值链:一个关于文献的综述》,《兰州商学院学报》2009年第3期。

表4-2　价值链角度的四种升级类型

类　型	方　式	表　现
工艺流程升级	提高效率	降低成本、引进新技术或组织方式
产品升级	生产高附加值产品	新产品、改进产品、新品牌
功能升级	占据价值链高附加值地位	专注附加值高的环节,将低附加值环节放弃或外包
链的升级	进入新生产活动	得到文化创意等产业领域的高收益率

资料来源:Gereffi, G., "International Trade and Industrial Upgrading in the Apparel, Commodity Chain", *Journal of Internation Political Economy*, Vol.12, No.1, 2003, pp.78-109。

二、中国民营经济全球价值链地位

(一)处于全球价值链低端

从企业生产领域和规模来看,中国大部分民营企业是加工制造企业,其中90%以上是中小型企业。一般而言,国际产业链包括产品设计、原料采购、加工制造、物流运输、订单处理、批发经营、终端零售等环节,而加工制造是其中利润较薄的一环(王柏玲、江蓉,2010)。在现在全球竞争格局下,产业链环节中最关键、最赚钱的环节,如设计、技术、营销等几乎都为跨国企业所掌控,这就决定了产品内分工下中国的大多数民营企业只能被动参与附加值最低、资源消耗最大、环境破坏最严重的的制造环节,而其他有价值的环节基本掌握在欧美各国的企业手中(张晓刚,2009;王柏玲、江蓉,2010)。

(二)价值链呈零散化分布

从单个企业的价值链来看,中国大部分民营企业的价值链不完整以及重点不突出的问题显著。中国民(私)营经济研究会调查显示,2009年中国民营企业有465万户,注册资本金达到6.8万亿元,但平均来看,户均资本金不过148万元,60%的企业资本金在100万元以下,仅有不到1%的企业资本金超过了亿元,这表明中国民营企业资本规模偏小(王柏玲、江蓉,2010)。由于资金规模的制约,决定了大部分民营企业没有与大型跨国公司相抗衡的实力,从而其参与全球产业分工时,不得不选择增值率低的加工生产环节,对能创造高价值的活动,如技术开发、人力资源管理,则要么没有实力开展,要么在企业中不受重视,实际上就是被动对价值链进行"修剪"。同时,如产品销售、服务等,因为涉及企业产品价值实现,占据了企业大部分的资源。

(三)价值链管理能力薄弱

中国民营企业技术含量低,只有大约16.1%的企业引进了专利技术(包括技术专利和设备),很多企业没有专利技术或设备。在人力资源管理方面,民营企业一般也缺少人才利用的总体战略,习惯于在管理层中任用"自己人",即所谓的"家族式管理"。尽管这种管理模式有一定的"向心力",但企业的发展未必有利。因此,技术和管理环节的不足,必然导致民营企业竞争力低下(李明玉,2008;王柏玲、江蓉,2010)。可见,中国民营企业的价值链管理能力和水平还很薄弱,甚至还未形成价值管理意识,只能在全球价值链中扮演一个很初级的角色(王柏玲、江蓉,2010)。在全球竞争加剧的形势下,提升竞争优势和价值链地位,开拓国内外市场,已成为中国民营企业发展过程中必须面对的难题。

第二节　民营经济价值链治理机理分析

本节以新贸易理论为基础,构建价值链理论分析框架,对民营经济价值链治理的机理进行分析。假定企业以最终品生产和中间品生产两种方式融入全球价值链,对于最终品生产厂商而言,其投入要素为中间品与劳动力,而中间品生产厂商的投入要素为劳动力和技术。[①] 基本的分析过程是逐步放松假设条件,即先从封闭经济出发,构建理论分析框架,再将其拓展至开放经济情况,以分析价值链治理的内在机理。从生产工序来看,中间品生产先于最终品,因此基于序贯博弈的分析思路,先从最终品生产分析入手,然后分析中间品生产。

一、最终品生产

假定最终品的生产函数为:

$$Q = M^{\alpha} L^{1-\alpha} \tag{4-1}$$

其中 M 表示生产中所投入的中间品组合, L 表示生产中所投入的劳动力,而中间品组合采用 CES 函数复合形式,具体为

$$M = \left[\int_{\omega \in \Omega} (\theta(\omega) m(\omega))^{(\sigma-1)/\sigma} d\omega \right]^{\sigma/(\sigma-1)} \tag{4-2}$$

其中 Ω 为最终品生产所使用的中间品集, $\theta(\omega)$ 和 $m(\omega)$ 分别表示种类为 ω 的中间品的技术含量和使用量, $\sigma > 1$ 为各中间品间的替代弹性。不难看出,最终品厂商使用更高技术含量的中间品,其生产效率越高,即产量越高,假定最终品的实际需求为 D,因此最终品厂商的

---

① 中间品生产中的技术要素包括了研发所使用的高级劳动力,这里的劳动力要素主要是从事中间品生产的劳动力,其同样为技术含量低的劳动力。

生产约束为：

$$Q = D \tag{4-3}$$

从而可知最终品厂商的要素需求为：

$$M = \left(\frac{\alpha}{1-\alpha}\right)^{1-\alpha} \left(\frac{w}{P_M}\right)^{1-\alpha} D, L = \left(\frac{1-\alpha}{\alpha}\right)^{\alpha} \left(\frac{P_M}{w_L}\right)^{\alpha} D \tag{4-4}$$

其中 w_L 为劳动力的价格，P_M 为中间品价格指数，假定劳动力为计价物，可知最终品厂商的利润为：

$$\pi_F = \left[P_Q - \frac{P_M^{\alpha}}{(1-\alpha)^{1-\alpha}\alpha^{\alpha}}\right] D \tag{4-5}$$

其中 P_Q 为最终品的价格，假定最终品产品需求对于最终品厂商而言是外生的，这也意味着最终品厂商不能对最终品的价格产生影响，而中间品的价格由最终品厂商和中间品厂商博弈决定，假定两类厂商均拥有完全信息，并假定最终品价格为1，可知中间品价格指数为：

$$P_M = (1-\alpha)^{(1-\alpha)/\alpha}\alpha \tag{4-6}$$

而最终品厂商的利润为0，因此最终品厂商的利润率为0。

二、中间品生产

从前面的分析可知，中间品厂商所面临的需求为衍生性需求，其需求函数可以表示为：

$$m(\omega) = D(1-\alpha)^{\sigma(1-\alpha)/\alpha}\alpha^{\sigma}(p(\omega))^{-\sigma}(\theta(\omega))^{\sigma-1} \tag{4-7}$$

假定中间品厂商生产的边际成本为 c，研发成本函数为

$$C_R = \delta(\theta(\omega))^{\beta} \tag{4-8}$$

其中 δ 表示企业的研发能力，其值越高表示企业的研发能力越低，为确保成本函数的凹性，本书假定 $\beta > \sigma - 1$。中间品厂商的利润函数可以表示为：

$$\pi_M = D(1-\alpha)^{\sigma(1-\alpha)/\alpha}\alpha^{\sigma}(p(\omega))^{-\sigma}(\theta(\omega))^{\sigma-1}(p(\omega)-c) - \delta(\theta(\omega))^{\beta} \tag{4-9}$$

从而可知企业利润最大化条件下的定价行为与技术选择为:

$$p^* = \frac{\sigma}{\sigma - 1}c, \theta^* = \left[\frac{D(1-\alpha)^{\sigma(1-\alpha)/\alpha}\alpha^{\sigma}c^{1-\sigma}}{\delta\beta}\left(\frac{\sigma}{\sigma - 1}\right)^{-\sigma}\right]^{1/(\beta-\sigma+1)}$$

$$(4-10)$$

从(4-10)式中不难看出,最终品的需求越高,中间品的衍生需求也就越高,中间品厂商选择更高技术含量的中间品进行生产的激励也就越大,同时当中间品厂商的研发能力和生产能力提升时,其会选择更高技术含量的中间品进行生产。研发能力、生产能力两者与中间品技术选择间的正向关系都可以理解为选择更高技术的成本下降所引致的技术升级激励,研发能力提升体现为直接成本下降,而生产能力提升则反映了企业对技术的应用能力,体现为间接成本下降。均衡条件下,中间品厂商的利润可以表示为:

$$\pi_M^* = \frac{\beta - \sigma + 1}{\sigma - 1}\delta\left[\frac{D(1-\alpha)^{\sigma(1-\alpha)/\alpha}\alpha^{\sigma}c^{1-\sigma}}{\delta\beta}\left(\frac{\sigma}{\sigma - 1}\right)^{-\sigma}\right]^{\beta/(\beta-\sigma+1)}$$

$$(4-11)$$

从而可知最终品厂商的利润率为:

$$\eta = \frac{\beta - \sigma + 1}{\sigma - 1}\left(\frac{D}{\delta}\right)^{(\sigma-1)/(\beta-\sigma+1)}\left[\frac{(1-\alpha)^{\sigma(1-\alpha)/\alpha}\alpha^{\sigma}c^{1-\sigma}}{\beta}\left(\frac{\sigma}{\sigma - 1}\right)^{-\sigma}\right]^{\beta/(\beta-\sigma+1)}$$

$$(4-12)$$

显而易见,最终品厂商的利润率上限为:

$$\eta \leqslant \bar{\eta} = \frac{1 - \alpha}{\sigma - 1}$$

$$(4-13)$$

三、国际分工与价值链升级

这部分将分析不同全球价值链融入方式对企业附加值率的影响,为简化分析,本节仅考虑两国模型,并以下标 H 和 F 进行区分,下标 H 表示母国,下标 F 表示外国。假定两国间的贸易成本采用冰山贸易成本形式,即 τ 单位商品出口,仅有 1 单位商品到达目的国。假定两国间的贸易成本完全对称,即 $\tau_{HF}=\tau_{FH}=\tau$,其中 τ_{ij} 表示i国企业出口至j国的贸易成本。

结合(4-6)式和(4-10)式可知:

$$P_{M,H} = \left[\lambda\left(\frac{\sigma c_H}{(\sigma-1)\theta_H}\right)^{1-\sigma} + (1-\lambda)\left(\frac{\sigma\tau c_F}{(\sigma-1)\theta_F}\right)^{1-\sigma}\right]^{1/(1-\sigma)}$$

$$= (1-\alpha)^{(1-\alpha)/\alpha}\alpha \qquad (4-14)$$

$$P_{M,F} = \left[\lambda\left(\frac{\sigma\tau c_H}{(\sigma-1)\theta_H}\right)^{1-\sigma} + (1-\lambda)\left(\frac{\sigma c_F}{(\sigma-1)\theta_F}\right)^{1-\sigma}\right]^{1/(1-\sigma)}$$

$$= (1-\alpha)^{(1-\alpha)/\alpha}\alpha\, \bar{w}^{(1-\alpha)/\alpha} \qquad (4-15)$$

其中 λ 表示本国(H)中间品厂商的集聚程度,即本国中间品厂商占两国中间品厂商总数的比例,$\bar{w}$ 表示两国的相对工资水平,即本国工资水平与外国工资水平之比。从而可得:

$$\lambda = \frac{\bar{w}^{(\sigma-1)(1-\alpha)/\alpha} - \tau^{1-\sigma}}{\left(\frac{\theta_H/\theta_F}{c_H/c_F}\right)^{1-\sigma} - \tau^{1-\sigma} + \bar{w}^{(\sigma-1)(1-\alpha)/\alpha} - \tau^{1-\sigma}\left(\frac{\theta_H/\theta_F}{c_H/c_F}\right)^{1-\sigma}\bar{w}^{(\sigma-1)(1-\alpha)/\alpha}}$$

$$(4-16)$$

从(4-16)式中可以看出,当两国不存在贸易成本时,其中间品厂商集聚程度为:

$$\lambda\big|_{\tau=1} = \frac{1}{1-\left(\frac{\theta_H/\theta_F}{c_H/c_F}\right)^{1-\sigma}}, \alpha \in [0,1] \qquad (4-17)$$

从(4-17)式中可以看出,如果两国间不存在贸易成本,中间品厂商定会出现完全集聚现象,即:

$$\lambda\big|_{\tau=1} = \begin{cases} 1, \left(\dfrac{\theta_H/\theta_F}{c_H/c_F}\right)^{1-\sigma} \leqslant 1 \\[3mm] 0, \left(\dfrac{\theta_H/\theta_F}{c_H/c_F}\right)^{1-\sigma} > 1 \end{cases} \qquad (4-18)$$

也就是说中间品厂商将集聚于技术水平与生产能力较高的国家。为进一步分析本国中间品厂商集聚程度的影响因素,本书记为:

$$\bar{\theta} = \theta_H/\theta_F, \bar{c} = c_H/c_F, \varphi = \tau^{1-\sigma} \tag{4-19}$$

$\bar{\theta}$ 和 $\bar{c}$ 分别表示本国厂商的相对技术选择与相对生产成本,φ 表示国外厂商的市场接入程度,(4-16)式可以改写为:

$$\lambda = \frac{\bar{w}^{(\sigma-1)(1-\alpha)/\alpha} - \varphi}{\bar{w}^{(\sigma-1)(1-\alpha)/\alpha} + (\bar{\theta}/\bar{c})^{1-\sigma} - \bar{w}^{(\sigma-1)(1-\alpha)/\alpha}\varphi(\bar{\theta}/\bar{c})^{1-\sigma} - \varphi} \tag{4-20}$$

为排除角点解,本书有着以下假定:

$$\varphi < \bar{w}^{(\sigma-1)(1-\alpha)/\alpha} < \varphi^{-1} \tag{4-21}$$

即两国的相对工资差异水平较小,否则将出现完全集聚现象。对(4-16)式进行比较静态分析可知:

$$\frac{\partial\lambda}{\partial\bar{\theta}} = \lambda \frac{(\sigma-1)(1-\bar{w}^{(\sigma-1)(1-\alpha)/\alpha}\varphi)(\bar{\theta}/\bar{c})^{-\sigma}/\bar{c}}{\bar{w}^{(\sigma-1)(1-\alpha)/\alpha} + (\bar{\theta}/\bar{c})^{1-\sigma} - \bar{w}^{(\sigma-1)(1-\alpha)/\alpha}\varphi(\bar{\theta}/\bar{c})^{1-\sigma} - \varphi} > 0 \tag{4-22}$$

$$\frac{\partial\lambda}{\partial\bar{c}} = -\lambda \frac{(\sigma-1)(1-\bar{w}^{(\sigma-1)(1-\alpha)/\alpha}\varphi)(\bar{c}/\bar{\theta})^{-\sigma}/\bar{\theta}}{\bar{w}^{(\sigma-1)(1-\alpha)/\alpha} + (\bar{\theta}/\bar{c})^{1-\sigma} - \bar{w}^{(\sigma-1)(1-\alpha)/\alpha}\varphi(\bar{\theta}/\bar{c})^{1-\sigma} - \varphi} < 0 \tag{4-23}$$

$$\frac{\partial\lambda}{\partial\bar{w}} = \frac{(\sigma-1)(1-\alpha)\bar{w}^{[(\sigma-1)(1-\alpha)/\alpha]-1}(1-\varphi^2)(\bar{\theta}/\bar{c})^{1-\sigma}}{\alpha[\bar{w}^{(\sigma-1)(1-\alpha)/\alpha} + (\bar{\theta}/\bar{c})^{1-\sigma} - \bar{w}^{(\sigma-1)(1-\alpha)/\alpha}\varphi(\bar{\theta}/\bar{c})^{1-\sigma} - \varphi]^2} > 0 \tag{4-24}$$

也就是说,本国相对生产能力越高,相对技术水平越高,其中间品厂商在世界市场上的相对竞争力越强,集聚程度也就越高,而本国的相对工资水平越高,其最终品厂商在世界市场上的相对竞争力就越低,而中间品厂商在本国市场上的相对竞争力也就越高,集聚程度也就越高。

结合前面的分析,本国的附加值水平可以表示为:

$$\kappa_H = 1 - \frac{(1-\lambda)\tau^{1-\sigma}}{1 + (\bar{\theta}/\bar{c})^{\sigma-1}} \qquad (4-25)$$

通过比较静态分析可以发现:

$$\partial\kappa_H/\partial\bar{\theta} > 0, \partial\kappa_H/\partial\bar{c} < 0 \qquad (4-26)$$

也就是说,随着一国企业的相对技术水平以及生产能力的提升,本国附加值水平也会相应提升。

上述分析可以总结为以下命题:

企业从事中间品生产的利润率要高于从事最终品生产所获得的利润率,并且对于中间品厂商而言,相对技术水平以及生产能力越高,其母国的附加值水平也就越高,亦即价值链地位越高。

第三节 中国民营经济全球价值链地位及其实证

一、中国民营经济全球价值链水平测度

在全球价值链分工背景下,垂直化分工与贸易是国际贸易的典型特征。由胡梅尔斯等(Hummels 等,2001)(后文简称 HIY)首次提出的垂直专业化概念,运用投入产出方法考察了一国出口中包含的进口成分(VS)以及一国出口中作为中间品被别国进口的成分(VS1),实现了从进口方面和出口方面考察一国参与垂直国际分工的程度(王岚,2013)。但是 HIY 方法在测算一国垂直专业化时存在两个关键性前提假设:其一,国内最终消费品和出口产品生产对进口中间品的依赖程度相同;其二,所有进口中间品完全是由国外价值增值构成的。第一个假设在一国加工贸易占比很大时就得不到满足,第二个假设同样不符合现实,未能包括本国向另一国家出口中间品,经后者加工后再返销给本

国的情况。事实上,尽管 HIY 方法奠定了增加值贸易分析框架的基础,但由于产品内分工,或者垂直专业化的本质在于参与国在最终产品的生产链上彼此承接且紧密关联,而这种多次跨越国境的迂回生产与贸易却是 HIY 法无法解决的(王岚,2013)。当然。其后以库普曼(Koopman)、王直(Wang)和魏尚进(Wei)(以下简称 KWW)为代表的一系列文章(Koopman 等,2008、2010、2013、2014;Daudin 等,2011;Johnson 和 Noguera,2012;Timmer,2013 等)在 HIY 方法的基础上,通过放松前面两个假设条件,提出了完整的增加值贸易核算系统框架,该框架能够将一国的总出口进行系统拆分测算,成为新型国际分工体系下更加有效的贸易分析框架。其后在 KWW 分析框架基础上对中国民营企业增加值问题的研究中,最具有代表的研究应该是唐等(2014),他们通过运用 2008 年中国企业普查数据结合优化方法对中国 2007 年和 2010 年非竞争型投入产出表进行所有制和规模的拆分,形成了按照企业所有制和规模划分的中国所有制—规模非竞争型投入产出表。其研究结果发现,相较于国有企业,中国的私营企业在价值链上还是处于相对下游的位置。

由于 KWW 方法是以全球主要经济体作为研究对象(可以称之为宏观测算方法),因此难以系统分析某一特定国家的增加值出口变动的内在机理,有鉴于此,阿普沃德等(Upward 等,2013)提出了微观企业出口增加值的测算方法(对应地,可以称之为微观测算方法),并运用中国工业企业数据库和中国海关统计数据库相互匹配后的数据对中国企业层面的出口增加值进行了测算。在他们的研究基础上,张杰等(2013)改进了阿普沃德的测算方法,并做了企业层面出口增加值变动的影响因素分析。为了更好地探讨中国民营企业的出口增加值变动规律及内在机理,本书将从微观角度对中国民营企业的出口增加值进行测算,并分析影响中国民营企业价值链地位升级的因素。

(一)微观测度方法

本书在阿普沃德所提出的微观测算出口国内增加值方法的基础上,结合中国特殊贸易体制,综合考虑贸易代理商、国内中间投入中所含国外成分以及进口中间投入中所含国内成分,对中国民营企业的出口国内增加值进行测算与分析。

首先,基于阿普沃德的研究,微观层面垂直专业化(VS)的测算公式可以写作:

$$VS^{uwz} = M^p + \frac{M^o}{Y - X^p} \cdot X^o \tag{4-27}$$

上标 p 和 o 分别代表加工贸易和一般贸易(下同),Y 表示企业的总产出,M^o 表示一般贸易进口中间投入[1],M^p 表示加工贸易进口中间投入,X^o 表示一般贸易出口,X^p 表示加工贸易出口。因此,上式中分母 $Y - X^p$ 就表示用于一般贸易和国内生产的总产出份额。基于"同比例假设",$\frac{X^o}{Y - X^p}$ 就表示用于一般出口的进口中间产品比例。由此便可直接测算企业出口中的国内增加值率:

$$DVS^{uwz} = \frac{DV^{uwz}}{X} = \frac{X - VS^{uwz}}{X} = 1 - \frac{VS^{uwz}}{X} \tag{4-28}$$

进一步,可以针对企业不同贸易方式分别界定出口国内附加值的计算公式。由于我国的对外贸易方式主要以加工贸易和一般贸易为主[2],因此有:

1.加工贸易出口企业的出口国内增加值率($DVAR^p$)。根据中国海关对加工贸易的规定,加工贸易在原材料进口环节可暂缓缴纳相关税负,待到加工完成复出口后予以核销,而一般贸易的中间品进口则需

---

[1]　本书通过 UN COMTRADE 发布的 HS-BEC 产品代码转换表对进口中间品进行了识别,参见 http://unstats.un.org/unsd/cr/registry/regdnld.asp? Lg=1。

[2]　根据中国海关数据库的统计,这两类贸易方式占到所有贸易额的95%以上。

按相关规定征收相关税负。因此对加工贸易企业而言,可以认为其进口中间品均用于出口生产。因此,加工贸易企业的 $DVAR^p$ 可以定义为:

$$DVAR^p = 1 - \frac{M^p}{X} \qquad (4\text{--}29)$$

2. 一般贸易出口企业的出口国内增加值率($DVAR^o$)。对于一般贸易企业而言,其所进口的中间产品可按 HIY 的同比例假设进行识别和处理①。此时一般贸易企业的 $DVAR^o$ 可以定义为:

$$DVAR^o = 1 - \frac{M^o}{Y} \qquad (4\text{--}30)$$

3. 混合出口企业的出口国内增加值率($DVAR^m$)。根据张杰等(2013)的方法并结合上述两类企业的分析,混合贸易企业的 $DVAR^m$ 可定义为企业两类贸易方式出口国内附加值的加权平均,权重为两类贸易方式的出口额占比,即:

$$DVAR^m = w^p\left(1 - \frac{M^p}{X}\right) + w^o\left(1 - \frac{M^o}{Y - X^p}\right) \qquad (4\text{--}31)$$

(4--30)式的测算公式在理论上并无歧义,但若直接将中国的贸易数据套用到此公式中,便会发现其并不能得到关于中国企业出口 $DVAR$ 合理的结论(张杰等,2013)。由于阿普沃德的研究并未考虑贸易中间商以及投入品的重复计算问题,因此单纯套用上式进行测算可能导致计算结果有偏,下面将针对这些问题进行改进。

首先考虑贸易中间商代理进口问题。这一现象可以从工业企业数据库所记录的企业出口额与海关数据库所记录的企业出口额间存在较大差异看出。由于在 2004 年之前,中国存在对外贸易经营权的垄断与管制②,大量企业的出口主要通过具有进出口经营权的贸易中间商进

---

① 此处虽然仍然采用比例假设,但企业的出口销售比是异质的。
② 2004 年我国兑现加入 WTO 的承诺,放开了对外贸易经营权的管制。

行(钱学锋,2015)。根据安等(Ahn 等,2011)的测算,中国贸易中间商的出口份额在 2000 年高达 35%,即使在开放贸易经营权后的 2005 年该比例仍高达 22%。如果不考虑贸易中间商的间接进口问题,将会高估出口的国内增加值。这里借鉴安等(2011)、张杰等(2013)和吕越等(2015)的方法,首先从海关统计数据库中识别出名称中包含"进出口""经贸""贸易""科贸"或"外经"的贸易中间商,接着从产品层面对这一问题进行处理。具体为首先计算出某一 HS 编码产品的进口代理率,然后再归总到企业层面:

$$M_i^{int} = \sum_{hs} \frac{M_{i,hs}^{custom}}{1 - m_{hs}},\text{其中 } m_{hs} = \frac{m_{hs}^{inter}}{m_{hs}^{total}} \qquad (4\text{-}32)$$

(4-32)式中上标 custom 表示海关数据库中记录的未做中间商进口调整的某一 HS 编码产品贸易额,m_{hs} 表示该产品的中间商代理率。

将上述修正方法应用到前述计算公式中即可得到对贸易中间商问题修正后的企业出口附加值份额。

接着考虑重复计算问题。随着国际生产分工越来越趋于碎片化,中间产品贸易多次跨越国境,导致重复计算部分日益增加,即一国进口投入品可能包含本国价值,而一国国内投入品亦可能包含进口价值。如果不考虑这一问题,则可能会使企业出口附加值的计算存在偏差。首先根据 KWW(2012)的研究,中国"大进大出"的贸易特点使得进口中间投入中的国内价值部分可以忽略不计。但是国内中间投入中所含国外成分大概在 5%—10% 之间,这部分价值的影响将无法忽视,因此本书主要针对国内中间投入品中的国外成分问题对企业 DVAR 的测算公式进行修正。借鉴张杰等(2013)的方法,以 KWW(2012)所测算的 2007 年国内中间投入品中所含国外成分的 5% 为基准从进口投入中统一扣减,得到修正后的企业出口国内增加值率。

基于上述分析,本书最终得到企业层面出口国内附加值率的测算公式为:

$$DVAR_{adj}^p = 1 - \frac{M_{adj}^p}{X} \qquad (4-33)$$

$$DVAR_{adj}^o = 1 - \frac{M_{adj}^o}{Y} \qquad (4-34)$$

$$DVAR_{adj}^m = w^p \left(1 - \frac{M_{adj}^p}{X} \right) + w^o \left(1 - \frac{M_{adj}^o}{Y - X^p} \right) \qquad (4-35)$$

上述企业层面的出口国内附加值可以进一步通过加权汇总到部门和总体层面。为减少简单平均所带来的偏差,本书按企业出口额占比为权重进行加权得到行业层面的$DVAR$:

$$DVAR_j = \sum_{i \in j} \frac{\exp_i}{\sum_{i \in j} \exp_i} DVAR_i \qquad (4-36)$$

其中i代表企业,j代表不同行业、不同贸易方式或不同企业。按以上方法,还能进一步汇总到总体层面的$DVAR$:

$$DVAR = \sum_j \sum_{i \in j} \frac{\exp_i}{\sum_j \sum_{i \in j} \exp_i} DVAR_i \qquad (4-37)$$

(二)数据来源及预处理

本书所用到的数据主要包括两套:一套是中国国家统计局编制的工业企业数据库;另一套来源于中国海关总署编制的中国海关统计数据库,时间跨度为2000年到2006年。由于工业企业数据库存在数据缺失和数据异常值问题,因此在测算前先将下列数据异常值予以剔除:处于"非运营"状态的企业;总资产小于流动资产或者固定资产的企业;极端观测值的企业。初步处理之后,借鉴吕越等(2015)的方法,将两套数据首先逐年按照企业中文名称进行匹配,考虑到同一企业在不同年份其名称可能存在差异,且新进入企业可能用其他企业的曾用名,因此年份这一变量在进行匹配时必须考虑。其次,采用企业所在地邮编及企业电话号码后7位进行二次识别。由于不同地区电话号码的位数存在差别,部分城市在原有7位号码基础上新增了位数,且基本为第一位,因此本书采用企业电话号码后 7 位进行匹配。

数据匹配完后,本书采用聂辉华(2012)的方法对部分年份所缺少的工业总产值与工业增加值指标进行补齐处理①。此外,由于煤炭开采和洗涤业、石油和天然气开采业、黑色金属矿采选业、有色金属矿采选业、非金属矿采选业以及其他采矿业的进口波动率较高②,本书将这些行业剔除以保证测算的准确性。

在企业出口 $DVAR$ 的测度过程中,还应考虑企业出口中存在的过度进口和过度出口的问题。参考基和唐(Kee 和 Tang,2015)的研究,将企业出口额小于或等于进口额,以及没有进口额的企业样本进行删除处理。此外,基于垂直专业化的原理,对于只有出口没有进口的企业和仅有进口没有出口的企业,本书认为其没有直接参与全球价值链,也一并予以剔除。

此外,本书对于行业技术水平的分类标准参照 OECD;其次,本书采用实收资本占比来区分企业性质。参照聂辉华(2012)的研究,企业真实的控股情况更能反映企业的所有制类型。在具体操作过程中,以国有、集体、法人和个人的实收资本占比超 50%来划分;而在界定外资企业时,本书采用港澳台资本和外资资本之和占实收资本比例超过 25%作为外资企业的界定标准③。

基于上述处理后,本书在后文中通过保留民营企业的数据来进行实证分析。

(三)中国民营经济价值链地位

在样本期内,共有 10367 家私营企业,按照公式(4-36)计算而得的各年份总体 $DVAR$ 的变动趋势见图 4-2。

---

① 根据会计准则:工业增加值=工业总产值-工业中间投入+增值税;工业增加值=产品销售额-期初存货+期末存货-工业中间投入+增值税;工业总产值=产品销售额-期初存货+期末存货。

② 这些行业可能存在根据国际价格波动而进行库存管理行为。

③ 根据税法相关规定,外资企业的投资比例原则上不低于25%。

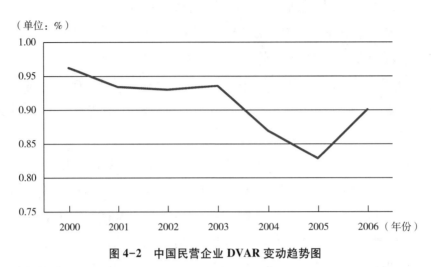

图 4-2　中国民营企业 DVAR 变动趋势图

资料来源:笔者测算。

从图 4-2 可以看出,中国民营企业的出口国内增加值总体而言较高,样本期内的平均值达到 90.85%,说明中国民营企业的出口中,更多的还是包含本国的中间品投入,进口中间品投入相对较少。通常来说一国出口国内增加值越高其在全球价值链上的分工地位就越高,但是库普曼等(Koopman 等,2013)指出,较高的国内出口增加值可能仅仅是全球价值链参与度低的体现。这里以中国民营企业的出口占所有匹配企业总出口额的比重来初步反映中国民营企业参与全球价值链分工的程度,结果见图 4-3。

从图 4-3 可以看出,中国民营企业参与全球价值链分工的程度呈逐步上升之势,这与图 4-2 所揭示的结果基本一致。即首先,中国民营企业正不断深化全球价值链分工的参与程度,导致样本期内民营企业出口品生产中越来越多地使用来自国外的中间投入品,导致出口国内附加值呈现下降趋势;其次,虽然民营企业参与价值链分工的程度正不断上升,但比重仍相对较低,导致样本期内民营企业的出口国内附加值比重较高。

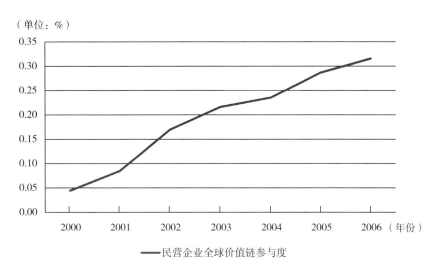

（单位：%）

图4-3 中国民营企业参与全球价值链分工的程度

资料来源：笔者测算。

接着我们来看一下分行业的民营企业出口增加值变动情况。由于总体上样本期内民营企业的数量较少，因此为保证分行业的数据具有代表性，本书参照中国高技术产业统计分类目录，结合国民经济行业分类标准2002，将样本内的工业行业分为高技术行业和低技术行业两大类①，其中从属于高技术行业的企业数量较少，样本期内总共仅有1169家，占民营企业总体数量的约11%。按照公式(4-35)计算而得的行业层面 DVAR 变动趋势见图4-4。

从图4-4可以看出，初始样本期两类行业的出口国内附加值比重较为接近，但在中国加入世界贸易组织后，两者的变动趋势出现了一定的分离趋势。具体来看，高技术企业的 DVAR 开始呈现明显的下降趋势，而低技术企业的 DVAR 其下降趋势并不明显。一个可能的原因是加入世界贸易组织后对于中国从事低技术产品生产制造的民营企业的

---

① 这里的行业分类方法是按照高技术产业统计分类目录中的高技术行业4分位码为基础，匹配国民经济行业分类标准2002(这是因为高技术产业统计分类目录是按照国民经济行业分类标准2011为基础修订的)，得到所有高技术行业，则剩余产业即为低技术行业。

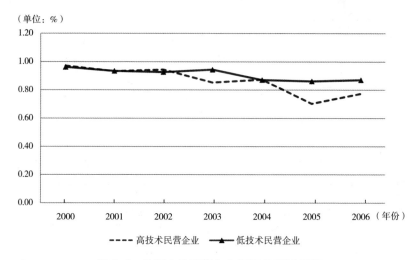

（单位：%）

图4-4 分行业的民营企业 DVAR 变动趋势

资料来源：笔者测算。

影响相较于高技术民营企业而言要小，随着中国正式加入 WTO，贸易自由化的不断深化使得中国高技术民营企业不断参与到全球价值链分工中来，DVAR 出现下滑。实际上 DVAR 并不是越高越好，当然也不是越低越好，它需要综合考虑一国的发展阶段、综合国情、资源禀赋等一系列因素来评判，一国/企业相对合适的 DVAR 应该是符合其自身现阶段发展情况且能够最大化发挥其自身比较优势。

二、中国民营经济价值链升级的影响因素

（一）计量模型

本书的企业层面出口国内附加值（DVAR）测算方法具有两点优势：一是可以深入探究影响中国民营企业出口国内附加值的因素及可能的作用机制；二是可以通过识别这些影响因素来检验前文所测算的民营企业出口国内附加值是否合理。据此本书构建了一个检验民营企业出口国内增加值影响因素的计量方程，来揭示推动中国民营企业出口 DVAR 变化的核心因素。参照阿普沃德的做法，该计量模型设

定为:

$$DVAR_{it} = \alpha + \beta \cdot X_{it} + \eta \cdot Z + \gamma_{ind} + \gamma_{provin} + \gamma_{year} + \varepsilon_{it}$$

$$(4-37)$$

(4-37)式中,各变量的下标i和t分别代表民营企业和样本年度。其中被解释变量为前文所测算的民营企业出口国内附加值$DVAR$。这里需要重点关注的解释变量是X,后会依据研究问题的不同而有所变化。Z包括一系列与企业自身特征相关的控制变量,包括:企业规模(size),以企业总资产对数来表示;竞争程度(herfind),按4分位企业计算的赫芬达尔—赫希曼指数来表示;省份地区特征;年份特征(张杰等,2013)。

尽管在回归模型中可以控制与企业自身特征相关的一系列变量,以及地区差异、产业差异、时间差异等固定效应特征,但是可能仍会因为存在未被我们观测到的企业内部异质性因素,特别是如人力资本、管理能力等未能识别到的因素,也和民营企业出口的国内增加值的波动差异相关。因此,参照张杰等(2013)的研究方法,为了能更有效地利用面板数据所提供的信息,本书将服从独立同分布(i.i.d)的企业误差项ε_{it}分解为与时间无关的企业异质性误差项以及其余服从i.i.d分布的企业误差项。

(二)主要变量

基于现有文献的研究,并考虑到数据的可得性,本书认为民营企业的研发投入、生产效率以及融资能力是影响民营企业出口国内增加值变动的主要因素。

研发投入。对于新兴市场而言,企业实现转型升级的最佳途径是由研发设计为主导的生产过程取代简单的委托加工生产过程。李强和郑江淮(2013)认为,对于发展中国家而言,提高研发投入有助于生产技术水平的提升,从而降低价值链上高端生产工序的成本,发达国家外包更多高技术水平的工序,带来价值链攀升。当然实质上这仍是在从事加工生产。企业提高研发投入的本质或者说长远目的应该是全面提升自身的自主创新能力,逐步提升各个生产环节的效率,随着中国人口红利的逐步消失,这将成为中国企业突破价值链"低端锁定"困境的关键。因此本书预期企业提高研发投入将有效提升企业的出口增加值水平,数据来源于工业企业数据库的企业研发投入额。

生产效率。生产效率直接决定了企业中间投入的使用效率,进而影响了企业增加值率的高低。梅里兹(Meliz,2003)、安查思和赫尔普曼(Antras 和 Helpman,2004)的研究均指出,只有效率超过一定阈值的企业才会将部分任务进行外包(Outsourcing),其中效率较低的企业采用企业间契约交易的形式,而效率最高的少部分企业则采用一体化外包(吕越等,2015)。遵循一般研究文献的方法,本书将全要素生产率(TFP)作为企业生产效率的代理变量,全要素生产率是指扣除要素贡献后的生产率水平,通常是指制度变革或技术进步等非生产要素投入引起的贡献。基于数据的可得性,本书使用索洛余值法刻画民营企业的全要素生产率,并预期企业全要素生产率越高,其出口国内附加值越高,即处于越高的价值链地位。

融资能力。马侬瓦和余(Manova 和 Yu,2012)认为融资约束会影响企业参与价值链的模式,即受融资约束影响较大的企业往往只能从事价值链低端工序,不利于企业的利润获取和竞争力的提升。而巴斯和贝尔图(Bas 和 Berthou,2011)进一步发现,全球化显著提高了全球范围的资本密集型产品和中间投入品贸易,特别是对于发展中国家如印度,一大批企业通过进口国外高技术、高复杂度的资本密集型产品和中间投入品,努力实现技术赶超、效率提升和经济增长的战略目标。但在这一过程中需要企业拥有较强的融资能力,因为进口国外高技术含量的资本密集型中间投入品需要提前垫付大量资金(吕越等,2015)。参考马侬瓦和余(Manova 和 Yu,2012)的研究,本书使用以流动资产占总资产的比重表示企业内部融资的约束程度以衡量民营企业的融资约束程度(符号预期为正,这是因为该指标越大说明企业越容易获得融资)。

结合中国的国情来看,私营企业的融资约束相较于其他类型企业要大(Songet 等,2011),而现有文献通常认为私营企业的生产效率又相对于其他类型企业要高,那么这两个因素对民营企业出口国内增加值份额的综合影响如何呢?

(三)实证结果

表4-3 为根据式(4-37)所作的计量回归结果。

表4-3　中国民营企业出口DVAR 的影响因素估计

变量	系数	t 值
常数	0.896^{***}	179.571
研发投入	0.026^{***}	3.422
生产率	0.007^{***}	3.164
融资约束	0.0001^{***}	3.601
企业规模	控制	
行业	控制	
省份	控制	
年份	控制	
R^2	0.127	
F	10.542	
样本量	9980	

注:＊＊＊表示在1%显著性水平下显著。

从回归结果来看,三个主要影响因素均在1%显著性水平上显著,F 值也达到了 10.542,应该说回归结果还是较为理想的。具体来看,研发投入对企业出口增加值的影响最大,达到了 0.026,即企业研发投入增加1%,企业的出口国内增加值份额将提升 0.026%,说明企业研发水平确实较大影响了企业的全球价值链地位;企业生产效率也对企业出口增加值率有正向作用,其作用大小为 0.007,即企业生产效率提升

1%将提升企业 0.007%的企业出口增加值,可见提高企业生产效率将有助于提升企业的全球价值链地位;最后来看企业融资约束水平对企业出口增加值的影响,总体来看企业的全球价值链地位受融资约束的影响相对较小,符号为正说明企业受融资约束越小,其对企业价值链地位的提升将越大。

上文的理论和实证研究结果表明,从长远来看,提升企业自身研发能力和创新能力,是提升企业全球价值链地位、提高国际竞争力的最有力途径。从本章实证研究所用的样本企业来看,样本期内民营经济在研发投入方面还是相对欠缺的,因而增加研发投入强度、提高创新能力,是提高民营企业价值链地位和竞争力的必然选择。当然,受制于样本期相对久远,导致无法对近几年的民营企业研发投入进行更多解读与研究。

其次,企业生产效率是另一个需要企业特别重视的因素。由于企业的生产效率将极大影响企业中间投入效率进而影响企业的增加值率,因此提升企业生产效率是民营经济在未来不断向价值链高端攀升、获取国际竞争新优势的另一大途径。

此外,尽管实证研究结果来看,融资约束在样本期内对民营企业的影响还是相对较小的。这可能是由于民营企业主要集中在东部沿海发达地区,这些地区的民间融资行为较为普遍和发达,使得这些民营企业不必过分担心融资问题。当然受限于调查样本的长度,近年来在经济增速下行的条件下,民营企业受到的融资约束压力增大,对自身价值链地位的影响也可能会增大。

根据刘志彪(2011)的研究,新一轮全球化条件下,中国通过构建以内需为基础的国家价值链(NVC)体系和治理结构,以推动由国内消费需求支撑的、本土企业作为主导价值链的发展,是中国与世界经济"再平衡"过程中发展方式转变的战略选择。因此,民营经济全球价值链地位的升级,需要通过 NVC 的构建,充分利用 GVC 中的知识、技术和营销渠道等要素,实现产业集群的跨越式发展。

第五章　民营企业出口复杂度提升：以电子机械产品为例

自 20 世纪 90 年代初期以来,中国对外贸易快速增长,在贸易量和贸易结构上都取得了巨大的进步。然而中国的出口中占比最大的是加工贸易,即大规模进口核心部件和资本品,经过组装加工后,再大规模出口最终产品。从贸易数据来看,加工贸易占比迅猛增长,从 1981 年的 6% 提高到了 1990 年的 38% 和 2005 年的 49%,并于 2006 年达到峰值约 57%,之后处于稳步下降趋势。从出口结构上看,中国在世界分工中仍然处于出口加工环节,中国出口产品大部分是劳动密集型的低附加值产品,出口产品技术含量较低。

但是,也有学者研究表明中国的产品技术含量在过去的十几年中有很大提高,甚至已经超过了许多同等收入国家的技术水平(Hausmann 等,2005;姚洋、张晔,2007;许斌,2008)。中国产品的技术含量是否真的具有这种“异常性”,许多学者使用了不同技术含量测度方法来分析,得出的结论也不尽一致。

以往利用贸易理论来研究贸易结构的方法,可能会高估或者低估某一经济体的贸易结构和技术发展水平,因而需要一种定量分析出口产品技术复杂度的方法。米凯利(Michaely,1984)最早提出一个反映产品技术复杂程度的指标,这个指标是建立在以下基础上的:一国生产产品的技术含量与该国的经济发展水平(人均 GDP)相关联,这一假设也与李嘉图的比较优势理论相符。在此基础上,丹尼·

罗德里克(Rodrik,2003)首先提出复杂度(Degree of Sophistication)的概念来测度产品技术含量,丹尼·罗德里克(Rodrik,2005)将这个指标用于产品出口领域,他认为出口产品的复杂度测度能够在一定程度上定量地研究一国的贸易结构。

在确定技术含量测度的方法后,许多学者开始关注一些发展中国家(如中国、印度)与发达国家出口产品复杂度之间的比较。如罗德里克(Rodrik,2006)注意到中国、印度等的出口技术含量超越了自身的经济发展程度,罗德里克等学者基于定量的技术复杂度测度方法,分析发现中国、印度等发展中国家的出口产品技术复杂度明显超过其经济发展程度。肖特(Schott,2006)定义了产品相似性指数(The Relative Sophistication),发现中国出口产品的复杂度与 OECD 国家重合(Overlap)较多。而杨汝岱和姚洋构建的有限赶超指数(Limited Catch-up Index)证明了这种异常性在许多发展较好的经济体中普遍存在。

近年来,对于出口产品技术测度的研究已经取得了很大的进展,然而,由于测算出口产品复杂度需要大量的数据,国内外对产品技术含量的研究一般时间跨度较小,例如罗德里克(Rodrik,2006)仅仅测算了1992 年各国出口复杂度。本章选取 HS 分类中的电子机械类产品作为中国出口高技术产业的代表,研究和测算中国高技术产业中产品技术复杂度,并且在此基础上分析影响复杂度变化的因素,从而提出高技术产品出口实现产业升级的可能路径。

第一节　出口品复杂度相关研究综述

一、产品技术含量测度方法

米凯利(Michaely,1984)最先提出一个衡量出口产品技术复杂度的框架,这个框架的理论假设是,一国出口产品的技术含量与该国的人均收入有关,即人均收入高的国家生产高技术产品,而低收入的国家生产低技术产品,这个假设是建立在李嘉图比较优势理论基础上的。米凯利构造了一个反映产品技术复杂程度的指标,即生产某种产品的国家人均GDP以贸易额为权重的加权平均数(傅立峰,2012)。关志雄(2002)在米凯利(Michaely,1984)的方法上做了一些改进,他给每个贸易品赋予附加值指标,将权重改为出口国占世界总出口的份额,再乘上出口国的人均GDP得到产品技术含量水平。在此基础上得出一国出口产品的附加值分布图。然而以上两种方法都会使出口小国的影响基本消失。为了弥补这个缺陷,豪斯曼等(Hausmann等,2005)将权重改为一国出口产品/(总出口产品×世界总水平)。豪斯曼提出一个测度指标PRODY(产品对应的收入水平)来衡量劳动生产率水平,以作为测量产品技术含量的指标。

拉尔和韦斯(Lall和Weiss,2006)在关志雄(2002)的基础上,对产品附加值进行了标准化。樊纲、关志雄、姚枝仲(2006)用显示技术赋值原理识别出口产品的技术含量,其赋值方法为:对某一特定产品,选取所有比较优势指数大于0的国家,用这些国家人均GDP的加权平均值来代表该产品的显示技术附加值。每个国家的权重以该国在该产品上的显示比较优势指数与被选定国家该产品的显示比较优势指数之比来确定。并提出了四种基于贸易品技术分布的贸易结构分析方法:竞争互补指数、竞争压力指数、技术高度曲线以及贸易品高低技术分类分析法。

对产品技术含量的研究经历了从定性到定量的变化,对贸易结构的研究延伸到产品技术层面。然而以上方法也有一些不足之处:

一是产品技术含量指标是基于各国的贸易数据和人均收入的指标,它并不是真实的产品技术含量,而是在全球范围内对产品技术含量的排序,并且它忽略了产品的贸易分布和生产分布的差异。

二是产品赋值方法的理论基础为"富国生产中高技术产品,穷国生产中低技术产品",这一理论基础较为薄弱,并且产品技术含量权重的赋值在学术界也存在争议。

三是不适应实际的贸易现状。这一点尤为重要,自 20 世纪 60 年代以来,随着专业化分工的发展,出现了传统贸易理论无法解释的新贸易形式——产品内分工,一种将产品的不同环节或区段分布在不同的国家进行生产。学者们开始注意到这一现象,并对其赋予不同的称呼,如产业内贸易(Intra-industry Trade)(Davis,1995)、中间品贸易(Intra-mediate Trade)(Antweiler 和 Trefker,1997)、价值链切片(Slicing the Value Chain)(Krugman,1995)以及垂直专业化(Vertical Specializing)(Hummels,2001)。以上研究都描述了一种产品并非全部由一国生产,而是其生产的各环节可能分布在各个国家。也就是说,一种产品所含的全部技术含量并不一定是最终出口该产品的国家的实际生产技术含量,尤其是像中国这种以大进大出加工贸易为主的国家,这种表现更为明显。因此,计算一个国家的产品技术含量要将其中的进口部分剔除,保留实际在该国生产的环节,这才是该国实际的产品技术含量。

二、中国出口产品技术含量

豪斯曼通过定义一国收入对应的产品技术含量水平(PRODY)计算了各国的产品复杂指数,发现中国的产品技术复杂指数比基于中国人均收入水平所预测的产品技术复杂程度要高得多。而肖特定义了产品的相似性指数,利用该指数计算了各国与 OECD 国家的出口相似度,发现中国出口产品中有相当大一部分与 OECD 国家的出口相重合,即中国的产品出口结构超越了中国经济发展阶段。

许斌(Xu Bin,2007)从两方面对豪斯曼和肖特的结果提出了质疑,一是他认为中国的出口大部分集中在少数发展较快收入较高的省份,若用中国整体人均 GDP 来计算,则低估了人均收入的水平,因此,许斌计算了中国按各省出口比重加权之后的人均 GDP,按照这个新合成的人均 GDP,1992 年中国产品的综合技术含量指数下降了 28%,而 2005 年下降了 81%。二是他认为中国产品的质量较其他国家要差。第一点得到其他研究者分析结论(Wang 和 Wei,2007)的支持,而对于第二点解释,杨汝岱、姚洋(2007)表示质疑,他们认为:"各个国家出口产品的差异未必是由产品质量造成的,产品差别竞争以及消费者偏好等因素都会导致产品差异的存在……在存在差异产品的市场上,垄断竞争是常态……边际成本加成是产品定价原则。中国产品的价格低……未必是质量低,而是中国产品生产的边际成本低。"

除了以上国外研究之外,国内学者对贸易结构的研究也得出了与豪斯曼和肖特相似的结果,认为中国的出口技术含量有上升的趋势。关志雄(2002)比较中国和日本等国的出口技术含量,认为中国技术含量提高很快;樊纲、关志雄、姚枝仲(2006)对出口产品进行了技术等级的分类,发现中国出口产品的附加值有不断升高的趋势,但是目前仍是进口高技术产品、出口中低技术产品为主的贸易结构;毛日晟、陈敬(2004)从中国整体贸易出口数据出发说明中国的出口商品结构升级现象明显,中高技术类产品竞争力稳步上升。齐俊妍(2006)和范爱军(2007)通过比较中国和韩国的产品技术结构,也得出了相似结论,并且发现中国出口产品总体技术含量的提高,主要是由外商直接投资推动的。

以上实证研究几乎绝大部分都得出中国出口产品技术水平方面乐观的结论,我们可以发现一个共同的特点,他们都是将技术含量作为一个整体来研究的,并没有考虑在世界分工发展的背景下,一种产品可能由多国生产。也就是说,一国出口的产品所含的技术含量并不一定全部来自该国,要区别对待。姚洋、张晔(2007)意识到这个问题,利用投入产出表,定义了复合技术含量。

上述文献先对出口复杂度的测度方法做了研究,然而也存在一些不足之处：一是由于研究出口复杂度需要大量的数据支持，研究其动态变化难度较大，很少有学者研究长时间跨度的复杂度演变过程；二是没有利用长时间序列来系统地研究影响复杂度演变的因素。下面即采用中国电子机械类出口品数据展开相应分析。

第二节　中国电子机械类出口品复杂度测度与国际比较

一、数据说明

拉尔（Lall，2000）在俳体特（Patitt，1984）和 OECD（1994）产品分类方法的基础上，提出了一个较为完整的产品技术含量分类体系，该分类体系将 SITC0-9 类产品分为 5 个大类：初级产品（PP）、资源性产品（RB）、低技术产品（LT）、中技术产品（MT）和高技术产品（HT），然后再把后四类分为九个小类（见表 5-1）。其中 HT 分为两类——HT1 和 HT2。拉尔等（Lall 等，2000）（2004）指出，HT1 类别的产品一般在终端加工装配环节具有劳动密集型的特点，因此易于向发展中国家转移，而 HT2 产品的生产技术要求较高，因此仍适合在发达国家生产。

本章将测度 52 个国家和地区电子机械类产品的出口复杂度指数。其中电子机械类产品主要是指动力设备、办公设备、电子器件等，因此主要属于 HT1 类产品。本章将以电子机械类产品作为高技术产业代表研究中国的产业升级问题。

笔者共采集了 52 个国家和地区的电子机械类的出口统计数据（52 个国家 1993—2007 年的出口额统计数据来源于联合国商品贸易统计数据库，该数据采用 HS 四位数分类），这 52 个国家为电子机械类产品出口排名前 55 位的国家，由于南非、比利时和卢森堡申报的贸易数据不全，因此研究样本中剔除了这三个国家。根据 NBER 发布的关于

HS6 的分类标准,本章将 HS 编号的第一位数字(1-digit level)表示为产业,编号的前两位数字(2-digit level)表示为一类产品,因此电子机械类主要包括编号为 84 和 85 的两类产品。① 本章中的人均 GDP 是基于购买力平价的人均 GDP(下文表示为 PCGDP),1993—2007 年的 PCGDP 数据来源于 Penn World Table 6.3。所有贸易数据和 PCGDP 均以美元计价。

表 5-1 根据技术含量的产品分类

技术含量分类	子分类		产 品 举 例
初级产品	PP		新鲜鱼类、肉类、大米、茶叶、木材、煤炭、原油、天然气等
资源性产品	RB1	农业加工产品	经加工的肉类鱼类、饮料、木制品、植物油等
	RB2	其他资源性产品	金属精矿、石化产品、水泥、玻璃、石材等
低技术产品	LT1	纺织服装产品	纺织产品、衣物、皮革制造、箱包等
	LT2	其他低技术产品	陶瓷、金属铸件、家具、珠宝、玩具、塑料制品等
中技术产品	MT1	自动化产品	汽车及配件、摩托车及配件等
	MT2	加工工业产品	合成纤维、化工制品、颜料、合成化肥、钢、塑料、铁路机车等
	MT3	机械产品	引擎、制造业机械设备、水泵、轮船、钟表、家用类电器等
高技术产品	HT1	电子电器产品	办公自动设备、电信设备、半导体、电子设备、电力机械等
	HT2	其他高技术产品	医药、制造业、航空设备、精密光学仪器等

资料来源:Lall,Sanjaya,"The Technological Structure and Performance of Developing Country Manufactured Exports,1995-1998",*Oxford Development Studies*,2009 vol.28,No.3,pp.337-369。

① 编号 84 类产品包括动力设备、空调加热设备、专用机械、印刷、纺织机械、金属加工机械、办公设备、粉碎及其他机械、模具轴承;编号 85 类产品包括电机、声像设备、电子器件。

二、测度方法

本章采用对米凯利(Michaely,2005)测度方法的修正方法,这个测度方法的前提假设是高收入国家出口高技术复杂度产品,低收入国家出口低技术复杂度产品,这个假设与李嘉图的比较优势理论是相契合的,即将各国某种产品的出口额占世界贸易额的相对比重作为权数,再乘上各国的人均 GDP 得到加权平均和。因此,定义产品复杂度指数(Technological Sophistication Index,简写为 TSI):

$$TSI_i = \sum_j \frac{x_{ji}/X_j}{\sum_j (x_{ji}/X_j)} Y_j \qquad (5-1)$$

在此公式中,TSI 表示产品 i 的复杂度,j 表示国家。Y_j 表示 j 国的人均 GDP,本章中使用经购买力平价调整的人均 GDP。x 和 X 表示产品的贸易额,Y_j 前面的系数是权重,x_{ji}/X_j 是指产品 i 在 j 国总出口额中所占的贸易额比重,它衡量产品 i 在国家 j 总出口中的重要度,将 x_{ji}/X_j 除以 $\sum_j (x_{ji}/X_j)$ 使权数的总和为 1,因此这个权重变量反映了相对于其他出口 i 产品的国家,i 产品在 j 国出口中的重要程度。

算出产品 i 的复杂度指数之后,再将产品 i 的复杂度加总到产业层面:

$$TSI_j^l = \frac{x_{1j}}{\sum x_{ij}} TSI_1 + \frac{x_{2j}}{\sum x_{ij}} TSI_2 + \cdots + \frac{x_{nj}}{\sum x_{ij}} TSI_n = \sum_{i=1}^n \frac{x_{ij}}{\sum x_{ij}} TSI_i$$

$$(5-2)$$

其中 TSI_j^l 表示 j 国某产业的复杂度,$x_{ij}/\sum x_{ij}$ 表示产品 i 在国家 j 某产业的贸易份额。

三、测度结果

先根据(5-1)式算出编号为 84 和 85 的两类产品的复杂度指数,再将这两类产品用(5-2)式加总,得到电子机械类产品复杂度。最终的结果见表5-2。

表5-2　52个经济体电子机械类产品的出口复杂度

序号	1996		1999		2002		2005		2007	
1	ARG	16719	COS	17385	ITA	19122	CHI	22490	ITA	25573
2	ITA	16664	ITA	17183	NED	19105	ITA	22437	ARG	25513
3	BRA	16600	ARG	17167	ARG	19084	ARG	22415	CHI	25480
4	AUS	16492	BRA	17067	UKR	19084	RUS	22334	RUS	25439
5	CHI	16445	BUL	17047	COS	19067	UKR	22301	SUI	25426
6	SUI	16445	SUI	17044	RUS	19041	SUI	22282	UK	25392
7	DEN	16440	CHI	17039	EGY	19038	AUS	22265	AUS	25388
8	UKR	16425	EGY	17010	SUI	19027	BRA	22234	NOR	25383
9	RUS	16390	RUS	17010	NOR	18960	IRE	22230	IRE	25380
10	GER	16378	UKR	16999	CHI	18957	GER	22207	BRA	25375
11	NZL	16340	AUS	16992	AUS	18943	NOR	22206	GER	25367
12	ROM	16338	NOR	16983	CAN	18911	NZL	22203	NZL	25364
13	SVK	16332	GER	16971	GER	18881	CAN	22197	CAN	25356
14	NOR	16319	NED	16964	BUL	18845	EGY	22170	AUT	25348
15	CAN	16317	HUN	16927	CZE	18826	NED	22169	FRA	25286
16	AUT	16315	CAN	16919	NZL	18812	INA	22168	DEN	25279
17	BUL	16297	UK	16916	BRA	18801	AUT	22158	NED	25266
18	SPA	16291	DEN	16904	AUT	18774	CZE	22118	BUL	25248
19	NED	16282	NZL	16901	IRE	18759	BUL	22112	USA	25243
20	UK	16243	AUT	16888	INA	18748	USA	22086	SWE	25243
21	IRE	16225	ROM	16882	SPA	18740	FRA	22078	INA	25231
22	FRA	16209	SPA	16876	USA	18731	UK	22057	SPA	25222
23	USA	16181	IRE	16874	UK	18729	SPA	22045	SLO	25217
24	CZE	16181	FRA	16847	FRA	18728	DEN	22042	CZE	25213
25	GRE	16171	SVK	16847	GRE	18721	POL	22032	UKR	25206
26	INA	16163	INA	16816	DEN	18717	SLO	22032	TUR	25192
27	EGY	16096	USA	16811	SWE	18665	SWE	22013	EGY	25169
28	COL	16092	GRE	16780	LAT	18655	LAT	21997	THA	25166
29	JPN	16083	CZE	16777	SVK	18643	COL	21987	LAT	25156
30	EST	16044	SLO	16754	POL	18627	JPN	21957	LIT	25143
31	SIN	16040	JPN	16723	JPN	18624	TUR	21952	JPN	25134

续表

序号	1996		1999		2002		2005		2007	
32	THA	16009	THA	16720	SLO	18614	SVK	21938	POL	25108
33	POL	15987	SIN	16716	HUN	18563	THA	21937	GRE	25094
34	SWE	15985	LAT	16681	COL	18543	GRE	21919	CRO	25085
35	SLO	15964	COL	16668	CHN	18538	CHN	21902	COL	25076
36	FIN	15938	TUR	16656	TUR	18518	HUN	21879	HUN	25041
37	ISR	15920	POL	16612	THA	18512	CRO	21862	ROM	25025
38	LIT	15777	SWE	16604	SIN	18478	POR	21862	CHN	25004
39	TUR	15764	ISR	16594	KOR	18442	LIT	21835	FIN	24961
40	HUN	15718	MAL	16554	LIT	18439	ROM	21763	MAL	24933
41	CHN	15712	CRO	16547	CRO	18416	IND	21749	POR	24931
42	CRO	15692	CHN	16545	MAL	18401	COS	21720	IND	24916
43	COS	15650	IND	16524	MEX	18393	MAL	21707	COS	24904
44	HK	15635	LIT	16521	POR	18383	MEX	21700	ISR	24887
45	MEX	15616	FIN	16486	ROM	18357	FIN	21686	EST	24855

注:本章总共测度了52个经济体1993—2007年15年的电子机械类产品的复杂度,在此由于篇幅关系仅列出5年中排名前45位的经济体数据。ARG-阿根廷、AUS-澳大利亚、AUT-奥地利、BRA-巴西、BUL-保加利亚、CAN-加拿大、CHI-智利、CHN-中国、COL-哥伦比亚、COS-哥斯达黎加、CRO-克罗地亚、CZE-捷克、DEN-丹麦、EGY-埃及、EST-爱沙尼亚、FIN-芬兰、FRA-法国、GER-德国、GRE-希腊、HK-中国香港、HUN-匈牙利、IND-印度尼西亚、INA-印度、IRE-爱尔兰、ISR-以色列、ITA-意大利、JPN-日本、KOR-韩国、LAT-拉脱维亚、LIT-立陶宛、MAL-马来西亚、MEX-墨西哥、NED-荷兰、NOR-挪威、NZL-新西兰、PHI-菲律宾、POL-波兰、POR-葡萄牙、ROM-罗马尼亚、RUS-俄罗斯、SIN-新加坡、SLO-斯洛文尼亚、SPA-西班牙、SUI-瑞士、SVK-斯洛伐克、SWE-瑞典、THA-泰国、TUN-突尼斯、TUR-土耳其、UK-英国、UKR-乌克兰、USA-美国。

资料来源:根据 COMTRADE 公布的数据和 PWT 数据计算得出。

从表5-2中可以看出1996、1999、2002、2005和2007年复杂度排名靠前的大部分是发达经济体,但是我们发现如阿根廷、巴西和乌克兰等国家也排名前列,对此,笔者认为这与前面说到的电子机械类产品的性质有关,即电子机械类产品在末端的装配环节具有劳动密集型的特点,易于转移到发展中国家,因此即使阿根廷、巴西和乌克兰等国家并不具有制造电子产品核心技术的能力,但是由于最后的装配工作在这些国家进行,因此出口的复杂度就包含在这些国家产品中。另外,从表5-2中我们可以看到从1995年到2007年,各个国家电子机械类产品复杂度都是在不断上升的(个别国家除外)，这也说明了整个世界技术水平在逐年递增。再来看中国的排名，一直徘徊在第30到40位左右，其间有波动，但是与排名前20位的国家还是有相当大的差距。不过近年来，中国电子机械类产品复杂度与排名第一的绝对差额在不断缩小，1996、1999、2002、2005、2007年的差额分别为1007、840、584、588和569，并且与排名前20的复杂度均值差额也在呈现减少的趋势，分别为692、471、401、337和363。这表明近年来，中国的电子机械类产品的技术在不断提高，并且较发达经济体提高速度很快。

(一)电子机械类出口品复杂度总体趋势

在中国长期的出口结构中，低技术产品(LT1类和LT2类)以及高技术产品中的HT1类产品一直占比很高，其中1993—1999年LT1类产品出口比重增长最快，而居于第二位的则是HT1类产品，年均增长率为11.6%。并且，在2000—2006年间，HT1类产品出口比重增长最快，年增长率达到了26.6%，远远高于世界的年增长率15.2%(齐俊妍，2009)。

由此可见，近年来中国HT1类产品的出口发展十分迅速，这是否意味着中国HT1类产品的复杂度提高，从上述的测度结果来看，中国电子机械类产品的复杂度逐年增加，见图5-1。

从图5-1可以看出中国电子机械类产品的复杂度指数是逐年递增的(除了1998年略有下降)，并且从2001年开始，复杂度指数增长速度加快，2006年增长率达到了7.06%，这与中国电子机械类出口的快速增长有关。这个结果与罗德里克(Rodrik，2006)和许斌(2008)基于国家层面的研究结果是一致的。

(二)电子机械出口品复杂度"异常性"

罗德里克(Rodrik，2006)基于产品层面测度了1992年世界各国的出口复杂度，发现中国、印度等发展中国家的出口复杂度具有一些"异常性"表现，即出口复杂度水平超越了该国的经济发展水平，而肖特发

（单位：美元）

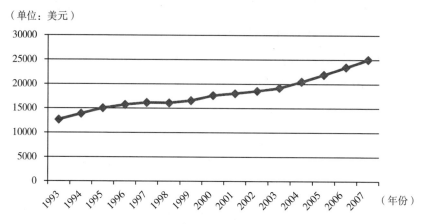

图 5-1　1993—2007 年中国电子机械类产品复杂度指数

资料来源：笔者计算。

现中国出口复杂度与 OECD 成员国较为相似,这都说明了中国出口具有异常性表现。根据他们提出的表示异常性的测度方法,即用出口复杂度除以该国的人均 GDP,表 5-3 中列出了电子机械类产品复杂度与人均 GDP 之比排名前十的国家。表 5-3 中前几年排名前三名的是印度、中国和菲律宾。从动态的角度来说,菲律宾、印度尼西亚、土耳其等国家的异常性有增强的趋势,而印度的出口异常性在逐年弱化,从1993 年的 8.21 弱化为 2007 年的 6.15。

表 5-3　部分国家 1993—2007 年电子机械类产品出口复杂度与人均 GDP 之比

年份 国家	1993	1995	1997	1999	2001	2003	2005	2006	2007
印度	8.21	8.14	8.01	7.02	7.10	6.82	6.59	6.38	6.15
中国	6.18	5.87	5.43	4.89	4.47	3.84	3.38	3.06	2.77
菲律宾	4.58	5.16	5.17	4.83	5.06	5.16	5.31	5.14	5.15
埃及	4.31	4.48	4.44	4.38	4.26	4.20	4.24	4.24	4.10
印度尼西亚	4.00	4.21	3.96	4.53	4.46	4.29	4.45	4.46	4.56
罗马尼亚	3.22	3.24	3.49	3.51	3.19	2.85	2.65	2.50	2.38

续表

年份\国家	1993	1995	1997	1999	2001	2003	2005	2006	2007
保加利亚	3.04	3.12	3.82	3.41	3.07	2.71	2.57	2.46	2.38
哥伦比亚	2.76	2.82	2.85	3.05	3.17	3.12	3.09	3.03	2.99
土耳其	2.67	3.21	3.00	3.12	3.47	3.28	3.08	3.11	3.11
乌克兰	2.66	3.52	4.07	3.84	3.58	3.00	2.60	2.46	2.26

资料来源：笔者计算。

中国电子机械类出口品复杂度的异常性（见图5-2）也在不断减弱，1993—1999年异常性一度排名第二，从2000年开始排名一直下降，到2007年中国的出口异常性排名下降到了第八位，异常性也由1993年的6.18弱化为2007年的2.77。从图5-2中可以看到，除了1997年的比值略有上升之外，中国的出口异常性整体有弱化趋势，并且从2000年开始弱化率越来越大。

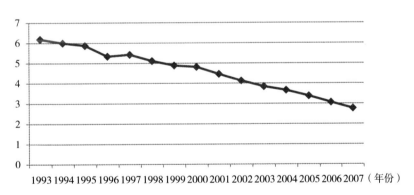

图5-2　1993—2007年中国电子机械类产品出口复杂度与人均GDP之比

资料来源：笔者计算。

第三节　中国出口复杂度动态变化的影响因素

上述分析表明，1993—2007年间中国电子机械类产品的出口复杂度是在不断提升的,此处进一步分析出口复杂度动态变化的影响因素。对于中国出口复杂度影响因素分析,许多学者曾做过此类研究,如王直和魏尚进(Wang 和 Wei,2007)研究了 1996—2004 年间中国各个城市出口产品复杂度的差异,分析了教育程度、外国投资、政府政策等因素对出口产品复杂度的影响,又如徐和鲁(Xu 和 Lu,2009)通过分析加工贸易及外商直接投资对中国出口复杂度变化的影响,试图分析中国国家层面出口复杂度异常的原因。然而以上研究主要针对的是国家层面,并且年跨度较小,不能动态反映出口复杂度的变化,因此将从两组影响因素来研究 1993—2005 年中国出口复杂度的动态变化:一是人均 GDP 和出口额;二是 R&D 投入和外商直接投资。研究人均 GDP 与出口额关系,是为了阐明中国电子机械类产品复杂度提升的原因是内部经济增长还是对外出口额的增长,也就是内因还是外因影响了出口品复杂度提升,并通过与其他发展中国家和 OECD 国家的比较,分析出口复杂度提升影响因素的一般规律;在此基础上,再分析 R&D 投入与外商直接投资之间的关系。以阐明内因中何种因素的影响更为重要。

一、人均生产总值与出口额的影响

推动出口额复杂度提升主要有以下两种途径。

第一种是内因推动型,即经济增长推动出口复杂度的提升。一方面,经济的增长会使得一国更有能力投资技术密集型的产业,如改变一国的比较优势(通过改变资本—劳动比率),使一国向出口技术密集型产品转变。另一方面,本国经济增长会带动国内需求的增长,国内消费者生活水平提高,对高复杂度产品需求增多,从而促使一国生产水平总体提高,进而提高出口产品技术复杂度。

第二种是外因推动型,即外部需求的增长能推动出口复杂度的提升。一方面,一种产品出口的增长会促进出口企业资本的积累,从而有能力进行物质资本、人力资本以及技术研发投资,以提升产品的技术复杂程度。另一方面,国际市场对高复杂度产品的需求会促使一国向高复杂度产品出口结构转变,或者特定情况下,国外进口商可能会提出进口产品的质量要求,为达到该要求,出口企业也会有非常高的激励开展技术升级,从而提升出口产品的复杂度。

下面通过与 OECD 国家和发展中国家的比较,用 1993—2005 年人均 GDP 和出口额对电子机械类产品的回归来研究中国复杂度演进的内在动力。[①]

(一)计量模型构建

我们分别构建中国、OECD 国家(共 26 个国家)和发展中国家(共27 个国家,包括 OECD 中的国家)的二元回归模型:

$$\ln TSI_{it}^{l} = a_{it} + X_{it}\beta_{it} + \mu_{it}, i = 1,2,3; t = 1,\cdots,T \qquad (5-3)$$

其中 $i = 1$ 时表示对中国进行估计的回归方程,$i = 2$、3 时分别表示对 OECD 国家和对发展中国家的回归方程。其中 $X_{it} = (\ln PCGDP_{it},$ $\ln EXP_{it})(i = 1,2,3)$ 为国家特征,$\ln PCGDP$ 和 $\ln EXP$ 分别为一国人均 GDP 和出口额的对数值,T 为 1993—2005 年总时期数,μ_{it} 为随机干扰项,$\ln TSI_{it}^{l}$ 为电子机械类产品为代表的高技术产业的复杂度的对数值。

(二)ADF 检验

在做时间序列的回归分析之前,首先要检验时间序列是否平稳,避免产生"伪回归"现象。对人均 GDP($PCGDP$)和出口额(EXP)进行ADF 平稳性检验,检验结果见表 5-4:

表 5-4　人均 GDP 和出口额的 ADF 检验结果

	ADF t-Statistic	5% critical value	Prob.	是否平稳
D($\ln TSI$ 1,2)	−3.239	−3.212	0.048	平稳
D($\ln PCGDP$ 1,2)	−3.433	−3.212	0.042	平稳

---

①　回归数据采用 OECD 国家和发展中国家各指标的平均值。

	ADF t-Statistic	5% critical value	Prob.	是否平稳
D(lnEXP 1,2)	-4.749	-3.212	0.005	平稳
D(lnTSI 2,2)	-3.230	-3.212	0.046	平稳
D(ln$PCGDP$ 2,2)	-3.346	-3.212	0.040	平稳
D(lnEXP 2,2)	-3.629	-3.212	0.029	平稳
D(lnTSI 3,2)	-3.314	-3.212	0.040	平稳
D(ln$PCGDP$ 3,2)	-3.872	-3.212	0.018	平稳
D(lnEXP 3,2)	-3.870	-3.212	0.018	平稳

资料来源:笔者基于 Eviews 6.0 计算而得。

表5-4 中各国的出口复杂度指数、人均 GDP 和出口额均是在滞后期为 0 的条件下得到,各指标在 95% 的置信水平下都是二阶差分平稳的,即同为二阶单整,因此还需在方程中进行协整检验。

(三)协整检验

由于出口和经济增长与复杂度可能存在双向因果关系,因此我们先对中国的 ln$PCGDP$、lnEXP 与 lnTSI[1] 做格兰杰因果检验,结果见表5-5。

表5-5 中国的格兰杰因果检验结果

Null Hypothesis:	Obs	F-Statistic	Prob.
lnEXP does not Granger Cause lnTSI[1]	11	3.571	0.095
lnTSI[1] does not Granger Cause lnEXP	11	0.376	0.701
lnTSI[1] does not Granger Cause ln$PCGDP$	11	0.250	0.785
ln$PCGDP$ does not Granger Cause lnTSI[1]	11	6.148	0.035

资料来源:笔者基于 Eviews 6.0 计算而得。

从表5-5 中可以看出,lnEXP 和 ln$PCGDP$ 单向解释 lnTSI[1],因此出口额和人均 GDP 是导致出口复杂度的原因。得到此结论之后,用最小二乘法估计,得到表5-6 中的回归结果:

表 5-6　三个样本的回归结果

系数	中国	OECD 国家	发展中经济体
C	5.596*** (7.442)	-1.164* (-1.802)	2.882*** (4.010)
ln *EXP*	0.069 (1.254)	0.236*** (4.739)	0.032 (0.277)
ln *PCGDP*	0.321*** (3.171)	0.481*** (6.797)	0.671** (2.717)
R-squared	0.978	0.993	0.975
A.R-squared	0.974	0.992	0.970

注：*表示在 10% 的水平下显著，* *表示在 5% 的水平下显著，* * *表示在 1% 的水平下显著。
资料来源：采用 Eviews 6.0 计算得出。

由于各指标都是二阶单整的，因此还需进行协整检验，即对估计方程残差的平稳性检验，检验结果见表 5-7。

表 5-7　三个方程残差的 ADF 检验结果

	ADF t-Statistic	5% critical value	Prob.	是否平稳
中国	-3.735	-3.175	0.020	平稳
OECD 国家	-4.263	-3.175	0.010	平稳
发展中国家	-3.580	-3.175	0.024	平稳

资料来源：笔者基于 Eviews 6.0 计算而得。

三个方程分别在滞后期 1、2 和 0，置信水平为 95% 的条件下都是平稳的，因此通过了协整检验，可以判定回归结果是有效的。

（四）实证结果分析

表 5-6 第一列是中国出口复杂度推动力的回归分析结果，从表 5-6 中显示的系数看，中国的人均 GDP 通过了 1% 水平的显著性检验，然而出口额却没有通过检验，说明了人均 GDP 对电子机械类产品复杂度的提升的确有很大的促进作用，表 5-6 显示，人均 GDP 的估计系数为 0.321，而出口额的估计系数仅为 0.069517，可以推断出人均 GDP

对复杂度的推动作用要明显大于出口额的作用,因此我们根据前面的分析,可以认为推动电子机械类产品复杂度提升的主要推动力是经济的增长(即表现为此处的人均 GDP),也就是说中国出口复杂度的提升主要是内因推动的。

表 5-6 第二列是对 OECD 国家的回归结果。从表 5-6 中可以看出,OECD 国家的人均 GDP 和出口额都通过了 1% 水平的显著性检验,其中人均 GDP 的估计系数为 0.481,出口额的估计系数为 0.236,可以看出,在 OECD 国家人均 GDP 对电子机械类产品复杂度的贡献仍然比出口额要大,人均 GDP 的推动作用是出口额推动作用的两倍多。然而与中国出口额不显著的情况不同的是,OECD 国家的出口额也对复杂度提升作出了较大贡献。因此我们认为 OECD 国家电子机械类产品复杂度的提升是人均 GDP 和出口增长两方面共同作用的结果,不过人均 GDP 仍占主导作用,因此我们认为 OECD 国家电子机械类产品出口复杂度的提升也是内因推动型的。

表 5-6 第三列是对发展中国家的回归结果。从表 5-6 中可以看出,回归结果与中国的情况十分类似,人均 GDP 通过了 1% 水平的显著性检验,然而出口额的显著性却不高,并且人均 GDP 的估计系数为 0.671,出口额的估计系数为 0.032,可以发现,人均 GDP 对电子机械类产品复杂度推动作用要大得多,且与中国相比,发展中国家的人均 GDP 与出口额的推动作用偏离更大。因此与中国一样,它们同属于内因推动型。

总结上述的分析,我们可以发现,虽然三个样本回归结果都内因推动型,但是中国和一般发展中国家一样,电子机械类产品复杂度的提升主要依靠本国的经济增长,而 OECD 国家则不同,除了经济增长的巨大推动作用之外,出口的增长也起了相当大的作用,我们认为 OECD 复杂度提升是内外因共同作用的结果。

二、研发投入与外商投资的影响

通过分析人均 GDP 和出口额对电子机械类产品出口复杂度的影响,我们可以发现中国出口复杂度的提升主要是内因推动的,然而内因中的 R&D 投入和 FDI 两个因素,哪个因素的影响较大,需要进一步分析。

一国的技术进步主要有两个来源:一是通过国内 R&D 投入,从而推动国内生产技术的提升;另一个是来自外商投资企业的技术外溢,即东道国企业通过模仿和学习来提高自身技术水平。另外外资企业也可能将新设备或者新的加工方法引入东道国市场,这些方面能给东道国带来生产技术和管理技术提高的促进作用。

R&D 投入在生产投入中属于无形投入,国际上通常用 R&D 活动的规模和强度指标反映一国的科技实力和核心竞争力。R&D 投入越多,一国的技术进步越快,形成技术密集型产品的比较优势,那么出口产品的复杂度也会随之上升。

表 5-8 列出了 1993—2005 年间部分 R&D 总投入和占 GDP 的百分比。

表 5-8 1993—2005 年中国 R&D 总投入

年 份	1995	1997	1999	2001	2003	2005
R&D 总投入(亿元)	348.70	481.47	678.90	1042.50	1539.60	2449.97
R&D 占 GDP 比重	0.57	0.64	0.76	0.95	1.13	1.33

资料来源:根据中国科技统计数据库数据整理计算得到。

从表 5-8 可以看出,中国的 R&D 投入从 1995 年的 348.7 亿元上升到 2005 年的 2449.97 亿元,绝对 R&D 投入值增长了 6.03 倍,并且 R&D 占 GDP 的比重也在逐年增长。然后横向比较下,中国的 R&D 投入状况却并不乐观,比如 1998 年,中国的 R&D 投入为 551 亿元,占 GDP 的 0.69%,然而同期美国的 R&D 投入达到 2279.3 亿美元,占

GDP 的 2.79%,日本 R&D 投入占 GDP 的 2.92%,韩国为 2.89%。因此横向比较下,中国的 R&D 投入与发达国家相比差距仍然很大。

另外,一个国家技术的进步很可能由 FDI 带来,这就会使一国的总体技术水平提高,从而使出口复杂度上升。比较优势认为发达国家多出口复杂度高的产品,发展中国家多出口非技术密集型的产品,这种优势差异可以通过 FDI 的技术外溢进行弥补,使一国改变其比较优势,向技术密集型产品出口结构发展。

表5-9 列出了部分 1993—2005 年中国实际利用外资额及其增长率。

表5-9　1993—2005 年中国资本—劳动比率

年　份	1995	1997	1999	2001	2003	2005
实际利用 FDI(亿美元)	375.21	452.57	403.19	468.78	535.05	603.25
增长率(%)	11.12	8.46	-11.31	15.12	1.45	-0.50

资料来源:根据 1993—2005 年《中国统计年鉴》整理得出。

从表5-9 可看出中国的实际利用外资额逐年增长,中国实际利用外资数额排在发展中国家第一位,中国 R&D 投入和吸引 FDI 的增长对中国出口复杂度的提高是否有推动作用将在下面进行计量分析。

(一)各指标的 ADF 检验

由于是时间序列,本章先用 ADF 单根检验对 1993—2005 年间的电子机械类产品出口复杂度(TSI^1),R&D 投入(RD)和 FDI 进行了平稳性检验,结果见表5-10。

表5-10　各指标的 ADF 检验结果

	ADF t-Statistic	5% critical value	Prob.	**是否平稳**
D(ln TSI,2)	-3.239	-3.212	0.048	平稳
D(ln RD,2)	-4.892	-3.212	0.004	平稳
D(ln FDI,2)	-3.327	-3.212	0.042	平稳

资料来源:笔者采用 Eviews 6.0 计算得出。

表 5-10 中的各指标均在滞后期为 0 的条件下得到,从表 5-10 中可以看出,$\ln TSI^1$、$\ln RD$ 和 $\ln FDI$ 在 95% 的置信水平下都是二阶差分平稳的,即 3 个指标同为二阶单整,因此还需在方程中进行协整检验。

（二）协整检验

将电子机械类产品复杂度指数作为因变量,将实际利用外资额（FDI）和 R&D 投入（RD）作为自变量,回归得到的结果见表 5-11。

表 5-11 三个方程残差的 ADF 检验结

系　　数	中　　国
C	7.302 （23.291）
ln RD	0.131 （6.019）
ln FDI	0.256 （3.570）
R-squared	0.980
A. R-squared	0.9766
F	251.6570

资料来源:笔者基于 Eviews 6.0 计算而得。

对三个方程的残差进行 ADF 检验,即协整检验,得到结果见表 5-12。

表 5-12 估计方程残差的 ADF 检验结果

	ADF t-Statistic	5% critical value	Prob.	是否平稳
方程 2.1	-4.263834	-3.175352	0.0091	平稳

资料来源:笔者采用 Eviews 6.0 计算得出。

回归方程的残差在滞后 1 期的条件下通过了置信水平为 95% 的平稳性检验。因此回归是有效的。

（三）实证结果分析

从表 5-11 可以看到回归结果较好,t 值都在 0.01 的水平上通过了检验,并且 R^2 和 F 检验结果也较好。从回归系数来看,我们发现,实际利用外资和 R&D 投入对出口复杂度的提高都具有正的效应,不过 ln*FDI* 的系数是 ln*RD* 的两倍,这说明了在中国,作为推动一国技术进步的两种方式,FDI 的技术推动作用要比 R&D 投入的作用大,从回归方程可以看出,FDI 的作用几乎是 R&D 投入作用的两倍。产生这样的结果可能有:一是中国高技术产品主要是由外商直接投资企业出口的,FDI 的增长使其出口的高技术产品增多,从而使中国的高技术产品出口复杂度提升;二是 FDI 带来的技术溢出效应对中国的技术进步有一定的促进作用,使中国的企业模仿学习其技术,从而提升电子机械类产品的出口复杂度;三是 R&D 的投入不够,增长缓慢,并且结构不甚合理,使 R&D 投入起不到应有的效果。

第四节　民营企业出口复杂度提升的路径

　　1993 年到 2007 年,中国电子机械类产品的出口复杂度在不断上升,并且复杂度的上升速度有加快的趋势。与复杂度排名前 20 的国家差距正在逐年变小,但是差距缩小的速度十分缓慢,中国在国际上的复杂度排名仍然比较靠后,说明中国的电子机械类产品在国际分工中的优势并不明显。另一方面,中国电子机械类产品出口复杂度与人均 GDP 的差距正在减小,也就是说异常性正在逐年减弱,整体呈现弱化趋势,并且弱化的速度越来越快,这与罗德里克(Rodrik,2006)关于中国国家层面产品复杂度和人均 GDP 之间差距正在减小的发现是一致的。

　　通过对复杂度演变内在推动力的分析,无论是中国还是其他发展中国家,抑或是 OECD 国家,随着时间推移,人均 GDP 增长是提升电子机械类产品复杂度的主要内在动力。这说明了一国的技术进步最终需要一国经济发展水平的支持。此外,上述分析还表明,中国和其他发展中国家复杂度的主要推动力是经济增长，但是 OECD 国家的复杂度提升是经济和出口增长两者共同作用的结果，这似乎表明只有当一国经济发展到一定阶段时，才能使其技术进步同时得到经济增长和出口的贡献，在经济发展的基础阶段，仍需要依靠自身的经济投入和发展才能实现技术进步和产业升级。

通过对 R&D 和 FDI 两个因素的回归分析，我们发现两个因素都对电子机械类产品复杂度的增长有不同程度的推动作用，但从回归系数来看，FDI 对复杂度的贡献要比 R&D 总投入的贡献大，几乎是 R&D 贡献的两倍，暗示中国电子机械类产品的技术进步受 FDI 的影响更大。

根据上述研究结论，有如下政策含义：

首先，上述研究发现中国出口的异常性正在减弱，而近年来中国电子机械类产品出口复杂度的提升主要是靠人均 GDP 的增长，出口的推动作用会减弱，而 OECD 国家复杂度提升是人均 GDP 和出口增长共同作用的结果。产生这种差异很大一部分原因是由于两者出口产品的"质量"差异，中国电子机械类产品出口量大，但质量相对低下，因此随着人均 GDP 和复杂度之间差距的减小，出口的推动力便随之减弱了。中国的出口能否继续推动复杂度的提升关键在于出口产品"质量"的提升，即能否做到锁定高技术产品的出口，也就是说转变贸易结构，使出口转向技术密集型。

其次，FDI 对电子机械类产品出口复杂度的影响是 R&D 投入的两倍，外资的技术外溢效应对复杂度有积极作用，表明应该更重视对外资的利用。这就需要创造良好的外商投资市场环境，政府吸引外资进入的政策应具有连续性；在吸引外资的过程中，政府的政策应具有导向性，鼓励外资投资高新技术产业、资本密集型产业，使其对中国本土企业产生积极的作用，带动相关产业的发展，从而促进中国出口的结构优化；合理利用外资，本土企业要积极模仿、学习其先进技术，加强先进技术领域的合作，从而提高出口附加值，使中国的本土企业从中获利，才能使中国整体经济发展,技术进步,实现产业的升级。

最后,中国的 R&D 投入对电子机械类产品出口复杂度的提升作用不明显,这与中国 R&D 投入强度较低有关。中国 R&D 投入占 GDP 比重较低,如 2006 年中国 R&D 投入占 GDP 比重为 1.42%,然而同期日本为 3.39%、韩国为 3.23%、美国为 2.26%。可见中国 R&D 投入仍居于世界较低水平。因而要加大国内 R&D 投入,不仅仅是要加大 R&D 绝对值的投入,也要提升 R&D 投入在 GDP 中的比重。中国 R&D 投入的来源主要是政府,然而韩国、日本等国的 R&D 来源主要是企业,并且很多高技术产业的资金来源都是风投资本、股票市场等。因此中国应当积极鼓励风投资本进入高技术产业领域,并给予其优惠政策,促进高技术产业的发展。

第六章 贸易逆向效应及其结构引擎 功能重构:以民营经济为例

关于贸易结构和产业结构之间的关系,一些学者认为贸易结构是产业结构的对外延伸,体现为镜像和原像的耦合关系。还有学者认为,贸易结构不仅和产业结构高度相关,并且贸易结构的升级会带动产业结构的升级。然而通过对中国实际情况的分析,发现中国的贸易结构和产业结构之间的联系逐渐松散,并且自 2008 年金融危机以来,中国出口产品的相对质量水平也在不断下降。本章以格罗斯曼和赫尔普曼(Grossman 和 Helpman,1991)的产品质量阶梯模型以及迪克西和斯蒂格利茨(Dixit 和 Stiglitz,1977)的垄断竞争模型为基础,对产业结构、贸易结构和产品相对质量之间的内在机理进行理论分析发现,由于政府有偏向地对待民营企业和国有企业,使得国有企业在研发上具有比较优势,进一步造成民营企业在出口行为上偏好于向质量水平更低的市场出口商品,而非投入研发以向质量水平更高的市场出口商品,对中国的产业结构与贸易结构之间的关联性,以及出口产品质量相对水平造成消极影响。同时通过对民营企业和国有企业出口情况的对比分析发现,近年来民营企业的出口增长率显著高于国有企业,从而使得中国的产业结构与贸易结构之间的关联度下降,也降低了中国出口产品的相对质量水平。因此如何实现政府无偏向地对待各类市场主体,即采取竞争中性的政策,推动民营企业的出口质量和结构升级,对于民营企业乃至全国的产业结构与贸易结构优化具有重要意义。

第一节　典型化事实

关于中国产业结构和贸易结构之间的关系,不同学者给出了不同答案。袁欣(2004)、李荣林和姜茜(2010)认为中国的产业结构和贸易结构是相辅相成的,而尹翔硕(2003)、张明志和马静(2012)则认为中国的贸易结构会阻碍产业结构升级。现有关于中国产业结构和贸易结构之间关系的研究基本从实证出发,而其内在机理的研究甚少。在本章的分析中,将采用与前面分析不同的方式来刻画产业结构,即投入产出模型,而在模型结构的描述方面,将采用外贸竞争力指数。

由于投入产出模型内含的各种系数能够反映各部门间的经济技术联系,具有相对的稳定性,能够深刻揭示产业结构变动的内在机理,因此在本章节的分析中,依据中国 2007 年和 2012 年的投入产出表,通过感应度系数和影响力系数的对比分析,揭示中国产业结构升级的特征。

一、投入产出分析

(一)感应度系数分析

感应度系数是指国民经济各部门每增加一个单位最终使用时,某一部门由此而受到的需求感应程度,也就是需要该部门为其他部门生产而提供的产出量。系数越大说明该部门对经济发展的需求感应程度越强,反之,则表示对经济发展需求感应程度弱。其有多种计算公式,本章的分析采用下述计算公式:

$$e_i = \frac{\sum\limits_{j=1}^{n} a_{ij}}{\sum\limits_{i=1}^{n} \sum\limits_{j=1}^{n} a_{ij}/n} \tag{6-1}$$

其中,a_{ij} 为完全需要系数矩阵中第 i 行第 j 列的完全需要系数,n

为总部门数。感应度系数大于 1 则意味着其感应度水平高于社会平均水平,感应度系数小于 1 则意味着其感应度水平低于社会平均水平。

表 6-1　分产业部门的感应度系数

产　业　部　门	2007	位次	2012	位次
农业	0.584	38	0.584	36
煤炭开采和洗选业	0.857	28	0.753	32
石油和天然气开采业	0.672	36	0.613	35
金属矿采选业	1.060	20	0.959	24
非金属矿采选业	0.977	23	0.904	27
食品制造及烟草加工业	0.987	22	0.977	22
纺织业	1.325	9	1.275	13
服装皮革羽绒及其制品业	1.326	8	1.291	12
木材加工及家具制造业	1.217	14	1.241	14
造纸印刷及文教用品制造业	1.234	12	1.235	15
石油加工、炼焦及核燃料加工业	1.063	19	1.003	21
化学工业	1.340	7	1.332	9
非金属矿物制品业	1.152	15	1.187	17
金属冶炼及压延加工业	1.316	10	1.313	10
金属制品业	1.392	5	1.382	8
通用、专用设备制造业	1.370	6	1.406	4
交通运输设备制造业	1.501	4	1.393	7
电气、机械及器材制造业	1.509	2	1.431	3
通信设备、计算机及其他电子设备制造业	1.642	1	1.495	2
仪器仪表及文化办公用机械制造业	1.507	3	1.567	1
其他制造业	1.227	13	1.401	6
废品废料	0.198	42	1.299	11
电力、热力的生产和供应业	1.149	16	0.335	41
燃气生产和供应业	1.046	21	1.405	5
水的生产和供应业	0.833	29	1.116	18
建筑业	1.286	11	0.967	23
交通运输及仓储业	0.825	30	0.810	30

续表

产 业 部 门	2007	位次	2012	位次
邮政业	0.781	31	1.232	16
信息传输、计算机服务和软件业	0.656	37	0.413	39
批发和零售贸易业	0.577	39	0.923	26
住宿和餐饮业	0.875	27	0.798	31
金融保险业	0.413	40	0.824	29
房地产业	0.252	41	0.529	38
租赁和商务服务业	1.128	18	0.319	42
旅游业	0.955	24	1.049	19
科学研究事业	0.750	33	1.017	20
综合技术服务业	0.763	32	0.856	28
其他社会服务业	0.882	25	0.744	33
教育事业	0.673	35	0.369	40
卫生、社会保障和社会福利事业	1.132	17	0.958	25
文化、体育和娱乐业	0.881	26	0.717	34
公共管理和社会组织	0.687	34	0.578	37

资料来源:笔者计算。

从表6-1中可以看出,2007年中国感应度系数大于1的部门有21个,其中以通信设备、计算机及其他电子设备制造业(1.642)和电气、机械及器材制造业(1.509)两个部门的感应度最大。2012年中国感应度系数大于1的部门也有21个,其中以仪器仪表及文化办公用机械制造业(1.567)和通信设备、计算机及其他电子设备制造业(1.495)两个部门的感应度最大。感应度系数大的部门主要集中在制造业部门,尤其是机械制造业部门。农业的感应度系数保持不变,维持为0.584,低于社会平均感应水平。感应度系数最小的部门是废品废料、房地产业等部门。同时各部门间的感应度系数差异不大,这也意味着各部门对经济发展的需求感应程度比较接近。

通过对2007年和2012年感应度系数的比较可以发现:

农业部门的感应度系数明显低于其他行业。在各部门中，农业的感应度系数排在倒数第五位，这意味着经济发展对农业部门的需求刺激明显低于其他行业，这也在一定程度上符合恩格尔定理。

制造业部门，尤其是机械制造业部门的感应度系数明显高于其他行业，呈现出下降趋势。这意味着经济发展对制造业部门的需求刺激明显高于其他行业，在经济快速增长时，制造业部门将面临更大的社会需求压力，但其呈现出下降趋势意味着经济发展对制造业部门的需求刺激在下降。

服务业部门的感应度系数低于平均水平，呈现出上升趋势。也就是说，经济增长对服务业的需求刺激较低，经济增长速度快于服务业部门的需求增长速度。但其呈现出上升趋势意味着经济发展对制造业部门的需求刺激在增加，尤其是房地产业和金融保险业，其增幅最为明显，分别为 99.5% 和 109.9%，这也反映出中国产业结构正处在逐步升级的过程中。

（二）影响力系数分析

影响力系数是指国民经济某一个产品部门增加一个单位最终产品时，对国民经济各部门所产生的生产需求波及程度。影响力系数越大，该部门对其他部门的拉动作用也越大，反之，该部门对其他部门的拉动作用越小。其计算公式如下：

$$f_j = \frac{\sum\limits_{i=1}^{n} a_{ij}}{\sum\limits_{i=1}^{n} \sum\limits_{j=1}^{n} a_{ij}/n} \tag{6-2}$$

其中，a_{ij} 为完全需要系数矩阵中第 i 行第 j 列的完全需要系数，n 为总部门数。影响力系数大于 1 意味着其影响力水平高于社会平均水平。我国各产业部门 2002 年与 2007 年影响力系数变动具体情况见表 6-2。

表 6-2　分产业部门的影响力系数

产　业　部　门	2007	位次	2012	位次
农业	2.048	5	2.093	4
煤炭开采和洗选业	1.008	18	1.401	12
石油和天然气开采业	1.914	6	1.675	9
金属矿采选业	0.833	19	0.992	18
非金属矿采选业	0.269	30	0.395	27
食品制造及烟草加工业	1.367	10	1.558	11
纺织业	1.217	13	1.312	13
服装皮革羽绒及其制品业	0.452	26	0.320	30
木材加工及家具制造业	0.586	23	0.530	23
造纸印刷及文教用品制造业	1.184	15	0.998	17
石油加工、炼焦及核燃料加工业	1.849	8	1.751	8
化学工业	4.953	1	4.843	1
非金属矿物制品业	0.787	20	0.775	21
金属冶炼及压延加工业	3.961	2	3.974	2
金属制品业	1.013	17	0.954	19
通用、专用设备制造业	1.873	7	1.057	16
交通运输设备制造业	1.281	11	0.526	24
电气、机械及器材制造业	1.267	12	0.922	20
通信设备、计算机及其他电子设备制造业	2.226	4	1.142	15
仪器仪表及文化办公用机械制造业	0.475	25	2.007	5
其他制造业	0.212	32	0.341	29
废品废料	0.526	24	0.086	37
电力、热力的生产和供应业	3.141	3	0.300	32
燃气生产和供应业	0.093	37	0.049	39
水的生产和供应业	0.097	36	2.485	3
建筑业	0.126	34	0.123	35
交通运输及仓储业	1.710	9	0.065	38
邮政业	0.062	41	0.218	33
信息传输、计算机服务和软件业	0.371	27	1.598	10
批发和零售贸易业	1.078	16	1.861	7

续表

产 业 部 门	2007	位次	2012	位次
住宿和餐饮业	0.663	22	0.478	25
金融保险业	1.197	14	0.368	28
房地产业	0.296	29	1.964	6
租赁和商务服务业	0.690	21	0.426	26
旅游业	0.108	35	1.194	14
科学研究事业	0.266	31	0.554	22
综合技术服务业	0.091	38	0.112	36
其他社会服务业	0.364	28	0.309	31
教育事业	0.088	39	0.047	41
卫生、社会保障和社会福利事业	0.086	40	0.015	42
文化、体育和娱乐业	0.163	33	0.134	34
公共管理和社会组织	0.011	42	0.048	40

资料来源：笔者计算。

2007 年中国影响力系数大于 1 的部门有 18 个，2012 年中国影响力系数大于 1 的部门有 16 个。其中以化学工业的影响力系数最大，其 2007 年的影响力系数为 4.953，2012 年为 4.843，下降了 1.1%。

通过对 2007 年和 2012 年的影响力系数的比较可以发现：

农业部门的影响力系数较大，呈现上升趋势。这反映出农业对经济发展的重要性，也体现出了"无农不稳，无粮则乱"。

制造业部门的影响力系数整体高于平均水平，呈下降趋势。这也意味着制造业部门对中国经济发展的影响程度高于整体平均水平，但其对中国经济发展的影响力在下降。

服务业的影响力系数低于平均水平，整体呈上升趋势。信息传输、计算机服务和软件业、批发和零售贸易业、房地产业、租赁和商务服务业以及旅游业的影响力系数都呈现上升趋势。尤其是房地产业，上升程度为 563.5%。这也反映出中国的服务业对经济增长的影响力在不断上升。

二、产业结构与贸易结构

采用樊纲、关志雄、姚枝仲(2006)的方法,计算中国出口产业的显示性比较优势指数,结果显示,比较优势稳定的产业有食品加工和制造业、饮料制造业、纺织业、服装及其他纤维制品制造业、皮革毛皮羽绒及其制品业、木材加工及竹藤棕草制品业、家具制造业、文教体育用品制造业、橡胶制品业、金属制品业、仪器仪表文化办公机械制造业、其他制造业、渔业;比较优势下降的产业有有色金属矿采选业、非金属矿采选业、石油加工及炼焦业、化学原料及化学制品制造业、医药制造业、粮食作物种植业、其他作物种植业、林业、畜牧业、渔业;比较优势上升的产业有印刷业记录媒介的复制、化学纤维制造业、塑料制品业、非金属矿物制品业、普通机械设备制造业、专用机械设备制造业、交通运输设备制造业、电气机械及器材制造业、电子及通信设备制造业;长期处于比较劣势的产业有石油和天然气开采业、黑色金属矿采选业、木材及竹材采运业、造纸及纸制品业、黑色金属冶炼及压延加工业、有色金属冶炼及压延加工业。

单从感应度系数和影响力系数的变化来看,比较优势下降的产业中,农业的感应度系数和影响力系数有所下降,但金属矿采选业和非金属矿采选业的感应度系数和影响力系数都上升了,而在比较优势上升的产业中,非金属矿物制品业的感应度系数和影响力系数有所上升,而通信设备、计算机及其他电子设备制造业的感应度系数和影响力系数都下降了,也就是说,目前中国的产业结构和贸易结构存在一定联系,但这种联系并不明确。

三、产品质量与贸易结构

在产品质量水平的测度上,目前并没有统一标准。本章的产品质量测度以芬斯特拉和罗密里斯(Feenstra 和 Romalis,2014)所建立的产品质量数据库为基础，并以行业的出口额占比为权重进行加总，得到国家层面产品质量，结果见图6-1。[①]

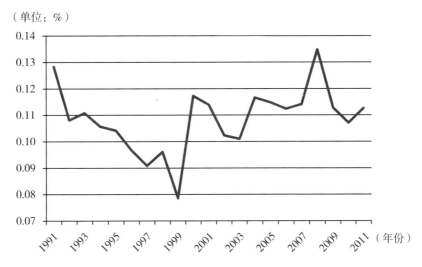

（单位：%）

图6-1　1991—2011年中国制造业整体出口质量水平

资料来源：笔者计算。

不难看出，在1999年之前，中国制造业整体出口质量水平呈下降趋势，然后在1999年到2008年之间呈平稳上升趋势，而在2008年后急剧下降，

另一方面，对2005—2009年工业企业数据库中制造业出口数据的汇总得到的民营企业和国有企业的平均出口额波动情况见图6-2。[②]

---

① 数据库网址：http://cid.econ.ucdavis.edu/Html/Quality_Data_Page.html，数据库提供了世界大部分国家自1984至2011年SITC四位码产品层面的"价格指数""质量调整价格指数"以及"质量指数"。分析所选用的行业为：食品加工及制造业，饮料制造业，烟草加工业，纺织业，服装及其他纤维制品制造，皮革毛皮羽绒及其制造业，木材加工及竹藤棕草制造业，家具制造业，造纸及纸制品业，印刷业记录媒介的复制，文教体育用品制造业，石油加工及炼焦业，化学原料及化学制品制造业，医药制造业，化学纤维制造业，橡胶制造业，塑料制品业，非金属矿物制品业，黑色金属冶炼及压延加工业，有色金属冶炼及压延加工业，金属制品业，通用设备制造业，专用设备制造业，交通运输设备制造业，电气机械及器材制造业，电子及通信设备制造业，仪器仪表及文化办公用机械制造业。

② 为了能更好地对比分析，工业企业数据库中所选择的行业与前面测度质量水平所选用的行业一致。

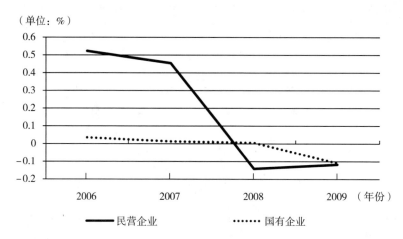

（单位：%）

图6-2　2005—2009年民营企业与国有企业平均出口额变动情况

资料来源：笔者计算。

　　无论是国有企业还是民营企业，其平均出口额均呈下降趋势，但在2008年之前，国有企业的平均出口额增长率相对高于民营企业，而2008年之后，国有企业的平均出口额增长率相对低于民营企业。

　　结合图6-1和图6-2不难发现，在2008年前后，中国制造业整体出口质量水平和国有企业与民营企业相对出口变动均出现了较大波动，这也意味着两者之间可能存在着某种关联。

　　以上数据说明，产业结构、贸易结构和产品质量三者之间存在一定的联系，并且这三者和民营企业与国有企业的出口行为有着密切联系。本章将在接下来的部分从理论和实证两个方面阐述产业结构、贸易结构和产品质量三者之间相互作用的内在机理。

第二节　理论模型

　　下面以格罗斯曼和赫尔普曼（1991）的产品质量阶梯模型、迪克西和斯蒂格利茨（Dixitand 和 Stiglitz，1977）的 D-S 模型为基础，从封闭经济模型出发，阐述生产、研发、资本借贷之间的内在联系，并将其拓展至开放经济,来阐述国际贸易影响产品质量升级的内在机理。

一、封闭经济

(一)需求层面

在商品的设定方面,假定商品集为一个连续统,并以 ω 来表示商品的种类, $\omega \in [0,1]$。[①] 消费者效用函数的设定沿用 D-S 模型中的假定,即采用 CES 形式的效用函数。消费者效用最大化可描述为:

$$Max: U = \left[\int_0^1 \left(\sum_j q_i(\omega) x_i(\omega) \right)^{(\sigma-1)/\sigma} d\omega \right]^{\sigma/(\sigma-1)} \tag{6-1}$$

$$s.t. \int_0^1 \left[\sum_j p_i(\omega) x_i(\omega) \right] d\omega = E \tag{6-2}$$

σ 表示不同种类商品间的替代弹性,且 $\sigma > 1$。$q_i(\omega)$ 为商品 ω 在 i 次技术改进后的产品质量,并且 $q_i(\omega) = q^i, q > 1$, q 表示产品的质量阶梯。$x_i(\omega)$ 为质量为 $q_i(\omega)$ 的商品的消费量, $p_i(\omega)$ 为其商品价格, E 为支出,即消费者收入,其 F.O.C. 为:

$$\left[\int_0^1 \left(\sum_j q_i(\omega) x_i(\omega) \right)^{(\sigma-1)/\sigma} d\omega \right]^{1/(\sigma-1)} \left(\sum_j q_i(\omega) x_i(\omega) \right)^{-1/\sigma} q_i(\omega)$$

$$= \lambda p_i(\omega) \tag{6-3}$$

不难得出:

$$\lambda = U/E \tag{6-4}$$

其中, P 为经质量调整后的价格指数, λ 为收入的边际效用。将 $E = PU$ 代入 F.O.C 可得:

$$P = \left[\int_0^1 \left(\frac{p_j(\omega)}{q_j(\omega)} \right)^{1-\sigma} d\omega \right]^{1/(1-\sigma)} \tag{6-5}$$

---

① 由于本书并未考虑产品多样性的影响,因此对商品集的假定沿用 Dornbusch 等(1977)的假定,将产品种类数单位化为1。

因此,经质量调整的商品 ω 的总需求函数为:

$$\sum_j q_i(\omega) x_i(\omega) = \frac{E}{P} q_i^{\sigma} \left(\frac{p_i(\omega)}{P}\right)^{-\sigma} \tag{6-6}$$

从上述需求函数不难看出,在同一商品种类 ω 内,不同质量的商品进行价格竞争,同一种类不同质量的商品经质量调整后的商品价格必然相等,即:

$$\frac{p_i(\omega)}{q_i(\omega)} = \frac{p_k(\omega)}{q_k(\omega)}, \forall i, k = 1, 2, \cdots, j \tag{6-7}$$

从需求函数不难看出,在其他条件保持不变的情况下,质量越高的商品需求量越大,并且需求与消费者收入成正比,需求收入弹性为1,而价格越高,需求越低,需求价格弹性为 σ。

(二)供给层面

在这部分分析中,假定存在生产性厂商和银行两类微观组织,生产性厂商进行生产和研发两类活动,为简化分析,两类活动不存在协调成本。厂商的生产流程为:先从银行贷款,进行固定资产投入和研发活动,以决定其所生产产品的质量,然后再进行生产。假定所有资本由银行管理,而银行则通过制定贷款利率来使得其自身期望收益最大化。

1.最终产品的供给

为简化分析,假定最终产品的生产要素投入仅为劳动力,其价格为 w,其生产函数为:

$$l_i(\omega) = m x_i(\omega) \tag{6-8}$$

其中 $l_i(\omega)$ 为劳动力投入量,$1/m$ 为劳动力的边际产出,即生产率,由生产最优化可得成本函数为:

$$C_i(\omega) = mw x_j(\omega) \tag{6-9}$$

不难看出,其成本函数规模报酬不变,并且其边际成本为 mw,这里沿用格罗斯曼和赫尔普曼(1991)的假定,质量次高的产品在完全竞争下获得负利润，即 $q > \sigma/(\sigma - 1)$，因此只有质量最高的产品得以出售。① 商品的需求函数可改写为：

$$x_j(\omega) = \frac{E}{P} q_j^{\sigma-1} \left(\frac{p_j(\omega)}{P}\right)^{-\sigma} \tag{6-10}$$

由利润最大化可得：

$$p_j(\omega) = p_j = \frac{\sigma}{\sigma - 1} mw \tag{6-11}$$

其利润函数为：

$$\pi_j(\omega) = \pi_j = p_j x_j - C_j(\omega) = \frac{1}{\sigma} q_j^{\sigma-1} E \left(\frac{p_j}{P}\right)^{1-\sigma} \tag{6-12}$$

2.产品质量升级

由于在研发中存在不确定性，因此对于厂商行为最优化的刻画将有别于前面的厂商利润最大化。

在当前质量水平为 q_j 的情况下，如果企业研发成功，那么其将生产质量为 q_{j+1} 的产品，由前面的分析可知其利润函数为：

$$\pi_{j+1} = \frac{1}{\sigma} q_{j+1}^{\sigma-1} E \left(\frac{p_j}{P}\right)^{1-\sigma} \tag{6-13}$$

若企业研发失败，其利润函数为：

$$\pi_j = \frac{1}{\sigma} q_j^{\sigma-1} E \left(\frac{p_j}{P}\right)^{1-\sigma} \tag{6-14}$$

假定企业研发成功的概率为 φ，假定 $\varphi = \varphi(K_D, j)$，且

$$\varphi'_{KD} > 0, \varphi(\bar{K}_D, j) - \varphi(\bar{K}_D, j+1) > 0 \tag{6-15}$$

其中 K_D 研发所投入的资本，$\varphi'_{KD} > 0$ 意味着随着投入要素的增

---

① 由于不同质量之间的产品进行价格竞争，因此当质量最高的产品按垄断竞争定价，即 $p_j = \sigma mw/(\sigma - 1)$ 时，即便质量次高的产品按边际成本定价，即 $p_{j-1} = mw$，其经质量调整后的价格仍高于质量最高的产品，即 $\sigma mw/(\sigma - 1) q < mw$，因此消费者不会购买质量次高的产品，由归纳法可知，只有质量最高的产品得以出售。

加,质量升级的成功概率越高,且 $\varphi(0,j) = 0, \varphi(\infty,j) = 1$。同时假定

$\varphi(\bar{K}_D, j) - \varphi(\bar{K}_D, j+1) > 0$,即随着产品绝对质量的提升,质量升级将

变得相对困难,其成本越高。同时假定 $\varphi''_{KK} < 0$,即劳动力的规模报酬

递减,产品质量升级概率的提升程度随着劳动力投入的增加而下降。

由自由进出条件可知:

$$\varphi(K_D, j) \pi_{j+1} + [1 - \varphi(K_D, j)] \pi_j = r(K_P + K_D) \quad (6-16)$$

$$\pi_j = r K_P \quad (6-17)$$

其中 r 为资本价格,K_P 为企业生产所必需的固定资产投入,

$\varphi(K_D, j) \pi_{j+1} + [1 - \varphi(K_D, j)] \pi_j$ 为厂商进行研发的期望收益,而 $r K_D$

为企业研发的成本,π_j 为企业生产的机会成本。

由前面的分析可知,产品质量升级所投入的最优资本量由(6-18)

式决定:

$$\varphi(K, j) \frac{1}{\sigma} [q^{(j+1)(\sigma-1)} - q^{j(\sigma-1)}] E = rK \quad (6-18)$$

即 $K = K(E, j, r)$,不难看出,工资率并不会影响产品的质量升

级,其原因是在封闭经济下,劳动力要素投入仅影响最终产品生产部

门,其价格的变动能完全转嫁给消费者,因此不会影响产品质量

升级。[①]

由隐函数定理和链式法则可知:

$$\left(\frac{1}{K} - \frac{\varphi'_K}{\varphi}\right) \frac{\partial K}{\partial E} = \frac{1}{E} \quad (6-19)$$

$$-\left(\frac{1}{K} - \frac{\varphi'_K}{\varphi}\right) \frac{\partial K}{\partial r} = \frac{1}{r} \quad (6-20)$$

由 $\varphi''_{KK} < 0$ 可知 $\varphi'_K < \varphi/K$,从而可得:

$$\frac{1}{K} - \frac{\varphi'_K}{\varphi} > 0 \quad (6-21)$$

[①] 这里的 K 单指研发投入。

即：

$$\frac{\partial K}{\partial E} > 0, \frac{\partial K}{\partial r} < 0 \qquad (6-22)$$

这也意味着，随着消费者收入的增加，产品质量升级部门的期望利润也会增加，从而促使厂商借贷更多资本，而另一方面，作为产品质量升级的成本，利率上升会促使其向银行借贷更少的资本。

由链式法则可知：

$$\frac{\partial \varphi}{\partial E} > 0, \frac{\partial \varphi}{\partial r} < 0 \qquad (6-23)$$

即在其他条件保持不变的情况下，产品质量升级的概率随消费者收入的增加而增加，随利率的上升而下降。

3.利率的决定

在这部分的分析中，假定银行面临两类企业：一类为国有企业；另一类为民营企业，两类企业的区别在于其退出市场的风险，由于政府财政的支持，国有企业的退出风险要低于民营企业。这也意味着国有企业借款的违约风险低于民营企业。银行的期望收益最大化可描述为：

$$\text{Max}: \alpha_G\, r_G\, f_G K(r_G) + \alpha_S\, r_S\, f_S K(r_S) \qquad (6-24)$$

$$s.t.\ K(r_G) + K(r_S) = \bar{K} - \pi_j \qquad (6-25)$$

其中下标G表示国有企业变量，下标S表示民营企业变量，f表示企业退出市场风险，且$f_G < f_S$，K表示一国资本禀赋，$K(r)$由生产性厂商研发投入的最优化行为所决定，α为各类企业比重，且$\alpha_G + \alpha_S = 1$。由 F.O.C. 可知：

$$f_i K(r_i) + K'(r_i) f_i r_i = \chi K'(r_i) / \alpha_i\, i = G, S \qquad (6-26)$$

χ为资本禀赋的边际期望收益，且$\chi > 0$。由隐函数定理可知：

$$\left[(\chi - \widehat{fr})\, K''(r) - 2 K'(r)\widehat{f} \right] \frac{\partial r}{\partial f} = K(r) + r K'(r) \qquad (6-27)$$

$\widehat{f}$为经加权后的企业退出市场风险，且$\widehat{f} = \alpha f$，从而：

$$\partial r / \partial \hat{f} > 0 \qquad\qquad (6-28)$$

不妨假定 $\hat{f}_c < \hat{f}_s$，这也意味着由于国有企业背后政府的担保，银行会以较低利率贷款给国有企业，以较高利率贷款给民营企业，从而导致国有企业在研发上投入更多的资本，使得其在质量升级上有一定优势。

将以上的分析总结为命题1：

命题1：政府有偏向地对待国有企业与民营企业，使得国有企业的退市风险低于民营企业。而银行为实现其收益最大化目的，偏好以较低利率借贷给国有企业，而国有企业则利用其在资本市场上的比较优势，在研发上投入更多资本来实现其利润最大化，最终导致国有企业在产品质量升级上具有比较优势。

二、开放经济

在前面的基础上，下面建立一个两国模型来分析母国产品质量和母国要素价格之间的关系。假定除母国外，存在 n 个国家，并且 n 足够大，以集合 N 来表示所有国家，下标 H 表示本国变量。假定最终产品的运输成本采用冰山形式，并且所有国家的运输成本都相同，即 τ 单位的商品出口（$\tau > 1$），仅有1单位的商品到达出口国。① 假定对于不同国家，其国内生产的产品质量均不相同，因此可以用产品质量的阶梯来区分各个国家，也就是说，对于国家 i 和国家 k，若 $i > k$，则 $q(i) > q(k)$。假定一国产品质量和该国的收入水平正相关，即若 $i > k$，则 $E(i) > E(k)$。② 为简化分析，假定所有国家的工资率水平和物价水平相同。③ 与梅里兹（Melitz，2003）的假定相同，企业出口需要支付一

---

① 由于采用冰山形式的运输成本不会影响企业的定价行为，运输成本完全转嫁到价格，因此为了简化分析，假定本国到其他所有国家的运输成本都相同。

② 这一假定与实际情况相符，一般而言，收入水平越高的国家，其产品质量越高。

③ 这里也包含国内的工资水平和物价水平，物价水平为经质量调整后的物价水平。

定成本,然而梅里兹(Melitz,2003)假定的不同之处在于,这一成本并非定值,而是与企业产品到岸国数量相关的一个函数$f_x(n)$,其中n为到岸国数量,并且$f'_x(n) > 0, f''_x(n) > 0$,即企业选择的出口国家越多,其所需支付的成本也就越高,并且其边际成本递增,为简化分析,不妨假定$f_x(n) = q^{\sigma n}$,这也意味着出口成本随着各国市场差异性的增加而增加。[①]

(一)企业出口行为

从前面的分析可知需求函数为:

$$x_{ij} = \frac{E_j}{P_j} q_{ij}^{\sigma-1} \left(\frac{p_{ij}}{P_j}\right)^{-\sigma} \qquad (6-29)$$

其中x_{ij}表示i国出口到j的商品数量,p_{ij}表示i国出口到j的商品价格$(i,j=H,F)$,P_i为i国经质量调整后的价格指数$(i=H,F)$,q_{ij}为国家i出口到国家j的商品的质量水平,同时假定

$$q > \tau\sigma/(\sigma - 1) \qquad (6-30)$$

从前面的分析可知,只有q_{ij}高于出口目标国市场上同类产品的质量时,其才能在j国的市场上得以出售,否则商品将无法进入目标国市场。由最终产品厂商最优化可知:

$$p_{ik} = \tau p_{ii}, i \neq k, \forall i,k \in N \qquad (6-31)$$

$$p_{ii}(\omega) = p_i = p = \frac{\sigma}{\sigma - 1} m w_i, \forall i \in N \qquad (6-32)$$

而给定企业的质量水平为j,其最优出口行为由下式决定:

$$\text{Max}: \pi_{H,j} = \frac{1}{\sigma} q^{j(\sigma-1)} E_H \left(\frac{p}{P}\right)^{1-\sigma} + \frac{1}{\sigma} q^{j(\sigma-1)} \left(\frac{\tau p}{P}\right)^{1-\sigma} \int_x E(\omega) d\omega - f_x(j - x)$$

$$(6-33)$$

---

① 在Melitz(2003)模型中,由于企业出口的成本为一定值,因此所有出口企业一定会出口到所有国家,这点与实际不符。事实上,不同国家由于经济发展水平、基础设施、基本制度等方面的不同,使得其在市场进入成本上也是大相径庭的。

F.O.C.为:

$$f_x{'}(j - x) = \frac{1}{\sigma} q^{j(\sigma - 1)} \left(\frac{\tau p}{P}\right)^{1-\sigma} E(x) \tag{6-34}$$

其决定了企业在既定质量水平下的出口行为为$x(j)$,即根据其所能获得的产品质量水平选择相应的出口市场,由隐函数定理和链式法则可知:

$$\partial x / \partial j > 0 \tag{6-35}$$

这也意味着产品质量水平越高的企业会选择产品质量水平越高的国家作为出口市场,综合前面所得出的命题1,可以得到命题2。

命题2:由于民营企业在产品质量升级上的比较劣势,其会选择产品质量相对较低的国家作为出口市场。并且无论在出口额和出口比例上,国有企业均高于民营企业。

证明见附录。

(二)出口和质量升级与产业结构

在开放经济下,本国产品质量升级所投入的最优资本量由下式决定:

$$\varphi(K, j)(\pi_{H, j+1} - \pi_{H, j}) = rK \tag{6-36}$$

不难看出,开放经济下企业的研发行为与封闭经济一致,并且银行的行为也与封闭经济一致。不妨假定国际市场上企业的退出风险与本国市场相同,即:

$$f_W = \alpha f_G + (1 - \alpha) f_S \tag{6-37}$$

由命题1可知:

$$r_G < r_W < r_S \tag{6-38}$$

从而可以得出:

$$K_G > K_W > K_S \tag{6-39}$$

也就是说,国有企业会向银行借贷高于世界平均科研投入资本水平的资本来投入研发,而民营企业会向银行借贷低于世界平均科研投入资本水平的资本来投入研发,从而使得国有企业研发成功的概率高于世界平均水平,而民营企业则低于世界平均水平。然而由于研发的边际报酬率递减,因此资本投入到民营企业研发的边际产出要高于国有企业,即便在技术水平保持不变的情况下,研发资本从国有企业转移到民营企业也能促进本国产品质量水平的提升。

在相对产品质量水平上,由于民营企业的研发投入相对低于世界平均水平,因此在贸易平衡条件下,民营企业的出口增加时其相应增加的研发投入会低于世界平均水平,从而使得本国相对产品质量水平下降,而国有企业的研发投入相对高于世界平均水平,因此在贸易平衡条件下,国有企业的出口增加时其相应增加的研发投入会高于世界平均水平,从而使得本国相对产品质量水平上升。

而另一方面,从本国的产业结构和贸易结构的关联上看,民营企业更加注重开辟新市场所带来的市场扩张效应,因此民营企业出口增加会使得出口结构和产业结构之间的联系相对松散,而国有企业更加注重研发投入所带来的产品质量升级效应,因此国有企业出口增加会使得出口结构和产业结构之间的联系相对紧密。

我们将以上分析总结为命题3。

命题3:民营企业的出口增加会使得本国出口结构和产业结构之间的联系相对松散,同时降低本国相对产品质量水平,而国有企业的出口增加会使得本国出口结构和产业结构之间的联系相对紧密,同时提升本国相对产品质量水平。

第三节　实证检验

一、产业结构与贸易结构

(一)数据来源

由于民营经济产业结构的数据无法获得,因此在这部分分析中,笔者假定收入分配比例在民营经济和公有经济两者是相同的,因此民营经济产业结构的变动可以用民营经济工资报酬的变动来表示。为保持数据的一致性,公有经济产业结构变动和总产业变动都用工资报酬的变动来表示。其中,工资数据来源于《中国劳动统计年鉴》,产业部门选取和之前外贸竞争力指数的选取保持一致,2008 年、2009 年、2010年三年产业结构变动比例如表6-3 所示。

表 6-3 产业结构变动表

产业部门	2009—2010 年			2008—2009 年		
	公有	民营	总变动	公有	民营	总变动
煤炭采选业	0.202	0.280	0.230	0.171	0.164	0.168
石油和天然气开采业	0.107	0.041	0.086	0.079	0.381	0.160
黑色金属矿采选业	0.217	0.276	0.236	0.148	0.099	0.132
有色金属矿采选业	0.208	0.246	0.222	-0.116	-0.144	-0.126
非金属矿采选业	0.117	0.118	0.117	0.024	0.059	0.036
木材及竹材采运业	-0.490	0.097	-0.409	-0.128	-0.798	-0.403
食品加工和制造业	0.183	0.204	0.193	0.160	0.180	0.170
饮料制造业	0.221	0.222	0.222	0.187	0.192	0.189
纺织业	0.177	0.176	0.177	0.029	0.055	0.042
服装及其他纤维制品制造	0.131	0.134	0.133	0.102	0.109	0.105
皮革毛皮羽绒及其制品业	0.211	0.216	0.213	-0.011	0.001	-0.005
木材加工及竹藤棕草制造业	0.154	0.197	0.173	0.073	0.056	0.066
家具制造业	0.232	0.307	0.268	0.049	0.007	0.029
造纸及纸制品业	-0.550	-0.568	-0.558	0.127	0.164	0.144
印刷业记录媒介的复制	0.084	0.128	0.102	0.140	0.169	0.151
文教体育用品制造业	0.247	0.245	0.246	0.063	0.061	0.062
石油加工及炼焦业	0.151	0.193	0.168	0.027	0.018	0.023
化学原料及化学制品制造业	0.168	0.189	0.177	0.099	0.120	0.108
医药制造业	0.173	0.191	0.181	0.182	0.224	0.201
化学纤维制造业	0.199	0.201	0.200	0.063	0.041	0.052
橡胶制品业	0.171	0.183	0.177	0.100	0.101	0.100
塑料制品业	0.222	0.231	0.226	0.056	0.061	0.058
非金属矿物制品业	0.185	0.216	0.199	0.083	0.125	0.101

续表

产业部门	2009—2010 年			2008—2009 年		
	公有	民营	总变动	公有	民营	总变动
黑色金属冶炼及延展加工业	0.139	0.176	0.153	0.078	0.115	0.092
有色金属冶炼及压延加工业	0.149	0.156	0.152	0.113	0.180	0.139
金属制品业	0.225	0.260	0.241	0.073	0.080	0.076
普通机械制造业	0.180	0.184	0.182	0.083	0.101	0.091
专用设备制造业	0.205	0.260	0.229	0.066	0.087	0.075
交通运输设备制造业	0.285	0.332	0.305	0.162	0.196	0.176
电气机械及器材制造业	0.226	0.253	0.239	0.117	0.137	0.126
电子及通信设备制造业	0.241	0.243	0.242	0.064	0.064	0.064
仪器仪表及文化办公用机械	0.209	0.227	0.218	0.056	0.027	0.042
其他制造业	0.134	0.135	0.134	0.052	0.077	0.064
电力煤气及水生产供应	0.147	0.099	0.135	0.073	0.076	0.074
煤气的生产及供应	0.132	0.134	0.133	0.133	0.375	0.212

资料来源：笔者计算。

从表6-3中不难看出，除2009—2010年的木材及竹材采运业、造纸及纸制品业和2008—2009年的木材及竹材采运业、有色金属矿采选业外，其他产业部门均呈上升趋势。其中造纸及纸制品业在2010年的跌幅超过50%。连续两年变化增长幅度均在10%以上的部门有煤炭采选业、石油和天然气开采业、黑色金属矿采选业、食品加工和制造业、饮料制造业、服装及其他纤维制品制造业、医药制造业、有色金属冶炼及压延加工业、交通运输设备制造业和电气机械及器材制造业。

同时，笔者用外贸竞争力指数的变动来表示贸易结构的变动情况，2008年、2009年、2010年三年外贸竞争力指数变动比例见表6-4。

表6-4 贸易竞争力指数

产业部门	2008—2009 年	2009—2010 年
石油和天然气开采业	0.001	−0.001
黑色金属矿采选业	0.000	0.000

产业部门	2008—2009 年	2009—2010 年
有色金属矿采选业	0.086	−0.052
非金属矿采选业	0.061	−0.034
木材及竹材采运业	−0.146	0.044
食品加工和制造业	−0.003	−0.063
饮料制造业	−0.073	0.090
纺织业	−0.117	0.026
服装及其他纤维制品制造业	−0.022	−0.004
皮革毛皮羽绒及其制品业	0.103	0.004
木材加工及竹藤棕草制品业	−0.037	0.002
家具制造业	−0.068	−0.003
造纸及纸制品业	−0.006	−0.025
印刷业记录媒介的复制	−0.015	0.008
文教体育用品制造业	−0.041	0.007
石油加工及炼焦业	−0.006	−0.032
化学原料及化学制品制造业	−0.036	0.004
医药制造业	−0.007	0.014
化学纤维制造业	−0.055	−0.047
橡胶制品业	−0.008	0.049
塑料制品业	0.094	0.027
非金属矿物制品业	0.005	−0.066
黑色金属冶炼及压延加工业	−0.092	0.030
有色金属冶炼及压延加工业	0.032	−0.059
金属制品业	−0.026	−0.000
普通机械设备制造业	−0.114	−0.103
专用机械设备制造业	0.004	0.015
交通运输设备制造业	−0.029	−0.189
电气机械及器材制造业	−0.031	0.018
电子及通讯设备制造业	0.021	0.002
仪器仪表文化办公机械制造业	0.005	0.061

资料来源:笔者计算。

　　2009 年外贸竞争力指数变动幅度最大的是皮革毛皮羽绒及其制品业和木材及竹材采运业,并且不难看出大部分部门的外贸竞争力指数都呈下降趋势,而 2010 年的外贸竞争力指数的变动幅度相比 2009 年的变动幅度较小,外贸竞争力指数变动幅度最大的是交通运输设备制造业和普通机械设备制造业,并且大体而言外贸竞争力指数上升和下降的部门相对平均。

产品相对质量数据来自芬斯特拉和罗密里斯(Feenstra 和 Romalis,2014)所建立的产品质量数据库,并以行业出口占比为权重进行加总,得到行业层面的产品质量,所包含行业与图 6-1 相同,一共 27 个行业。为和工业企业数据库中的出口数据相匹配,本章所选用的年份为 2005—2009 年共五年。

民营企业与国有企业的平均出口数据来自 2005—2009 年工业企业数据库,本章将所有企业按企业性质分为 3 类:民营企业、国有企业与其他类型企业,其中其他类型企业包含外资企业以及各类联合经营企业,由于联合经营企业数量众多,并且各类企业在其中所占比重并不清楚,因此无法将其中的民营经济部分和国有经济部分分离开来,并且不同类型的企业平均出口数据按行业进行汇总,所选用的行业与前面的相对质量水平数据所选用的行业相同。

(二)贸易结构对比分析

在这部分的分析中,主要探讨民营企业和国有企业的出口结构是否如理论模型所预测的那样。所选用的样本为前面所提到的 5 年 27 个行业一共 134 个数据。[①] 其出口数据对比情况见表 6-5。

表 6-5　民营企业与国有企业出口额

	平均值	标准差
国有企业出口额	19768.790	2735.379
民营企业出口额	4423.333	273.7584

资料来源:笔者计算。

---

① 2008 年有色金属冶炼及压延加工业数据缺失。

不难看出,国有企业的平均出口额要高于民营企业,经计算,检验两者差异的 t 值为 5.68,这也意味着国有企业的平均出口额要显著高于民营企业,这与理论模型中的结论一致。

而在出口比例上,民营企业与国有企业的对比情况见表 6-6。

表 6-6　民营企业与国有企业出口比例

	平均值	标准差
国有企业出口比例	0.113	0.109
民营企业出口比例	0.102	0.083

资料来源:笔者计算。

不难看出,国有企业的平均出口占比要高于民营企业,经计算,检验两者差异的 t 值为 1.36,在置信水平为 0.1 的情况下,这也意味着国有企业的平均出口额要显著高于民营企业,这与理论模型中的结论一致。

从上面的分析可知,目前中国国有企业无论是在出口额还是出口占比上,都显著高于民营企业,这也从侧面反映出民营企业在产品质量升级上的比较劣势。

(三)灰色关联度分析

在现实中,由于数据失真或缺失、衡量产业结构和贸易结构的指标选取等因素,导致文中所分析的中国的产业结构和贸易结构并非白色系统。因此在这部分的分析中,将采用灰色关联度分析方法对已获得的数据进行探讨,来分析产业结构和贸易结构之间的联系。

灰色系统理论是三大不确定性系统研究方法之一,本章将中国作为一个灰色系统,将其分为 3 个子系统,即民营经济产业结构变动、公有经济产业结构变动和贸易结构变动,其存在 31 个属性,即 31 个产业部门,并且其属性值为前面数据处理分析所得出的数值。

灰色关联度分析方法要求被分析的数据具有同一量纲,因区位商具有非负性、保序性和保差异性等特性,故借鉴周小锋(2012)的研究,

采用类似区位商的计算方法对数据进行处理,具体处理过程如下:

$$b_{ij} = \frac{a_{ij}/a_j}{a_i/A} \qquad (6-39)$$

其中 i 表示子系统,j 表示属性,b 表示转换后数据,a 表示原始数据,而

$$a_j = \sum_{i=1}^{n} a_{ij}, \quad a_i = \sum_{j=1}^{m} a_{ij}, \quad A = \sum_{i=1}^{n} \sum_{j=1}^{m} a_{ij} \qquad (6-40)$$

n 为子系统数量,m 为属性数量。

在比较序列的选择上,基于本章所分析的产业结构与贸易结构之间联动的问题,笔者将贸易结构变动值序列作为参考序列 $\alpha_0(n)$,民营经济产业结构变动值、公有经济产业结构变动值序列作为比较序列 $\alpha_i(n)$,绝对差计算如下:

$$\Delta i(k) = |\alpha_0(k) - \alpha_i(k)| \qquad (6-41)$$

灰色关联系数计算为:

$$r_{ik} = \frac{\min_i \min_k \Delta i(k) + \rho^* \max_i \max_k \Delta i(k)}{\Delta i(k) + \rho^* \max_i \max_k \Delta i(k)} \qquad (6-42)$$

本章计算中,分辨系数 ρ 取 0.5,灰色关联度计算公式为:

$$r_i = \frac{1}{n} \sum_{k=1}^{n} r_{ik} \qquad (6-43)$$

经计算得,各年度民营、公有产业结构与贸易结构的灰色关联度见表6-7。

表6-7 产业、贸易结构灰色关联度表

	2009 年	2010 年
民营经济	0.882	0.739
公有经济	0.888	0.738

资料来源:笔者计算。

不难看出,无论是在 2009 年还是 2010 年,民营经济和公有经济产业结构的变动与贸易结构的变动之间灰色关联度差异并不大,这也反

映出上一部分中回归分析所得出的企业性质对产业结构的影响并不明显。另一方面,相比 2009 年,2010 年的灰色关联度出现了较为明显的下降,也就是说,产业结构和贸易结构之间的关联在不断下降。这一结论与理论模型的分析相一致,并且结合前面的产品相对质量的变化可知,在民营企业出口增长率高于国有企业的情况下,产业结构与贸易结构的联系变得松散,并且出口产品的相对质量有所下降。

二、产品质量与贸易结构

在这部分的分析中,主要探讨中国民营企业和国有企业的平均出口额对中国产品相对质量的影响。所选样本为 2005—2009 年的 27 个行业一共 134 个样本,由于本章所分析的重点并非样本的个体效应,因此采用截面数据分析方法对所选样本进行分析,所选用的样本数据均采用对数形式。[1]

(一)总体产品分析

首先分析未分企业性质的平均出口额和相对产品质量水平之间的关系,从图 6-3 中不难看出,平均出口额和相对产品质量水平的分布较为均匀,不存在明显的发展趋势,并且对其进行回归发现,方程的显著性较弱,具体结果见表 6-8,这也反映出若不区分企业性质来探讨中国出口情况与出口产品质量之间的关系,其结论的可信度有待商榷,这与理论模型中不同性质的企业有着不同的出口行为相吻合。

表 6-8　未区分企业性质的回归结果表

	OLS	WLS
出口额	−0.682(0.498)	−0.558(0.578)
F 值	0.461(0.498)	0.309(0.578)

注:括号中为 Prob>F 和 P>|t|值。
资料来源:笔者计算。

---

[1]　本书所选样本时间跨度较小,并且相对质量水平的时间趋势较弱。

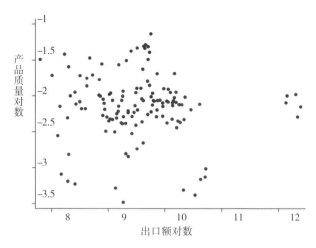

图 6-3　未分企业类型的平均出口额与相对产品质量关系

资料来源：笔者计算。

（二）国有及民营企业

按照前面的理论模型，回归模型构建如下：

$$quality = \alpha_0 + \alpha_1 \, export_G + \alpha_2 \, export_S + \varepsilon \qquad (6\text{-}44)$$

其中 $quality$ 表示中国出口产品的相对质量，$export_G$ 表示国有企业的平均出口额，$export_S$ 表示民营企业的平均出口额。根据理论模型的分析，在所估计的参数中，$\alpha_1 > 0$，即国有企业的出口增加对中国出口产品的相对质量水平有促进作用，而 $\alpha_2 > 0$，即民营企业的出口增加对中国出口产品的相对质量水平有阻碍作用。由于在部分分析中仅考虑出口对相对质量水平的影响，模型可能存在内生性问题，因此以解释变量滞后一期为工具变量进行二阶段回归后，hausman 检验结果的 χ^2 为 0.41，Prob>χ^2 = 0.937，即不存在内生性问题，不需要采用工具变量法对方程进行回归。同时对原方程进行 white 检验发现，原方程存在异方差问题，因此采用以残差的协方差矩阵为权重对原方程进行 WLS，具体结果见表 6-9。

表6-9　企业平均出口与产品值的回归结果

F 值	4.380	Prob>F		0.015
	参数	标准差	t 值	P>|t|
民企出口额	-0.182	0.065	-2.809	0.006
国企出口额	0.092	0.037	2.508	0.013

资料来源:笔者计算。

从表6-9中不难看出,民营企业的出口对中国出口产品的相对质量水平有着显著的消极作用,并且民营企业出口每增加1%,中国出口产品的相对质量水平将下降0.18%,而国有企业的出口对中国出口产品的相对质量水平有着显著的积极作用,并且国有企业出口每增加1%,中国出口产品的相对质量水平将上升0.09%。经检验,在置信水平为0.1的情况下,民营企业出口对产品质量水平的消极影响显著强于国有企业出口的积极影响,这也意味着即便民营企业和国有企业的出口同比增长,中国的相对产品质量水平仍会下降。[1]

(三)其他类型企业

由于在这部分的分析中仅仅采用了工业企业数据库中民营企业和国有企业的数据,而没有考虑外资企业和混合类型企业对出口产品相对质量的影响。若不考虑这些数据,模型的解释力将大打折扣。而在未考虑的企业数据中,存在大量的混合类型的企业,若直接将这些数据引入分析可能使得模型估计存在多重共线性问题,构造辅助回归,计算方差膨胀因子可得 VIF=20749,即存在强烈的多重共线性,因此第二节中的模型即便不考虑其他类型的企业,也不会影响到该模型的解释力。

第四节　结论及政策含义

综合前面的理论模型和实证分析,可以得出以下结论:

---

[1]　检验的 F 值为3.22。

首先，由于政府的差别对待，导致民营企业与国有企业有着不同的出口行为，从而导致资源的无效配置。由于中国政府有偏向地对待国有企业与民营企业，从而导致国有企业在资本市场上的比较优势进一步转化为产品质量升级上的比较优势，使得国有企业偏好于研发扩张型的出口行为，即通过增加研发投入以进入质量水平更高的出口市场来扩张自身的出口。而由于民营企业在研发上的比较劣势，使得其偏好于市场扩张型的出口行为，即通过选择产品质量更低的出口市场来扩张自身的出口。两种不同的出口行为也直接导致了两者在出口额以及出口比例上的差异。国有企业所选择的市场具有较高质量水平以及较高的需求量，因此国有企业在出口额以及出口比例上都显著高于民营企业。而另一方面，由于国有企业在研发上投入了更多的资本，因此国有企业资本的边际产出率要低于民营企业，这也意味着资本从国有企业的研发转移到民营企业有利于资源的有效配置。

其次，中国贸易结构与产业结构的关联性取决于民营企业与国有企业的相对出口行为。两者不同的出口行为导致了产业结构和贸易结构之间有着不同的发展趋势：国有企业的研发扩张型出口会促进产业结构与贸易结构的紧密联系，使得产业结构与贸易结构在变动上具有一致性，而民营企业的市场扩张型出口则使得产业结构与贸易结构的联系越发松散。同时，利用2005—2009年中国民营企业与国有企业的出口数据研究发现，2008年后民营企业的出口增长率相对高于国有企业，而利用2009—2010年中国产业结构变动与贸易结构变动的数据研究发现，中国的产业结构与贸易结构之间的关联度也在下降，也印证了这一结论。

最后，中国出口产品的相对质量水平同样也取决于民营企业与国有企业的相对出口行为。由于民营企业偏好于市场扩张型的出口行为，其出口增加将导致产品质量升级相对落后于世界平均水平，因此会降低本国相对产品质量水平，而国有企业偏好于研发扩张型的出口行为,其出口增加将使得产品质量升级相对领先于世界平均水平,因此会提升本国相对产品质量水平。利用 2005 —2009 年中国民营企业与国有企业的出口数据研究发现,2008 年前民营企业的出口增长率相对高于国有企业,与此对应的中国出口产品的相对质量水平在不断上升,而2008 年后民营企业的出口增长率相对低于国有企业,与此对应的中国出口产品的相对质量水平在不断下降。这也反映出口产品质量与两类企业的相对出口行为之间的关系。

基于以上分析,有以下建议:

一是从有偏向的政府支持转向适度的竞争中立。竞争中立原则,是指政府在市场准入、补贴、税收豁免以及政府采购等方面上应无差别对待私营企业、外资企业和国有企业,避免市场扭曲,为各类经济主体创造公平公正的市场竞争环境。竞争中立原则的目的便是要破除国有企业在资源配置上的垄断地位,同时增强市场的竞争性。适度的竞争中立政策是指既保护市场主体的公平竞争地位和环境,又适度维护有关国计民生的国有企业的发展。实施竞争中立原则一方面能使得资本从边际研发效率低的国有企业转移到民营企业,实现资源的有效配置,提高中国的研发效率从而提高中国出口产品的相对质量水平,而另一方面,能破除目前在民营企业中所存在的"贸易逆向效应",使得贸易的结构升级功能得到更好的体现。

二是扩大国内需求,制定促进民营企业的出口转内销的相关政策。出口转内销是指企业的销售途径从国外市场改为国内市场,以扩大国内市场规模来增加自身利润,从而降低国际市场上的波动性对企业的影响。促进民营企业出口转内销能降低其生产成本(商品的运输成本国外市场进入成本),从而提高民营企业的利润率,进而提升其在研发上的效率。而实施出口转内销战略,除了前面所提到的竞争中性原则,提供良好的商业环境、降低内贸成本也有着至关重要的作用。

附录 6-1:$\partial r / \partial f > 0$ 的证明

由 $-\left(\dfrac{1}{K} - \dfrac{\varphi'_K}{\varphi}\right)\dfrac{\partial K}{\partial r} = \dfrac{1}{r}$ 可知,$\partial K / \partial r < 0$,且由隐函数定理和链式

法则可得:

$$-\left(\frac{1}{K} - \frac{\varphi'_K}{\varphi}\right)\frac{\partial^2 K}{\partial r^2} = -\left(\frac{\partial K}{\partial r}\right)^2 \left[\frac{\varphi''_{KK}}{\varphi} + \frac{2}{K}\left(\frac{1}{K} - \frac{\varphi'_K}{\varphi}\right)\right]$$

加上一阶条件

$$\widehat{fK(r)} + K'(r)\,\widehat{fr} = \chi\, K'(r)\ i = G, S$$

可得:

$$[\chi - \widehat{fr}]\, K''(r) - 2\, K'(r)\,\widehat{f} = \frac{\widehat{fK(r)}\, K''(r)}{K'(r)} - 2\widehat{f} K'(r) = \frac{\widehat{fK(r)}\, K'(r)\,\varphi''_{KK}}{\varphi\left(\dfrac{1}{K} - \dfrac{\varphi'_K}{\varphi}\right)} > 0$$

又因为:

$$K(r) + r\, K'(r) = \frac{\chi\, K'(r)}{\widehat{f}} > 0$$

从而可得 $\partial r / \partial \widehat{f} > 0$。

附录 6-2:命题 2 的证明

(1)$\partial x / \partial j > 0$

由企业最优出口行为的一阶条件:

$$f_x'(j - x) = \frac{1}{\sigma}\, q^{j(\sigma-1)}\,\left(\frac{\tau p}{P}\right)^{1-\sigma} E(x)$$

可知:

$$\left[\frac{E'(x)}{E(x)} + \sigma\ln q\right]\frac{\partial x}{\partial j} = \ln q$$

又:

$$\frac{E'(x)}{E(x)} + \sigma \ln q > 0$$

从而可知 $\partial x / \partial j > 0$。

(2)出口额 $ex_G > ex_S$

由前面的分析可知：

$$ex_G = q_G{}^{(\sigma-1)} \left(\frac{\tau p}{P}\right)^{1-\sigma} \int_{x(j_c)}^{j_c} E(\omega)\,\mathrm{d}\omega$$

$$ex_S = q_S{}^{(\sigma-1)} \left(\frac{\tau p}{P}\right)^{1-\sigma} \int_{x(j_s)}^{j_s} E(\omega)\,\mathrm{d}\omega$$

由命题 1 可知：

$$q_G > q_S, j_G > j_S$$

而：

$$\int_{x(jG)}^{jG} E(\omega)\,\mathrm{d}\omega - \int_{x(jG)}^{jG} E(\omega)\,\mathrm{d}\omega = \int_{jS}^{jG} E(\omega)\,\mathrm{d}\omega - \int_{x(jG)}^{x(jG)} E(\omega)\,\mathrm{d}\omega$$

由：

$$\left[\frac{E'(x)}{E(x)} + \sigma \ln q\right] \frac{\partial x}{\partial j} = \ln q$$

可知，$\partial x / \partial j < 1$，从而：

$$j_G - j_S > x(j_G) - x(j_S)$$

由此可知：

$$\int_{x(j_c)}^{j_c} E(\omega)\,\mathrm{d}\omega > \int_{x(j_s)}^{j_s} E(\omega)\,\mathrm{d}\omega$$

$$ex_G > q_S{}^{(\sigma-1)} \left(\frac{\tau p}{P}\right)^{1-\sigma} \int_{x(j_c)}^{j_c} E(\omega)\,\mathrm{d}\omega > q_S{}^{(\sigma-1)} \left(\frac{\tau p}{P}\right)^{1-\sigma} \int_{x(j_s)}^{j_s} E(\omega)\,\mathrm{d}\omega = ex_S$$

(3)出口比例 $\theta_G > \theta_S$

由前面的分析可知：

$$\theta_G = \frac{\displaystyle\int_{x(j_c)}^{j_c} E(\omega)\,\mathrm{d}\omega}{\displaystyle \tau^{\sigma-1} E_H + \int_{x(j_c)}^{j_c} E(\omega)\,\mathrm{d}\omega}$$

$$\theta_S = \frac{\int_{x(j_s)}^{j_s} E(\omega)\,\mathrm{d}\omega}{\tau^{\sigma-1} E_H + \int_{x(j_s)}^{j_s} E(\omega)\,\mathrm{d}\omega}$$

由(2)可知：

$$\int_{x(j_c)}^{j_c} E(\omega)\,\mathrm{d}\omega > \int_{x(j_c)}^{j_s} E(\omega)\,\mathrm{d}\omega$$

从而可知 $\theta_G > \theta_S$。

第七章　民营经济进口的机理与
　　　战略选择

  1978 年,改革开放政策的实行为中国对外贸易注入了全新的活力。随着国际分工的进一步深入与中国对外开放的日趋深化,中国进口贸易得到了快速发展。1978 年中国商品进出口总额为 206.4 亿美元,2015 年商品进出口总额增至 39530.3 亿美元,其中进口从 1978 年的 108.9 亿美元增加到了 16795.6 亿美元[①]。

  在改革开放后的三十多年间,中国先后进行了一揽子外贸体制改革和外贸政策调整。从改革开放初期到"八五"计划,中国的主要外贸战略奉行"以进养出""鼓励出口创汇",而"九五"计划则提出了"促进中国经济增长和提高质量效益为目标",贸易战略的重心虽有转移却仍主要围绕出口展开。然而,目前中国经济发展阶段已处于工业化的中期,再加之新形势下国际经济环境的变化,这种出口导向模式开始日益显示出其缺陷与弊端。在国内环境与国外环境的双重压力下,怎样更好地发挥进口对中国经济发展的促进作用是开放经济转型的重点。

  自从 20 世纪 80 年代以来,民营经济凭借其自身产权明晰、运营机制灵活、动力机制完善等优势,不断参与到国民经济的各个领域。特别是近年来,市场准入更加平等、融资渠道更加多元、产业发展呈现集群趋势,民营经济的总量迅速扩张,在国民经济中涉及的环节与行业也更

---

 ① 资料来源:国家统计局。

加广泛与全面,逐渐与国有经济和外资经济一道成为中国经济发展的三大支柱力量。据统计,1979 年在国内生产总值中中国个体私营等非公有制经济所占比重低于 1%,而 2012 年该比例已上升至 50% 以上;民营经济已成为中国最大企业群体,占企业数比重 85% 以上;成为中国最大投资主体,占投资比重 50% 以上。

民营经济为维持中国经济稳定、高速的增长发挥着越来越重要的作用。而在经济全球化不断深入、各国经济联系愈发紧密的宏观趋势下,民营经济在对外贸易中也呈现出强劲的发展势头。1999 年以前,民营企业主要通过外贸公司间接参与对外贸易。而 1999 年以后,政府给予民营企业自主外贸经营权,民营经济在对外贸易中承担起更加重要的角色。民营经济已成为外贸重要主体,占中国外贸五分之一以上。

国内外环境对中国进口提出了新的机遇与要求,同时民营经济在经历高速发展的同时也面临多方面的问题:如何调整发展路径,突破现有的地区限制、资源瓶颈,汲取国际市场的人才、资源,实现要素配置能力的提升;如何吸收先进的科技和创新理念,逐渐培育出国际知名品牌和领军企业,以实现微观和宏观层面的良性配合等。这些问题都迫使具有较高效率的民营经济积极把握国际化的机遇,实施更适应时代要求的进口战略,充分发挥进口的效用,以内源化的增长动机结合开放型的转型战略,实现民营经济的进一步增长。

第一节　典型化事实

一、中国进口的整体发展

进口额持续增长,在世界总进口中所占份额日趋上升。从 1978 年实施改革开放政策以来,中国经济实力不断增强,与各国经济往来越来越密切,对外贸易取得了飞速的发展,进口和出口齐头并进,取得了长足、稳定的发展。

（单位：亿美元）

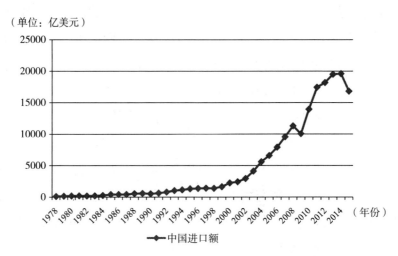

图 7-1　中国 1978—2014 年进口总额

资料来源：国家统计局。

从图 7-1 中可以看到，中国的进口量自改革开放以来，除了 2009 年和 2015 两年有明显回落以外，在剩下的三十多年时间里都表现出长期强劲的增长趋势。具体来看，中国进口总额从 1978 年的 111.3 亿美元，到 1993 年突破 1000 亿美元，2008 年突破 1 万亿美元大关，至 2015 年达到 16819.5 亿美元，在短短的三十多年间增长了 150 倍。

第一，从世界范围来看，中国进口在世界商品进口中的份额也在不断提高，中国贸易占据了世界贸易中越来越重要的地位。从图 7-2 中可以看到，在 1978 年至 1984 年期间，中国进口占世界总进口额的比重约为 1%，而在 1985 年至 1992 年期间，该比重增长为 2% 左右，之后至 1999 年逐步增长，接近 3%。自 2000 年开始，中国进口占世界总进口比重与之前相比有了更快的增长，在十余年的时间里该比重从 2000 年的 3.4% 增长至 2015 年的超过 10.0%。

第二，进口贸易方式多样，各种进口形式全面发展，而在种类繁多的贸易方式中，一般贸易和加工贸易是进口的最主要方式。加工贸易

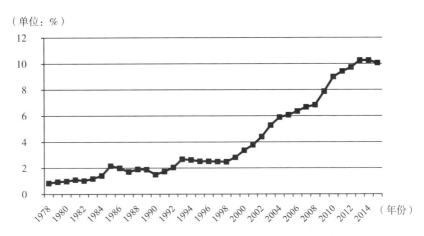

（单位：%）

图7-2　中国1978—2015年进口占世界总进口比例

资料来源：WTO数据库。

包括来料加工、来件装配与进料加工。随着全球产业链在中国的渗透，加工贸易作为一种新的方式也在中国的对外贸易中起着越来越重要的作用。从图7-3中可以看到，中国现阶段主要进口组成为一般贸易，占到总进口的55%，来料加工装配贸易和进料加工贸易分别为5%和21%，总体上进口贸易方式多样，而且比例较为分散。

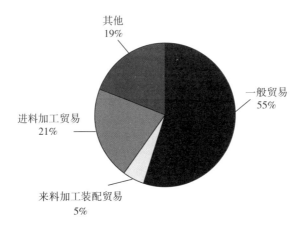

图7-3　2015年中国分贸易方式进口比重

资料来源：中国海关总署。

第三,进口商品结构相对稳定,工业制成品始终是中国进口的主要构成部分。从图7-4可以看到,中国商品进口额中工业制成品所占比重1980—2015年保持在60%以上,1985—2007年保持在70%之上,从2008年开始逐渐下降,但比重仍然高于60%。

图7-4 1980—2015年中国进口商品总额和结构

资料来源:国家统计局。

而从整体趋势来看,初级产品进口占总商品进口比重呈现先稳定后增长的趋势。1980—2002年期间,初级产品进口所占比重在10%—20%之间浮动,2003年以后,初级产品进口有了快速的增长。2004年,中国初级产品进口额突破1000亿美元,2007年突破2000亿美元,至2015年,初级产品进口额已达4720.5亿美元,而从比重上来看,初级产品进口在总商品进口额中比重也增至28%。

第四,中国进口来源地分布广泛,从图7-5可以看到,亚洲是最主要集中地,欧洲与北美洲位居其次。2015年,中国超过一半(57%)的进口来自地理位置靠近的亚洲邻国,从发达国家集中的欧洲和北美洲的进口分别达到18%和10%,而从资源丰富的拉丁美洲、非洲和大洋洲的进口分别为6%、4%和5%。

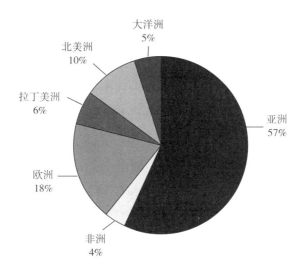

图 7-5　2015 年中国从各大洲进口比重

资料来源:国家统计局。

第五,中国进口贸易主体多元化,各类性质企业均在国际贸易中表现活跃,民营经济是中国进口贸易中年轻且发展潜力巨大的力量。在改革开放初期,中国的贸易活动特别是进口受政策限制较大,因此进口贸易的主体主要为国有企业。随着经济的进一步开放与外资的引进,三资企业逐渐在中国的对外贸易中扮演着重要角色。而近年来,伴随着民营经济在国内经济舞台中的日趋活跃,民营企业在进口中的作用也日趋凸显。

二、民营经济的进口现状

民营企业进口是进口贸易重要组成部分。随着民营经济在中国的迅猛发展,民营企业已经在中国对外贸易中发挥着举足轻重的作用。根据海关统计,2015 年民营企业进口 4116 亿美元,占到了中国总进口的 24.4%,即接近四分之一的进口是由民营企业完成的。

民营企业进口发展面临一系列挑战。首先,进口活动受到融资问题的限制。民营企业中很大部分属于中小型企业,自有资金不足。而在中国现有的金融政策法规下,中小企业向银行融资又遇到种种困难。同时,由于中国金融市场的不完善,民营企业信息评价制度未得到发展,信用担保等融资方式存在着很大缺陷,特别是对于创新和研发密集的企业,风险较高,资本需求大而融资更难,从而企业发展面临更大的资金缺口。根据梅里兹(2003)的企业异质性理论,参与国际市场竞争对企业有着较高的资本和技术要求。融资的问题导致民营企业参与国际竞争时受到了很大制约。资本的短缺不仅使民营企业在拓展海外市场时面临诸多制约,出口缺乏竞争力,而且在企业生产这一环节,由于资金的不充分,民营企业进口活动也受到很大限制,从而导致民营企业不能充分分享全球化的利益,无法更好地获取、利用国际要素。

其次,进口发展受到外贸政策和相关法规的制约。在改革开放三十多年里,中央不断放松对民营经济发展的约束,但是直到现在,民营经济在法律法规中仍受到各种限制,其"准国民待遇"的地位仍未完全改善。特别是在对外贸易中,民营企业未能得到政府充分的政策引导与支持,进口权、税收优惠、外汇优惠等方面没有获得与国有企业相同的待遇。而近年来,由于中国贸易顺差持续扩大,与国外的贸易摩擦频频,"反倾销"和"反补贴"诉讼屡屡出现,政府因此也调整了外贸政策,例如取消"三高一低"产品的出口退税、改革加工贸易政策等。这些政策的改变,首当其冲受影响的就是依靠要素价格优势开展劳动密集型产品生产及出口的民营企业。

最后,缺乏了解国际市场、熟悉进口相关法规的人才,缺乏有力的进口组织和协会。民营企业由于自身规模和发展的限制,往往在人才方面较为缺乏,特别是缺乏对外贸领域熟悉的人力资源,从而导致民营企业在参与国际分工、利用国际要素、参与国际竞争时处于不利的局面。另一方面,民营企业数量多且规模较小,单个企业在国际市场从事进口时不具备议价能力,同时缺乏相关的民营企业进口协会类的统一组织,使得民营企业在国际市场上议价能力不足。

第二节　民营企业进口贸易动态效应:机理分析

一、以进口推动技术进步

进口是开放经济条件下一国分享贸易伙伴国 R&D 成果的重要途径。进口贸易主要通过两大途径实现对国内技术的促进作用:一是直接的技术与人才引进;二是通过进口高质量的中间产品和最终产品。第二种方式的技术溢出依赖于具有高技术附加值的中间品或最终品实现,因此也被称为物化型技术溢出。

技术进口和人才引进是中国通过进口提升国内技术水平快速而有效的方式。随着科技领域的竞争日益激烈,科学技术日新月异、科技成果层出不穷,发达国家引领着新技术的研究开发和应用。因此,积极参与科技领域的国际分工和国际合作,发展技术贸易,积极吸收发达国家成熟和标准化的技术,广泛吸收别国先进工艺已成为发展中国家在技术上对先进国家进行赶超的重要途径。中国应通过关键技术、关键设备的引进和与发达国家的技术合作,不断提高自身的技术水平和研发能力(陈继元,2003)。

人才引进是中国民营经济采取的推动技术进步和经济增长的又一途径。由于民营经济自身特点,其普遍存在人员素质偏低的问题。特别是在市场竞争日趋激烈的现在,人才的不足已成为制约中国民营经济进一步快速发展的主要原因之一。大多数民营企业在人才储备上明显不足,人才缺口,导致企业技术和管理模式的落后。因此,民营企业需要战略性引进具有先进技术和管理理念的人才,提高企业技术创新能力与经营管理效率(张洪霞、李颖,2009)。

进口高技术含量的中间品和最终产品。发展经济学认为"后发优势"的核心在于技术溢出,技术溢出是落后国家分享先发国家研发成果、追赶发达国家的重要渠道。根据新贸易理论和新增长理论,各国之间的贸易活动在增加世界贸易总量、促进各国商品流动与交换的同时,对加速科技、信息和人力资源等知识资本在全球的传递也起着非常重要的作用(欧阳秋珍、陈昭,2011)。这种信息交流与传递的加速以及国际贸易带来的竞争加剧为各国的创新注入了强大的动力,从而提高贸易参与国的技术水平。通过商品贸易这种间接的国际技术溢出渠道,一国还可以分享贸易伙伴国的 R&D 成果,从而使得参与贸易的所有国家技术水平得到提高(魏婷,2007)。

二、以进口促进产业转型升级

赤松要提出的雁行发展模型通常被用来解释发展中国家产业升级路径,即"雁行模式",主要是指当发展中国家逐步进入到工业化时期,由于经济和技术的落后,只能向发达国家开放一些产品市场,当经过一定时期的积累,发展中国家的内部需求达到一定规模时,意味着本国已基本具备了生产这些产品的市场和技术条件。即,当发展中国家的企业已初步掌握了这种产品的生产技术时,本国生产代替进口的情形就会出现,这是因为发展中国家一般具有资源和劳动力的价格优势,而且随着生产规模的扩大,以及规模经济的出现和廉价劳动力的优势,发展中国家产品的国际竞争力不断上升,最终实现这种产品的出口,最终达到经济发展和产业结构升级的目的(景玉琴,2005)。

国内学者张燕、陈漓高(2007)用欧拉瓦(Ozawa,1991)的产业螺旋式发展模型分析了对外贸易与产业升级的关系,并将产业升级路径分为四个逐步提升的阶段:封闭阶段、进口依赖阶段、综合生产阶段、专业化生产阶段。根据产业螺旋式发展模型(Ozawa,1991)和中国经济转型的现状,中国产业转型可以遵循由低到高、由简到难的螺旋式发展模式,通过参与国际分工的不同阶段,提升自身实力,最终实现产业转型升级。从进口的角度来看,主要通过以下两条途径促进中国产业升级。第一,对中国目前较为劣势、但有潜在发展动力的行业,可以通过对先进技术的引进和高科技含量产品的进口培养行业的动态比较优势,在国内经济主体的学习、模仿、吸收和再创新的基础上形成动态效益,推动国内技术的进步和创新,促进生产效率的提高,从而加快中国向"微笑曲线"两端附加值高、知识内涵高、利润空间大的产业和部门的转型与升级;第二,随着国内生产成本的提高与技术水平的不断进步,以进口替代部分国内附加值低、资源消耗大、环境污染高的部门的生产,将生产要素转移到更具发展潜力、效率更高、附加值更高的行业,提高生产要素在产业间的配置效率,带动产业升级,实现中国经济从低端向高端的升级与跨越,获取结构效率。

三、以进口促进市场效率提升

进口促进一国经济增长的途径还能通过提高国内市场的竞争程度、更有效地发挥市场机制、提升资源的配置效率而实现。当有效需求一定、市场容量有限时,国外产品的渗透使得国内行业面临更大的压力,激烈的竞争能够更好地发挥市场机制的作用,引导质量更高、成本更低、附加值更高的产品出现。进口竞争通过以下三条途径提升市场效率。

倒逼机制提升市场效率。开放产品进口市场,特别是在国内竞争程度有待加强的行业引入竞争,放松对其保护,可以改变原来行业内不完全竞争局面,打破垄断,培养较高的市场机制。放宽进口限制后,在国内外双重竞争压力下,企业为寻求自身生存和发展,必须积极寻求新的生产工艺,提高生产效率,降低生产成本,不断提升产品质量。这样便形成一种倒逼机制,为企业的生产、管理、运营等各个方面的改善与提升注入动力,迫使企业不断发展,更具竞争力。正如鲍德温(Baldwin,1992)指出,进口竞争实际上可以降低缺少创新的垄断力量获取利润的能力从而刺激创新。同时,进口贸易带来了商品与信息的交流。

筛选机制提升市场效率。市场机制的重要功能是通过竞争对企业优胜劣汰,筛选出高质高效的企业从而提高社会资源的配置效率。在封闭经济中,一国产业与国外缺乏交流与竞争,往往导致生产效率和产品质量的低下。这既损害消费者的福利,也不利于稀缺资源和要素的配置。而通过开放进口渠道,引入竞争,可以充分发挥市场资源配置的作用。新的进口产品在满足国内消费者多样化偏好的同时,也对市场中原有的产品产生了冲击,这种竞争效应会迫使生产力较低、竞争力较弱的企业退出市场,也会降低部分企业的市场份额。在市场机制的筛选下,增加进口将淘汰效益低下的企业,从而引导稀缺资源向更具竞争力的企业和部门,提高整个社会的资源配置效率。

信息机制提升市场效率。进口带来产品种类的增加,进口产品的水平型差异和垂直型差异都使得进口国的产品更加丰富,拓宽了消费者的选择空间。根据林德(1961)的偏好相似理论,人均收入水平是影响需求结构的最主要因素,工业化国家的人均收入水平较高,其需求结构较发展中国家而言具有前瞻性。而不同国家的产品层次结构和消费层次结构存在重叠现象,发展中国家能为发达国家提供合适的消费品,发展中国家也可以消费部分发达国家的产品。这样,从发达国家进口最终消费品,不仅可以满足这一部分国内消费者的需求,提高消费者福利,更重要的是,从发达国家所进口的高附加值的产品体现了前瞻性的消费需求,为企业选择市场和投资决策提供信息,有利于企业投资于具有发展前景的市场,开拓新的产品空间;新的进口产品会带来示范效应,通过引进新的进口产品和新工艺带来信息的传递和技术的溢出,进而使国内市场中原有的企业通过模仿或创新来改进产品或推出新的产品,从而提升市场的配置效率。

四、以进口突破要素瓶颈

进口最直接的贡献是为国内的经济发展提供必需的资源与要素。充足的资源供给是一国经济保持持续快速发展的必备条件,既要保证量上稳定的供给,又要确保各种资源种类充足、齐全。中国虽然自然资源禀赋丰富,但在经济发展的各个阶段,仍然无法仅靠国内要素为经济发展提供足够保障,总会碰到某些要素和资源的瓶颈。特别对于一些涉及国家经济安全、关系国民经济命脉的战略性资源和能源,在一定时间内其供应有限且无法再生,这便要求中国通过进口突破国内资源供给的制约。另外,通过进口资源消耗大、能源消耗重的工业半制成品与制成品,以进口替代国内生产,也能够间接地为中国资源和要素供给提供保障。当一国经济处于供给约束状态下时,社会资源达到完全利用的状态,需求增加无法带动经济的增长而只能推高价格。此时,对稀缺的资源和要素进口可以改善供给约束的限制,降低国内价格的虚高,推动经济平稳快速发展。

从第二部分中国商品进口结构可以看到,中国进口中很大一部分是用于加工贸易。加工贸易是中国对外贸易中的重要部分,也构成了出口的主要内容。而加工贸易的原材料、零部件很多都是通过进口获得,因此扩大进口对中国加工贸易的发展至关重要。

第三节　民营企业进口贸易技术溢出效应:实证检验

在过去的五十多年中,经济增长理论的探讨经历了从外生动因到内生机理的重大转型与突破。以罗默、卢卡斯为代表的经济学家基于"内生技术进步"的核心提出了新增长理论,认为技术的进步是一国经济长期增长的根本源泉,而技术的进步通常以索洛提出的"索洛剩余",即全要素生产率的变动来表示。技术的进步依赖于研发活动

（R&D）所带来的创新，在开放经济下，创新不仅来自本国的 R&D 活动，而且可以由外贸与外资溢出的外国 R&D 而带动。在格罗斯曼和赫尔普曼（1991）的《全球经济中的创新与增长》一书中，他们阐述了外国 R&D 通过中间品与最终产品进口溢出的途径。通过商品进口实现国外 R&D 的溢出已成为学界公认的 R&D 溢出途径。

大量的实证研究证实了进口对技术进步的作用。科和赫尔普曼（Coe 和 Helpman，1995）在格罗斯曼和赫尔普曼（1991）理论研究的基础上建立了实证模型检验进口的 R&D 溢出效应，采用 21 个 OECD 国家和以色列为样本，以各国双边的进口额作为权重，构造了国外 R&D 溢出的计算公式。实证结果表明，在样本选取的工业化国家中，贸易伙伴国 R&D 投入的增加将对进口国的技术进步产生显著的正向促进作用，进口贸易导致的国外 R&D 溢出是样本国全要素生产率增加的重要源泉。科和赫尔普曼（1995）的实证模型（下面简称为 CH95）首次检验了进口贸易的技术溢出效应，为后续的国际 R&D 溢出研究提供了良好的基础。科等（Coe 等，1997）采用 CH95 的方法，选取 77 个欠发达国家和地区 1971—1990 年的数据，实证检验了工业化国家对欠发达国家和地区通过进口渠道产生的 R&D 溢出效应。实证结果表明，欠发达国家技术进步的来源，很重要的一部分是从技术发达的工业化国家进口贸易所获得的 R&D 成果，而进口国的进口渗透率和人力资本存量则是影响技术外溢效应的重要因素。伊顿和科特姆、伯恩斯坦和莫南（Eaton 和 Kortum，1996；Bernstein 和 Mohnen，1998）则分别采用不同方法检验了日本和美国之间通过贸易实现的 R&D 溢出效应。希夫和王艳玲（Schiff 和 Wang，2004）采用拉美国家作为研究样本，建立了以 CH95 模型为基础并引入制度和人力资本作为控制变量的模型，其实证检验表明拉美国家的贸易是各国间 R&D 成果溢出的渠道，人力资本和制度对本国的技术进步有显著的正向影响。方希桦、包群和赖明勇（2004）通过协整检验证明了贸易伙伴国 R&D 投入、国内研发投入对中国技术进步有显著的促进作用。黄先海和石东楠（2005）则将人力资本纳入 CH95 模型，利用扩展的 CH95 模型证明了进口和人力资本对中国全要素生产率的贡献。喻美辞、喻春娇（2006）运用利希滕贝格和博泰里（Lichtenberg 和 Potterie，1996）方法构建国外 R&D 存量，检验了国内外 R&D 存量对中国全要素生产率的影响。

一、计量模型设定

科和赫尔普曼（1995）首次以计量模型实证研究了进口贸易的技术溢出效应，后续研究大部分以此作为基础，其基本的模型设定为：

$$\log(TFP_{it}) = c_{it} + \alpha_{it}^{d} \log S_{it}^{d} + \alpha_{it}^{f} \log S_{it}^{f-CH} + \varepsilon_{it} \tag{7-1}$$

其中，TFP_{it} 表示 i 国 t 时期的全要素生产率，S_{it}^{d} 表示 i 国 t 时期国内的 R&D 存量，S_{it}^{f-CH} 表示 i 国 t 时期以科和赫尔普曼方法计算的国外的 R&D 存量，ε_{it} 表示随机干扰项。在 CH95 模型中，全要素生产率的计算方法为：

$$TFP_{it} = \frac{Y_{it}}{K_{it}^{\alpha} L_{it}^{\beta}} \tag{7-2}$$

其中，Y_{it} 表示 i 国 t 时期的国内生产总值（GDP），K_{it} 表示 i 国 t 时期的资本存量，L_{it} 表示 i 国 t 时期的劳动力总量。

国外资本存量 S_{it}^{f-CH} 的计算方法为：

$$S_{it}^{f-CH} = \sum_{j \neq i} \frac{M_{ijt}}{M_{it}} S_{jt}^{d} \tag{7-3}$$

其中，M_{ijt} 表示 i 国 t 时期从 j 国进口的总额，M_{it} 表示 i 国 t 时期总的进口额，S_{jt}^{d} 表示 j 国 t 时期的 R&D 存量。

基于新增长理论的内生增长机理，本章认为人力资本是经济增长的贡献因素，因此将全要素生产率的计算方式调整为：

$$TFP_{it} = \frac{Y_{it}}{K_{it}^{\alpha}(L_{it}H_{it})^{\beta}} \tag{7-4}$$

其中，H_{it} 表示人均受教育年限。

按照 CH95 的国外 R&D 存量计算方法，在其他条件不变的情况下，若两个贸易伙伴国合并，进口国从合并后的国家中获得的 R&D 溢出将大于两个贸易伙伴国未合并时的 R&D 溢出，这显然有悖于常理。因此，本章的模型采用利希滕贝格和博泰里（Lichtenberg 和 Potterie，1996）方法计算国外 R&D 存量，计算公式为：

$$S_{it}^{f-CH} = \sum_{j \neq i} \frac{S_{jt}^{d}}{Y_{jt}} M_{it} \qquad (7-5)$$

其中，M_{it} 表示 i 国 t 时期的总进口额，S_{jt}^{d} 表示 j 国 t 时期的 R&D 存量，Y_{jt} 表示 j 国 t 时期的国内生产总值，$\frac{S_{jt}^{d}}{Y_{jt}}$ 则表示 t 时期 j 国产品的知识含量份额。

另外，进口的 R&D 溢出强度不仅与一国通过进口获得国外的 R&D 存量有关，同时也受到该国经济规模的影响。在国外 R&D 存量 S_{it}^{f-CH} 一定的情况下，一国的经济总量越大，则国外 R&D 对整个社会的贡献越小。因此，本章在模型中引入进口渗透率 im_{it} 这一指标来更好地衡量国外 R&D 对国内技术的影响，进口渗透率的计算方法为：

$$im_{it} = \frac{import_{it}}{Y_{it}} \qquad (7-6)$$

故本章的模型为：

$$\log(TFP_{it}) = c_{it} + \alpha_{it}^{d} \log S_{it}^{d} + \alpha_{it}^{f} \times im_{it} \times \log S_{it}^{f-CH} + \varepsilon_{it} \qquad (7-7)$$

二、变量构建

（一）全要素生产率

采用 C-D 生产函数，并将人力资本纳入要素之中，因此全要素生产率为：

$$TFP_{t} = \frac{Y_{t}}{K_{t}^{\alpha}(L_{t}H_{t})^{\beta}} \qquad (7-8)$$

Y_t 为地区生产总值，K_t 为资本存量，L_t 为劳动力人数，H_t 为人力资本，α 是资本的产出弹性，β 为劳动力的产出弹性。

浙江省 1992—2012 年生产总值数据来自 2013 年的《浙江统计年鉴》。劳动力人数来自 1992—2013 年各年的《浙江统计年鉴》。人力资本以人均受教育年限作为指标，1992—2012 年数据根据全国人口普查数据估算得出。[①]

浙江历年的资本存量通过永续盘存法来计算：$K_t = (1-\delta)K_{t-1} + I_t/P_t$。$t$ 期的资本存量等于 $t-1$ 期的资本存量减去折旧再加上 t 期按基期价格折算的固定资产投资。由于统计年鉴只有历年固定资产投资额而没有历年的资本存量，因此资本存量这一指标需要通过计算得到，不同学者处理该问题所用的方法不同。因为本章的样本区间从 1992 年开始，对 1992 年之后的资本存量，都按照上式进行计算；而对于 1991 年资本存量的确定，我们根据勾图和铃木（Goto 和 Suzuki，1989）、科和赫尔普曼（1995）的方法得到基期 R&D 资本存量为：

$$K_0 = E_0/(g+\delta) \tag{7-9}$$

其中 g 为 R&D 投资的增长率，这里我们以 1992—2012 年 R&D 的投资增长率来替代，δ 为折旧率，我们用 5% 来替代，基期流量为 1991 年 R&D 投资，最后我们得到 1991 年的 R&D 投资存量。得到基期的存量，利用永续盘存法，我们就可以得到每一年的 R&D 存量，固定资产投资价格指数来自历年《浙江统计年鉴》。历年固定资产投资额数据来自 1992—2013 年各年《浙江统计年鉴》。

在以往的研究里，中国资本和劳动的产出弹性通常被认为是 0.6 和 0.4，而本章采用的模型中劳动力是经过人力资本修正后的数据，因此将 α 和 β 定为 0.5 和 0.5。将以上数据代入公式中，求得 1992—2012 年中国历年的全要素生产率，数据见表 7-1。

---

① 根据第 4、5、6 次全国人口普查数据各教育水平人口加权得到 1990、2000、2010 年浙江人均受教育年限，剩余年份用插值法得到，这里假设五年间人均受教育年限为等差数列。

表 7-1　浙江 GDP、K、L、H、TFP、R&D 和国外 R&D 存量

年份	GDP（亿元：当年价）	K（亿元：当年价）	L（万人）	H（人均受教育年限）	进口渗透率	国内 R&D 存量（亿元）	国外 R&D 存量（百万美元）
1992	1375.7	1134.58	2600.38	6.52	0.028	3.46	103032.26
1993	1925.91	1580.56	2615.89	6.67	0.021	4.43	111209.45
1994	2689.28	2395.94	2640.51	6.82	0.03	7.88	145495.37
1995	3557.55	3543.08	2621.47	6.96	0.028	9.14	181508.41
1996	4188.53	4963.48	2625.06	7.11	0.035	10.5	271747.16
1997	4686.11	6418.39	2619.66	7.26	0.039	15.19	364207.61
1998	5052.62	7990.85	2612.54	7.41	0.032	19.7	339741
1999	5443.92	9511.91	2625.17	7.55	0.044	27.05	494753.85
2000	6141.03	11296.76	2726.09	7.7	0.058	36.59	796464.52
2001	6898.34	13497.55	2796.65	7.8	0.062	44.74	1029429.93
2002	8003.67	16401.09	2858.56	7.89	0.061	57.65	1161761.24
2003	9705.02	20405.74	2918.74	7.99	0.078	77.76	1628473.76
2004	11648.7	25494.1	2991.95	8.09	0.119	115.55	2763050.64
2005	13417.68	30448.47	3100.76	8.18	0.074	163.29	2016609.58
2006	15718.47	36178.82	3172.38	8.28	0.07	224.03	2316352.05
2007	18753.73	43077.67	3405.01	8.38	0.072	286.32	2864812.21
2008	21462.69	49453.52	3486.53	8.48	0.066	345.76	3265848.36
2009	22990.35	57280.29	3591.98	8.57	0.057	398.84	3390575.43
2010	27722.31	66609.42	3636.02	8.67	0.065	494.23	4671263.52
2011	32318.85	77977.2	3674.11	8.77	0.067	612.93	5676263.35
2012	34665.33	88678.34	3691.24	8.86	0.057	722.59	5562985.72

资料来源：历年《浙江省统计年鉴》以及笔者计算。

（二）国内研发资本存量

研发资本存量同样采取永续盘存法得到：

$$S_t^d = (1 - \delta) S_{t-1}^d + R_t^d \qquad (7-10)$$

从 1993—2013 年《浙江统计年鉴》可以得到 1992—2012 年浙江省历年 R&D 支出的金额。1992 年的初始 R&D 存量 S_t^d 采用格里利谢斯（Griliches，1980）提出的方法计算：$S_t^d = R_t^d / (g + \delta)$。$g$ 为 1992—

2013 年 R&D 支出的年均增速,δ 为 R&D 存量的折旧率,设为 5%。最后得到浙江 1992—2012 年 R&D 存量如表 7-1 所示。

(三)国外研发资本存量

世界的 R&D 活动主要集中在发达国家,而发达国家中又特别以 G7 国家为主。因此,G7 国家是中国国际 R&D 溢出的重要来源国。另外,从历年中国从各国的进口数据看到,澳大利亚也是中国重要的进口伙伴,从而确定 8 个国外 R&D 溢出来源国:美国、加拿大、法国、英国、德国、意大利、日本和澳大利亚。各国的 R&D 支出由 OECD 网站得到。浙江向各国的进口额由 1993—2013 年《浙江统计年鉴》得到,各国 GDP 得自 OECD 网站。通过(7-11)式,

$$R_t{}^f = \sum_{i \neq j} \frac{R_{jt}}{Y_{jt}} M_{ijt} \qquad (7-11)$$

我们计算得到各年浙江从进口伙伴国得到的 R&D 支出溢出额,其中各国各期 R&D 存量计算方法与浙江 R&D 存量计算方法相同。数据具体见表 7-1。

三、实证结果

(一)数据的平稳性检验

本章的实证分析采用的是时间序列数据,因此在做进一步的计量分析之前需先检验数据的平稳性。利用 Eviews 6.0,对 $\ln TFP$,$\ln S^d$,$import \times \ln S^f$ 做 ADF 检验。$\ln TFP$,$\ln S^d$,$import \times \ln S^f$ 表示原序列,$d\ln TFP$,$d\ln S^d$,$dimport \times \ln S^f$ 表示原序列的一阶差分序列。最佳滞后阶数 k 的判别有三个准则可依,分别是 Akaike 准则(AIC)、Schwartz 准则(SIC)以及 Hannan-Quinn 准则(HQIC),因为信息准则给出的值越小滞后阶数越佳,因此采用 AIC 准则作为判别依据。检验结果见表 7-2。

表7-2　数据平稳性检验

变　量	ADF 检验 t 统计值	5%临界值	结论
$\ln TFP$	−21.139	−3.020	不平稳
$\ln S^d$	1.474	−3.568	不平稳
$import \times \ln S^f$	−1.769	−3.020	不平稳
$d \ln TFP$	−3.155	−3.030	平稳
$d \ln S^d$	−1.992	−3.030	不平稳
$d\, import \times \ln S^f$	−5.151	−3.030	平稳
$d(\ln S^d, 2)$	−4.995	−3.040	平稳

注:d 表示对变量进行一阶差分,$d(\ln S^d, 2)$表示对变量进行二阶差分。
资料来源:笔者基于 Eview 6.0 计算而得。

从表7-2中可以看到,$\ln TFP$,$\ln S^d$,$import \times \ln S^f$ 均为非平稳序列,$\ln TFP$ 和 $import \times \ln S^f$ 一阶差分后为平稳序列,$\ln S^d$ 二阶差分后平稳,$\ln S^d$ 的一阶差分序列与另两个序列同为一阶单整,满足协整检验的条件。

(二)协整性检验

运用 Eviews 软件建立包含 $\ln TFP$,$d\ln S^d$,$import \times \ln S^f$ 的 VAR 模型。协整检验模型实际上是对无约束 VAR 模型进行协整约束后得到的 VAR 模型,该模型的滞后期是无约束 VAR 模型一阶差分变量的滞后期,默认詹森(Johansen)协整检验最佳滞后期为2。表7-3给出了詹森协整检验的结果。

表7-3　协整的特征根迹检验结果

协整关系假设	特征根	迹统计值	5%显著性水平值	P 值
不存在	0.8952	38.4	25.8	0.0007
最多一个	0.6002	25.3	25.9	0.0593
最多两个	0.4343	9.7	12.5	0.1422

资料来源:笔者基于 Eview 6.0 计算而得。

从表 7-3 可以看到,在 5% 的临界值下,拒绝了各变量间不存在协整关系的假设,说明以上变量至少存在一个长期协整关系;而在 5% 临界值下,接受了各变量之间最多存在一个协整关系的假设,因此可以证明,$\ln TFP$,$\ln S^d$,$import \times \ln S^f$ 存在唯一确定的协整关系。协整方程的表达式为:

$$\ln TFP_t = -4.058\Delta\ln S_t^d + 1.015 import \times \ln S^f - 0.030t \qquad (7-12)$$
$$(1.43292) \qquad\qquad (0.12740) \qquad\qquad (0.01092)$$
$$2.825 \qquad\qquad\qquad 7.967 \qquad\qquad\qquad 2.747$$

其中,小括号中数字表示参数的标准差,中括号中数字表示参数的 t 值。样本容量为 19,待估计参数为 3 个,因此自由度为 27。在 5% 的显著性水平下,拒绝 $\ln S^d$ 和 $import \times \ln S^f$ 系数为零的原假设。协整方程表示,考虑了进口渗透率后的国外研发存量每增加 1%,则可以促进国内全要素生产率增加 1.015%。

第四节 民营经济进口战略转型路径

本章选取 1992—2012 年为样本区间,基于 C-D 生产函数计算出中国各年的全要素生产率。同时,结合中国主要进口来源国和世界主要 R&D 支出国,选取八个国家作为国外 R&D 溢出来源,计算历年的国外 R&D 存量溢出和国内的 R&D 存量。首先对变量进行 ADF 检验,发现各变量可能存在协整关系,然后建立 VAR 模型,通过协整检验得到变量间的长期均衡关系。经过进口渗透率调整后的国外 R&D 存量每增加 1%,将导致中国全要素生产率增长 1.015%。

当前中国工业化进程发展到了一个全新的阶段,国际形势的变化对中国经济发展提出新的挑战。要突破现有发展的限制,寻求新的增长点,民营经济必须抓住开放经济转型的重大战略机会,牢牢把握国际化与全球化的机遇,加快实施战略性进口策略,充分利用"两个市场,两种资源"来实现民营经济快速、高效的增长。具体来看,民营经济的进口战略转型应从以下几个方面实现。

一、高级要素引进

面对国内外日趋激烈的市场竞争,提高企业生产效率,提升产品质量和竞争力,丰富产品附加值是企业应对风云变幻的市场环境、增强企业市场竞争力、寻求长远发展的必然选择和有效保障。中国民营经济起步较晚,由于自身条件限制,许多民营企业技术水平相对落后。而技术水平的进步又是一个长期而连续的高投入过程,要完全依靠自主的研发和创新推动技术进步、提高企业的技术水平面临着艰巨的挑战。在开放战略的背景下,充分利用国际市场,积极引进发达国家先进技术和关键人才,是民营企业实现技术进步重要和有效的途径。技术进口的主要方式包括专利技术进口、专有技术、技术咨询和服务、成套和关键设备,其中专有技术、技术咨询和服务以及成套和关键设备的进口,是技术进口的最主要途径。

民营企业应加大力度进口国外的高新技术、购买专利使用权和关键设备,加强与国际市场上先进企业的技术合作和人才交流,充分利用国际市场的高级要素,从而快速提高企业整体的技术水平,促进企业生产效率的进步,提高产品质量,缩小与发达国家的技术差距,弥补民营企业由于资本不足、人才紧张、研发能力较低所导致的技术制约。一方面,技术进口不仅可以提高企业生产效率,降低成本,而且能够较快提高产品的质量,从而使得民营企业在价格和质量上更具市场竞争力;另一方面,引进国外成熟技术将节省大笔研发投入,将这部分资金用于技术的吸收、消化和再研发过程,对中国民营企业的自主创新能力的培养也有着极为重要的作用。在此基础上,加强高素质人才引进与国际技术交流,将硬性技术与"软性"的人才结合起来,充分发挥人力资本的作用,从而更好地提升国内民营企业的创新能力、管理能力、市场能力。

二、扩大高技术附加值产品进口

学习和模仿发达国家先进产品技术是发展中国家有效提高自身技术水平的重要途径。对中国的民营企业来说，其资本、技术和人力资源等实力较为薄弱，若依赖自主研发和自主创新，技术水平的进步将受到很大限制。通过进口国外先进的、高质量中间产品和最终产品，特别是高新技术行业，如机械制造、电子信息和计算机等行业的进口，对先进技术进行学习和模仿并吸收改进，则能更有效率地达到技术进步的目的。同时，民营企业的性质使其具有产权明晰、运营机制灵活、动力机制完善的特点，这便使得企业能够更加高效地利用其资源，通过进口充分利用国际市场的 R&D 成果，分享国际先进技术。

三、扩大稀缺资源进口

自从党的十五大确立非公有制经济在中国经济中的重要地位以来，民营经济在中国国民经济中起着越来越重要的作用。进口作为突破一国经济发展中要素供给瓶颈的重要手段，为中国经济维持快速、稳定的发展提供了重要的资源供应与保障。一方面，随着民营经济的进一步发展壮大，它将索取更多的资源，但国内的要素禀赋是有限的，这便要求民营企业积极向海外市场寻求充裕要素或寻求更高质量、更低价格的资源供应。另一方面，民营经济实力越来越强，在国民经济中占有份额不断增大，这意味着民营企业在中国的经济安全中承担的责任也更重。而通过进口保证国内充足稳定的资源和能源供应则是民营经济发展对外贸易时能够发挥的重要作用。

民营企业应大力进口自身经济发展所需的稀缺资源，积极开拓国际要素市场，寻求质量高、供给稳定、价格低廉的资源供给。民营企业有勇于创新和管理的企业家，能够有效地利用国际市场的资源。民营企业有较为完善的动力机制，更具动力寻求高质低价的投入要素，降低生产成本。民营企业面对着激烈的竞争和严峻的压力,更需要自身不断挖掘与开拓有效的要素进口市场,保持稳定的投入来源。

四、优化进口贸易结构

民营企业具有数量多、规模较小、经营灵活的特点,在参与国际分工时可以发挥其"船小好掉头"的优势,可以充分地从产品种类和进口来源两个维度多元化进口结构。

调整进口战略、优化进口贸易结构,是推动民营经济产业升级的重要途径。首先,对国内支柱产业和技术落后产业可采用进口促进策略,通过引进关键设备和先进技术,推动国内企业消化吸收国外先进技术,加快企业技术水平的战略性升级,从而达到产业水平整体提升的目标(张亚斌、易红星、林金开,2002)。其次,对国内不完全竞争行业适度增加消费性最终产品进口,满足国内升级的消费结构和多样化的消费需求,适当增加产业竞争,从而推动国内产业的转型升级。再次,加速加工贸易(强调进口)的产业转型与升级。利用后发优势实现"蛙跳"升级,加速国内加工贸易的转移,发挥中西部地区的成本优势,并为东部沿海地区的产业升级腾出空间。鼓励有条件企业走出去,在海外市场寻求成本更低廉的产地,实现国际产业转移。最后,民营企业规模较小,若完全依靠自身的独立制造来完成整个产品的生产,则很难在资源有限的情况下形成规模效应。为提高企业的生产效率,民营企业可以充分利用经济全球化的机遇,参与国际分工,将民营企业不具有竞争优势的生产工序"外包",或者直接进口国外成熟的半成品或生产部件,从而使企业生产专注于富有竞争力的工序,实现专业化的生产,提高生产效率。同时,专业化生产有助于技术的创新和进步,进一步提高产品的质量,推动民营企业向价值链的高端转移。

此外,民营企业可以积极寻求高效的进口市场,开拓广泛的产品和要素来源,拓宽进口渠道,适当扩大国内市场不完全的消费品进口,增加国内产品的多样性。同时,应加大从出口市场国的进口,缩小贸易不平衡,减少贸易摩擦与壁垒。近年来,由于严峻的国际经济形势和中国日益增大的贸易顺差,企业出口时贸易摩擦与壁垒频繁出现,民营企业面对的"反倾销"诉讼与各种技术壁垒大大影响了民营企业的国际化进程。通过扩大从出口伙伴国的进口,减少两国间的贸易失衡,能够在一定程度上缓和与伙伴国紧张的贸易关系,从而保证民营企业的长远稳定发展。

五、增强民营企业的创新能力

随着市场竞争越来越激烈,民营企业要在国际竞争中脱颖而出,提高产品质量,培养核心竞争力是企业取胜的关键。进口国外先进设备、引进高新技术是提升企业技术水平的快速之道,但要全面长期地培养企业的竞争力则依赖于企业自主的研发投入和科研人员的引进。一方面,民营企业研发的投入和科研人员的引进将大大提高自身的自主研发和创新能力。另一方面,这也能大大加强企业对进口的先进设备、高新技术的利用率,增强企业的学习和模仿能力,最大化民营企业进口的技术溢出效应,从而推动企业自身的创新能力、产品质量和技术水平不断改善,在激烈的竞争中获得成功。

民营企业应更加注重自身技术水平的提高,加大自主的研发投入,在企业内部设立专门的研发部门从事研究与创新活动;同时,民营企业应加强科研人员的引进与培养,科研人才不仅能为企业研发出新的产品和工艺,同时也能更好地利用企业现有的技术和设备产生更好的经济效益;最后,民营企业应加快企业内部研发创新制度的完善,建立良好的激励机制,充分发挥民营企业自身动力机制完善的优势,从制度的根源上促进企业的研发和创新活动。

六、注重民营企业家培育

国际市场竞争激烈,政策规则复杂多变,企业参与国际分工、应对激烈竞争需要熟悉国际规则、精通业务流程的外贸专业人才。而人才的缺失又往往是民营企业发展面临的一大常见障碍。为了更好地实施进口战略,民营企业应更加注重人才的引进,积极吸引精通外语、外贸、国际法律、企业管理的高素质人才,大力发挥民营企业主权明晰、激励机制完善的优点,提高人才待遇、注重人文关怀,采用多种激励机制挖掘与留住发展对外贸易急需的人才。

另一方面,民营企业家应该加强自身专业能力的培养。民营企业家具有开拓、创新的精神。企业家精神是民营企业快速发展至关重要的因素,是推动民营企业不断壮大的关键动力。在进一步推进"走出去"战略,积极参与国际分工的过程中,企业家也应相应地提升自身的能力,培养国际视野,及时关注国际市场信息的变化,积极开拓国际市场上高质低价的要素来源,发掘并建立起市场上良好的国际合作关系,保持对自己所处行业国际市场形势和动态的了解与关注,积极参与国际交流,成为具有国际化视野的民营企业家。

第八章　民营企业对外投资战略

随着世界经济的发展,经济全球化(Economic Globalization)几乎席卷了世界上每一个有经济价值的国家和市场,成为不可逆转的趋势。经合组织(OECD)的报告指出,经济全球化是经济、市场、技术等要素跨国界流动配置的过程,其全球性特征越来越明显,而民族性和地方性则趋于减少(田伯平,2012)。全球化的初级阶段一般认为是商品和劳务的国际贸易,其次是一全球化的主体跨国公司(Multi-National Corporation)所带来的国际直接投资(Foreign Direct Investment)形成了全球化的高级阶段,其核心是生产要素、产业结构的流动与配置,以及产业价值链的全球布局。

根据《2014 年度中国对外直接投资统计公报》,受非金融类对外投资增长的推动,2014 年中国对外直接投资流量稳健攀升,达 1231.2 亿美元,较上年增长 14.2%,中国 1.85 万多家境内投资者设立境外企业达 2.97 万家,分布在全球 186 个国家(地区),对外直接投资存量8826.4 亿美元,占全球当年流量、存量的 9.1%和 3.4%,名列全球国家排名的第三位和第八位。值得注意的一个事实是,在非金融类对外直接投资者中,中央企业及单位仅占 3%,各省市区的投资者占 97%。其中广东省境内投资者数量最多,占 23%;浙江省次之,占 12.5%;江苏省位列第三,占 10.6%。同时 70%的私营企业投资者来自浙江、江苏、广东三省(景诚,2011)。根据《2013 年民营企业 500 强调查分析报告》(实际分析年度为 2012 年),民营企业 500 强进行对外投资的企业项目数量增长较快,投资规模增大,对外投资方式亦趋多样化,"走出去"目标更加明确,开始在战略高度进行全球布局,全球配置资源的能力也有所增强。数据显示,500强中已开展海外投资的企业数量达到159家,投资企业或项目达到730个,累计对外投资额达到160.50亿美元,比上年增长了29.98%(张晓瑜,2012;赵骞,2012)。据《2016中国民营企业500强发布报告》,2015年中国民营企业500强中,有138家通过对外直接投资、对外工程承包等方式,实现海外收入总额1641.54亿美元,比上年增加427.36亿美元,增长35.20%。

随着中国参与经济全球化的日益深入,越来越多的民营企业意识到国际市场对企业长期发展的重要性,并开始制定国际化经营战略,以充分利用国际、国内两种资源和两个市场,从而为企业转变发展方式创造重要条件,据《2013中国民营企业500强调研分析报告》数据显示,"走出去"成为2012年民营企业投资重点的第二位,同时也是未来3年民营企业投资的首选(欧阳晓明,2013)(见表8-1)。实践表明,民营企业因更加明晰的产权和灵活的机制,其海外合作项目的成功率要高于国有企业(刘珍芳,2009)。尤其在开放战略转型的契机下,民营企业作为理想的对外直接投资主体,系统深入地研究其投资战略具有重要的理论意义和实践价值。

表8-1　2012年民营企业500强参与国家发展战略情况

国家发展战略	2012年	500强比重	2011年	同比增长
西部大开发	193	38.60%	106	13.80%
"走出去"海外投资	178	35.60%	145	13.40%
新农村建设和扶贫开发	152	30.40%	66	13.20%
东部地区率先发展	150	30.00%	57	11.00%
中部地区崛起	149	29.80%	72	12.00%
东北等老工业基地振兴	100	20.00%	58	13.80%

资料来源:《2013中国民营企业500强调研分析报告》,北京:全国工商联经济部,2013年。

第一节　典型化事实

一、中国民营企业对外直接投资发展历程

由于中国特殊的转型经济体制历史,民营企业对外直接投资起步较晚,且前期发展缓慢。根据周丽莎(2011)的研究,在向市场经济转型后,中国民营企业对外直接投资的发展基本可划分为三个阶段。

第一阶段(1978—1991年)属于民营企业对外直接投资发展的探索阶段。这一阶段也是"原生代企业家"敢为天下先求生存谋发展的时期。1978年始于安徽小岗村的家庭联产承包责任制,为民营企业发展提供了某种潜在条件。接着,党的十一届三中全会明确了不得乱加干涉家庭副业和集市贸易,这代表了个体私营经济时代的到来。尽管经历了1981年、1986年以及1990年的三次宏观调控,在巨大的社会舆论和社会环境("资、社"之争)压力下民营企业依旧在探索中行进。而对外直接投资方面,1979年8月,国务院颁布了《关于经济改革的十五项措施》,其中明确提出:"要出国办企业",这项政策的确立,为对外直接投资开辟了道路。一些长期从事进出口业务的专业外贸公司和具有对外经济合作经验的企业开始尝试"走出去",纷纷跨出国门进行直接投资(钞鹏,2014)。然而此阶段海外投资以国有企业和集体企业为主,究其原因是中国的投资政策较少惠及民营企业,且民营企业本身仍处于成长初期(周丽莎,2011)。

第二阶段(1992—2001年)属于民营企业对外直接投资发展的起步阶段。以1992年邓小平南方谈话和党的十四大的召开为标志,在提出建立社会主义市场经济体制的目标后,民营经济逐渐成为公有制经济的有益补充,发展成市场经济的一支活跃力量。同年澳大

利亚 Electra Cables 被中国桂林国际电线电缆集团公司收购,开创了民营企业对外投资的先河(冯秀臣,2012)。1999 年《中华人民共和国宪法修正案》指出,在法律规定范围内的个体经济、私营经济等非公有制经济是社会主义市场经济的重要组成部分,国家保护个体经济和私营经济的合法权利和利益(薛美萍,2011)。这一政策调整,使民营企业对外直接投资开始走上了快速发展的轨道(周丽莎,2011)。同时,该政策的确立也拉开了新一轮经济高增长的序幕,其间产生了一些集团化的民营企业,其组织化程度和管理水平逐步提高,民营经济表现出多样性和丰富性的特征(彭伟斌、陈晓慧,2003)。民营企业家回顾历史总结经验,开始以科学的精神实现企业的有效管理。同时,在对外直接投资主体上,从以往的以国有、集体企业为主,转为民营企业为主,对外投资的政策环境也越来越有利于民营企业。

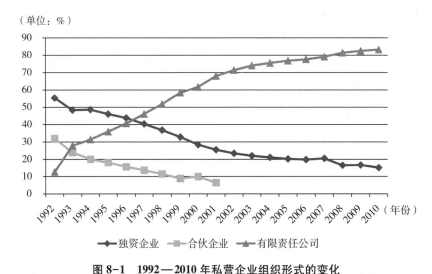

（单位：%）

图 8-1　1992—2010 年私营企业组织形式的变化

资料来源:《工商行政管理统计汇编》,国家工商行政管理总局,1992—2010 年。

　　第三阶段(2002 年至今)属于民营企业对外直接投资发展的潮起阶段。经过改革开放后三十多年市场经济的锤炼,中国民营企业在资金、资本运作管理等方面逐步积累起了经验,在很多方面也具备了相对优势,以及一定的境外投资实力。在国际环境上,2001 年中国加入WTO,极大地调动了中国民营企业走出国门的积极性。2002 年,中央加大对企业"走出去"的扶持,鼓励有条件的企业开展境外投资。从2003 年开始,国家外汇管理局也已经将"简化手续,放宽限制,进一步推进贸易和投资便利化"作为外汇管理工作的主要任务之一,并先后出台了一系列相关的扶持措施。2003 年 10 月 23 日,国家经贸部、财政部、人民银行、外汇管理局等联合下发了《关于境外加工贸易企业周转外汇贷款和人民币中长期贷款贴息有关问题的补充通知》(商规发〔2003〕364 号),将贴息比例由原来的 50%提高到 100%。这些政策调整和改进不仅有利于民营企业"走出去",而且有效地降低了企业境外投资的成本(王喜红,2006)。由此,中国民营企业对外直接投资步入了快速发展的阶段。2011 年,民营企业 500 强中已开展海外投资的企业数量已达 150 家,投资企业或项目 584 个,累计海外投资额达到 123.48 亿美元,比上年增长了 99.92%,表明民营企业对外投资规模不断增大,投资方式亦更加多样化(张晓瑜,2012;周丽莎,2011)。民营企业已成为中国最大的对外投资主体,占投资比重的50%以上。

根据《2013 中国民营企业 500 强调研分析报告》,2012 年民营企业 500 强中已开展海外投资的企业数量达到 159 家,比 2010 年增加 9家,海外投资企业或项目达到 730 个;新增海外投资企业(项目)为 210家(项),新增海外投资额为 55.52 亿美元(欧阳晓明,2013)。自2008—2012 年五年间,中国民营企业 500 强进行海外投资的企业数量从 112 家发展到 159 家,海外投资项目从 306 家/项增加到 730 家/项,民营企业 500 强参与国际化经营的广度和深度都有所增加(欧阳晓明,2013;李继宏、陆小丽,2013),见表 8-2。

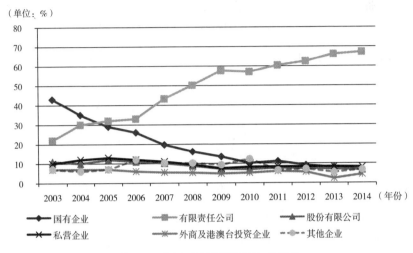

图 8-2　中国对外直接投资主体结构

资料来源:《中国对外直接投资统计公报》,商务部,国家统计局、国家外汇管理局,2003—2014 年。

表 8-2　2008—2012 年民营企业 500 强海外投资状况

年　份	2008 年	2009 年	2010 年	2011 年	2012 年
已开展海外投资企业(家)	112	117	137	150	159
海外投资企业/项目(项)	306	481	592	584	730

资料来源:《2013 中国民营企业 500 强调研分析报告》,全国工商联经济部,2013 年。

二、中国民营企业对外直接投资的特征

就中国民营企业对外直接投资的现状而言,有许多值得关注的地方,本部分以国有企业和民营企业对外直接投资的异同为切入点,归纳尤其显著的特征:

民营企业对外直接投资项目占总对外投资项目比例大,但平均规模偏小。从中国对外直接投资规模的发展来看,中国的民营企业对外直接投资起步较晚,且由于民营企业在对外直接投资项目审批、投资额度审批、外汇管理等关键环节都处于劣势,且较难获得资金支持,导致民营企业规模较小的局面(杨春梅,2008)。在进行海外投资的民营企

业中,注册资本 500 万元以上的企业较少。即使是民营企业比重较大的浙江省,境外平均规模也仅为 58.78 万美元,大大低于发达国家跨国公司海外子公司约 600 万美元的平均规模,而且还落后于很多新兴经济体国家和地区,可见中国民营企业对外直接投资的规模偏小、资金实力有限(周倩,2007)。根据清科研究中心中国企业海外并购的数据,在 2009—2012 年上半年的三年半时间,民企共完成海外并购交易 118起,83 起披露交易金额 105.69 亿美元,平均交易金额为 1.27 亿美元。相对于国有企业的海外并购而言,民企的单笔涉及金额相对微小,但从并购数量来看民企在海外并购中具有重要作用(李茜,2014)。表 8-3为 2014 年中国并购市场完成的十大并购交易,并购规模较大的多是国有企业,但也出现了巨人投资、阿里巴巴等大型的民营企业。而且从行业上看,国有企业的并购多在能源等传统行业,而民营企业的并购则偏向电子科技等新兴行业。

表 8-3 2014 年中国并购市场完成的十大并购交易

排名	并购方		被并购方		并购金额 (百万美元)
	公司	行业	公司	行业	
1	五矿资源	能源矿产	Las Bambas	能源矿产	7005.00
2	巨人投资	金融	上海巨人网络	互联网	3000.00
3	联想集团	IT	摩托罗拉	电信	2910.00
4	国家电网	能源矿产	意大利存贷款能源网	能源矿产	2816.41
5	方正证券	金融	中国民族证券	金融	2105.48
6	联想控股	金融	Pizza Express	连锁零售	1543.95
7	越秀企业	其他	创兴银行	金融	1501.61
8	阿里巴巴	互联网	高德软件	电子光电	1500.00
9	华安基金	金融	京东方科技	电子光电	1492.94
10	京东方科技	电子光电	北京京东方显示	电子光电	1387.03

资料来源:《2014 中国并购市场研究报告》,清科研究中心,2014 年。

　　民营企业对外直接投资的区域以发展中国家为主,但在发达国家中呈现民企偏好的特征。中国民营企业海外投资区域遍及各个国家，但仍呈现较高的地域集中度。例如制造加工型投资主要集中于东南亚、俄罗斯等周边国家，而贸易型和研究开发型投资则集中于美国、日本和德国等发达国家。2014 年，中国直接流向发展中经济体的投资为976.8 亿美元，占当年流量的 79.3%，而流向发达经济体 238.3 美元，占当年流量的 20.7%（王娇，2009）。中国对外 ODI 主体为国企，但事实是在发达国家如美国进行投资的中国企业则以民营企业为主，甚至在部分州府的中国投资项目 90% 以上都是由民营企业承接。究其原因，民营企业除了通过长期的出口交易建立了对发达国家的了解外，主要是其投资行为容易被发达国家例如美国理解为纯粹的商业动机而非政治因素。

民营企业对外直接投资的行业偏向科技型领域。根据《2014 年度中国对外直接投资统计公报》，中国对外直接投资流量前六大行业分别为租赁和商务服务业 29.9%、批发和零售业 14.9%、金融业 12.9%、房地产业 5.4%、交通运输及邮政业 3.4%、信息软件及技术行业2.6%，形成了中国海外投资的主要行业架构。其中国有企业的投资行业主要集中在石油、天然气、金属及采矿业等自然资源领域以及基础设施、机械制造等重资产领域，而民营企业海外投资则偏向于电子设备、信息科技以及金融等轻资产、收益高的行业，这也是我国在部分行业的垄断性政策下所形成的自然态势。

民营企业特征决定了其较易以绿地投资方式展开对外直接投资，但近年来以跨国并购方式进行的投资呈现出增长态势。2014 年我国企业以并购方式实现的直接投资额为 324.8 亿美元，占当年流量总额的 26.4%，数据显示国有企业偏向以跨国并购的方式进行国际投资，民营企业则更偏向绿地投资的方式。调研报告显示，2012 年 500 强中以独资或合资新建方式进行海外投资的民营企业有 194 家，占比38.8%，而以兼并或参股方式进行投资的有 84 家，占比 16.8%。另一方面,不能忽略的是随着民营企业海外投资整合能力增强,采取兼并和参股海外企业方式的企业数量有不断增加的趋势。例如,2010 年 3 月,浙江吉利控股集团有限公司以 18 亿美元获得沃尔沃轿车公司 100% 的股权以及相关资产,与 2004 年联想收购 IBM 并以失败告终的案例相比,可说是在非常完善的收购意向书下顺利收购沃尔沃(韩杰,2012)。普华永道对 2014 年中国海外并购的分析报告提到,2014 年中国民营企业海外并购从交易数量上继续领先国有企业,而财务投资者和私募股权基金参与的海外并购交易活动也首次达到规模级。

民营企业对外直接投资的驱动因素是机制优势和企业家精神。民营企业诞生于市场经济,许多民营企业是股份制或合作制类型,产权明晰。与国有企业不同,其参与对外投资一个很大的驱动力就是利润最大化,所以参与积极性会更高。而民营企业擅长捕捉市场信息的特征,使得其对市场的反应更为敏感,进而容易快速把握市场机遇同时又因其不需国家以及政府承担风险,故民营企业的对外投资体现出一定的机制优势(龚晓君,2010)。其次,由于私有性质,其工资分配、营销方式有很大的自主权,投资决策也更加果断,能够迅速有效地适应国际市场,规避市场风险的灵活程度高。而企业家精神是民营企业对外直接投资的核心驱动者,勤奋务实的创业精神、敢为人先的思变精神、抱团奋斗的合作精神、恪守承诺的诚信精神、永不满足的创新精神,民营企业家们敢为人先、坚持学习、勇于创新的精神是企业核心竞争力的重要因素,也是企业进行海外投资合作的重要驱动因素(林吕建,2011)。

民营企业进行对外直接投资的主要限制因素是市场经济体制的不健全,包括审批管制、金融非市场化和公共信息服务体系的不完善。首先,民企在对外直接投资项目审批、投资额度审批、外汇管理等关键环节都处于劣势,在自营进出口权方面也受到相关部门的管制(杨春梅,2008)。其次,大多数民营企业由于规模较小,难进入资本市场进行直接融资,而且国家在银行贷款方面对贷款规模有限制,银行很少为民企提供贷款。一国对外投资的资金主要来源于该国国家进出口银行,而中国进出口银行则主要针对国有大中型企业开展的海外投资项目给予扶持(雷鹏,2012)。民企的资金主要来自自身积累或借贷,由于缺乏必要的金融服务支持,直接导致资金链断裂和不足,限制了其对外投资的发展。最后,现有的公共信息服务体系尚不健全,民营企业缺乏获取国外市场信息的快捷、有效渠道。故如果民营企业想直接投资,则其信息投入成本较高,并且项目成功的概率并不高,使得有些有能力的企业望而却步,这制约着民营企业向跨国经营发展。

第二节 民营企业对外投资战略选择

一、区域选择

从对外投资分布变动趋势看,中国民营企业对亚洲的投资趋势依然强劲,同时对发达国家的投资由欧洲、拉丁美洲向北美洲等地区转移。亚洲地区是中国民营企业对外直接投资的主要地区。亚洲国家共49个国家和地区,人口 32.4 亿,具有相当大的市场容量。截至 2014年年底,中国对亚洲地区的投资达到 849.9 亿美元,同比增长 12.4%,占流量总额的 69.0%。中国香港则是大陆直接投资最集中的地区,2014 年流量达到 708.67 亿美元,占亚洲流量的 83.38%,占流量总额的 57.6%,中国对外直接投资主要并购项目大都通过在香港的投资完成,如大连万达集团收购美国 AMC 娱乐控股公司 100% 股权等项目。

中国民营企业对外直接投资的区域和方式正不断优化。首先,对外直接投资的地区分布呈现由亚洲地区向北美洲转移的趋势。这是由于中国民营企业在亚洲地区的比较优势出现减弱,企业开展对外投资的地区也开始逐步转移。2014 年中国对发达经济体的投资 238.3 亿美元,其中对欧盟投资 97.87 亿美元,同比增长 116.3,%,对美国投资 75.96 亿美元,同比增长 96.1%,美国一度成为继中国香港之后的中国企业第二大直接投资目的地。欧洲作为传统的发达国家市场,虽然此前由于欧债危机等原因,中国企业对其投资额一度有所下降,但从近两年的趋势看,未来的市场仍然是乐观的。中国民营企业在整体上与中国总体的对外投资变动趋势一致,除了对亚洲投资的稳健增长外,对北美洲的投资流量也大幅提升(韩红蒙,2010)。

民营企业在不同区域对外直接投资的方式需因地制宜,根据不同投资地区的资源和市场情况,实行差异性海外经营策略。从图 8-3 可知 500 强民企中建立营销网络的企业占比最大,且遍布世界各区域。建立生产企业、开展承包工程主要在东盟、非洲以及亚洲其他国家,因为其劳动力要素成本低、市场潜力大,同时基础设施相对落后以及国际关系良好的国家和地区较多,有利于过剩产能转移以及绕开贸易壁垒的限制;从事资源开发主要在东盟、非洲、大洋洲等资源富集的国家,这为中国获取长期稳定的能源提供了重要保障;设立研发中心和设计中心集中在北美、欧洲等具备科技发达和高人力资本比较优势的地区(叶丰,2013)。

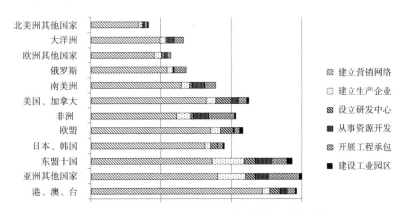

图 8-3　2012 年中国民营企业 500 强分区域海外经营情况(家)

资料来源:《2013 中国民营企业 500 强调研分析报告》,全国工商联经济部,2013 年。

二、产业选择

因为民营企业产权清晰、风险意识强,能根据市场变化及时调整生产销售,这种特征尤其在异质性较强的产品上更明显,所以民营企业具有低价营销并获利的优势,这形成了民营企业在家电、服装、皮革、普通机械等劳动密集型产业的国际比较优势和竞争优势(郑锦,2008)。传统的产业选择理论(小岛清)认为一国应该选择"边际产业"对外投资。边际产业是指在本国即将处于劣势地位而在投资目标国仍有一定优势的产业,针对中国来说边际产业主要有组装型制造业、纺织与服装业、资源开发以及部分高科技产业。按照传统的外投资理论选择对外投资的具体产业,也应依据本国民营企业特有的产业情况,以发展中国家和发达国家两个目标市场分别选择目标产业。

发展中国家应加大对比较优势技术产业和中间技术产业的投资。比较优势技术产业指的是在中国生产能力过剩、但与部分发展水平比较接近的国家相比(例如东南亚、非洲、拉丁美洲等地区)在技术和管理技能方面具有一定比较优势的产生,如家用电器等。通过当地的投资、雇佣当地劳动力,可以使企业继续获利,同时促进中国的产业升级。中间技术产业是相对于高新技术产业而言的,例如劳动密集型的生产技术、工艺设备、小批量的制造技术等,虽然不具有技术上的优势,但是却适合资金规模小但劳动力资源丰富的发展中国家。而中间技术正是中国民营企业拥有的优势,所以加大对相关中间技术产业的投资将有利于利润创造和产业升级(周倩,2007)。

针对发达国家,加大对资源开发产业和高新技术产业的投资。资源短缺已成为中国产业发展的瓶颈,通过投资发达国家的相关行业,除了开发利用相关资源外,更重要的是能够学习到先进的开采技术从而提高中国资源开采技术水平,有利于产业调整和结构优化。通过新建企业或者跨国并购方式快速进入发达国家的高新技术产业,除了可以取得现金技术和管理经验外,还能够高度化中国的产业结构,同时能够腾出一定的发展空间给本国劳动密集型行业。故民营企业在发达国家选择产业投资时应注重选择技术密集型、产品附加值高的产业。根据《2014年度对外直接投资公报》,中国企业在信息传输、软件和信息技术服务业流量达31.7亿美元,同比增长126.4%,占比2.6%。对高新技术产业的投资虽然相对较低,但增长速度很快,是未来投资发达国家的重点产业。

三、投资方式

中国对外直接投资方式主要有独资新建、合资新建、兼并海外企业和参股海外企业四种,传统的民营企业对外投资以独资新建为主,以并购为辅。对外直接投资实现的基本方式主要有绿地投资、合资经营和跨国并购三种(张宗斌、于洪波,2006),王方方(2012)通过对外直接投资模式的扩展分析,发现中国的对外直接投资能够通过企业进入模式的多元化,来实现中国海外投资企业数量的增加、结构的优化以及整体投资水平的提升,而且企业应根据自身生产率水平,采取适合自己的"由难到易"的策略。

后危机时代民营企业对外直接投资结构将以传统的绿地投资(独资新建)为主,向绿地投资与跨国并购相辅相成模式转移。金融危机使得企业进行跨国并购的成本降低,并购壁垒和障碍减少,给有资本进行跨国并购的企业提供了很大机遇。图8-4显示2012年民营企业500强中独资新建方式仍旧以117家位列第一,但从变化率上看,兼并海外企业的企业数量呈现出逐年增长的态势。从数据上看,为顺应世界经济形势的变化,中国民营企业对外直接投资的方式正在不断调整。中国民营企业对外投资经营方式以建立营销网络为主,但随着企业海外经验的积累以及资金、技术能力的提升,将采用多种海外投资方式,如建立生产企业、设立研发中心、从事资源开发以及建设工业园区等。

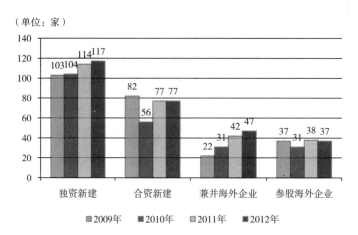

（单位：家）

图 8-4　2009—2012 年中国民营企业 500 强主要海外投资方式

资料来源：《2013 中国民营企业 500 强调研分析报告》，全国工商联经济部，2013 年。

四、投资动因

　　企业对外直接投资的动因主要有五种：出口寻求型、市场寻求型、产业转移寻求型、战略资源寻求型、资本寻求型。其中市场寻求型和出口寻求型是民营企业对外直接投资的主要动因，其次是战略资源寻求型。出口寻求型主要是通过投资构建在国外的商品销售网络、扩大企业海外销售；市场寻求型是指通过生产型投资，绕开他国的贸易壁垒、开拓新市场；产业转移寻求型指的是企业为饱和的产品寻找海外市场，将过剩生产能力转移，进行产业梯度转移；战略资源寻求型是指企业通过在东道国投资，学习东道国先进的企业经营理念和技术，通过合作研发、消化吸收等方式，提高母国企业对先进技术的学习和吸收水平，帮助关联企业更快进入高科技领域；资本寻求型指的是民营企业通过投资资本市场比较规范、融资渠道更畅通的东道国，以获取更多的融资（周倩，2007）。

　　国内市场逐渐饱和，竞争日趋激烈，同时贸易壁垒四起，成本优势逐渐减弱，是中国民营企业进行对外直接投资的内部动因。根据图

8-5,开拓国际市场是中国民营企业进行海外投资的最主要动因,民营企业 500 强中有 250 家民营企业将开拓国际市场作为对外直接投资的主要动因,而将国内外优势结合和立足全球战略为海外投资动因的民营企业分别有 186 家、155 家。以获取品牌、技术和人才为动因的有 104 家民营企业,占比 21%。

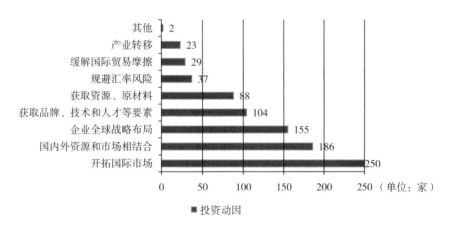

图 8-5　2012 年中国民营企业 500 强海外投资动因

资料来源:《2013 中国民营企业 500 强调研分析报告》,全国工商联经济部,2013 年。

第三节　民营企业对外直接投资的经济效应

一、经济效应机理

(一)经济增长效应

在国际资本流动和经济增长关系的研究中,大多数文献集中于外商直接投资(Foreign Direct Investment,FDI)对东道国经济增长的影响,并且结论普遍认为 FDI 增加了其国内资本要素存量,最终促进了东道国经济增长。而关于对外直接投资(Overseas Direct Investment,ODI)对母国经济增长的效应,则研究较少且有一定的争议。纵观相关文献,基本可以归纳为两类观点:一种认为对外直接投资对国内投资具有替代效应,因为直观上看对外直接投资将减少母国的资本要素存量,减少国内投资机会,进而减少国内总产出(Stevens 和 Lipsey,1992),故一定程度上可能会抑制母国的经济增长。另一种观点,则主要关注跨国企业所带来的正外部性。微观层面看,跨国企业作为对外直接投资的载体,在国际分工中争取有利地位,国际化的经营、需求和交流合作将提升本国的人力资本和技术水平,从而促进生产率的提升。宏观层面看,母国对外投资企业通过对外直接投资将推动产业结构升级,使产业结构朝着高端化方向发展,从本质上使母国走向可持续的经济增长(Desai,2005)。

首先,民营企业对外直接投资可促进母国对外贸易,进而带动经济增长。对外投资可推动与投资行业相关的产品、中间投入、技术、设备、服务等出口,扩大出口市场、改善对外贸易。另外通过对外直接投资还可以带来收益,改善母国国际收支平衡。此外,对外直接投资能在一定程度上绕过东道国的种种贸易障碍,为本国商品在东道国市场销售打开新局面(曹秋菊,2007)。

其次,民营企业对外直接投资对母国产业结构调整有促进作用,从而带动经济增长。第一,实践表明,进行对外直接投资是获得国外先进技术的重要途径,通过对外投资,可以促进母国知识、技术、管理水平的提高,提升企业家经营理念,在实践中提升现有生产技术的转化能力,促进技术进步从而带动经济发展(王英,2007)。第二,在开放条件下,参与国际直接投资是一国实现产业结构不断优化的重要途径,即通过对外直接投资,将本国已失去或是即将失去国际竞争力的中低技术产品、劳动密集型产业或污染严重等部分传统工业迁至其他发展中经济体,为国内新产业成长腾出更多要素及市场空间(曹秋菊,2007)。第三,通过对外直接投资,在发达国家建立研发机构,以充分利用当地的技术和人力资源优势,获取新知识与新技术,促使本国产业和产品的技术升级和竞争力提升。

最后,民营企业对外直接投资对母国可用资本增加有促进作用,从而带动经济增长。资本的本质就是追逐利润,投资方进行海外投资的重要目标之一就是为了获得比国内更高的利润率。对外直接投资有利于拓宽母国利用外资的渠道,同时资本回流效应有利于推动外商直接投资进入母国。在以合资企业方式进行对外投资时,企业出口需要一定的外汇资金和设备,还需到东道国以及国际金融市场上匹配对应资金。可见,对外直接投资可以有效拓宽一国企业利用外资的渠道(罗良文,2003)。

(二)贸易促进效应

在全球经济一体化的大趋势下,国际贸易和国际直接投资作为最主要的内容,其内在关系一直受到相关学者的关注。在研究过程中,由于大多数国家呈现出口导向型的贸易特征,研究主要关注对外直接投资对对外贸易规模所带来的影响,即贸易规模效应(大多数文献也称为出口效应)。研究结论主要分成三类:早期的学者认为 ODI 对出口规模有替代效应,即进行海外投资会替代部分出口,从而降低出口规模(Markusen 和 Venables,1995);随后的研究结论认为,ODI 对出口规模有补充效应,即进行海外投资会通过其他渠道促进出口,提高出口规模(Kojima,1978;Lipsey,2000 等);最近的研究则综合了两者,认为 ODI 对母国贸易的效应应该具体问题具体分析,并且主要取决于对外直接投资的类型(Helpman,2003)。赵伟、陈愉瑜(2012)认为 ODI 除了对贸易规模产生影响外,也会改变贸易的结构和贸易条件。

首先,民营企业对外直接投资对贸易规模有替代或促进的效应,能够带动或抑制母国贸易的发展。中国企业 ODI 往往投向与其建立了贸易关系的国家,短期内 ODI 不能拉动出口贸易,原因是出口贸易和 ODI 的行业构成高度一致,海外市场也有重叠。同时出口贸易与 ODI 区位具有一定的重叠性。当企业进行海外投资将产品生产基地转移到国外进行生产,由于市场容量的有限性,企业在海外生产的产品将不可避免地会替代部分对东道国的出口。另一方面,在企业国际生产的过程中,为了增强与东道国的友好关系,以及减少交易成本的考虑,海外子公司多在当地进行中间产品的采购,这对母国的中间产品对外贸易也产生一定的替代效应;随着跨国公司和全球产业链的发展,企业内贸易不断增加,母公司中间产品、机器设备的出口也会增加。同时对发达国家的长期投资将有利于增强中国企业的竞争实力,提高出口产品的科技水平,尤其对本身技术比较落后的企业,其战略性资源获取的空间和技术学习弹性更大,将会产生一定的技术逆向溢出效应,间接增强母国对外出口的竞争力,带动对外贸易的发展(唐心智、吴萍,2010)。

其次,民营企业对外直接投资会部分改变贸易结构。从微观角度看,在对发达国家进行投资的生产过程中,企业发挥干中学精神,提升技术水平和生产率,促进产品的升级换代,将一定程度影响出口贸易结构。从中观角度看,企业在对外直接投资过程中,会按照比较优势原则,将母国已经处于或将处于比较劣势的产业,即边际产业,转移到该产业比较优势相对较弱的国家,实现双赢,这将影响出口贸易的结构。从宏观角度,在推动对外直接投资的政策制定过程中,母国政府会扶持国内优势产业率先走出国门,进入国际市场,争取分工地位,一定程度上将影响出口贸易结构。不同类型的对外直接投资将对贸易结构的不同方面产生影响。市场寻求型企业,其最终产品贸易减少,但中间产品贸易会增加;效率寻求型企业,其原材料、中间产品、总部服务、技术贸易、最终产品贸易都会增加;资源寻求型企业,其自然资源产品贸易增加,同时母国及其设备出口贸易也会增加;技术寻求型企业,因为技术贸易的广泛开展,其高新技术产品的贸易会大量增加。这四种类型的对外直接投资,对贸易产品结构、贸易方式结构、贸易地理结构都产生了直接的影响(谢林林,2009)。

最后,民营企业对外直接投资会部分改变贸易条件。对外直接投资将恶化劳动密集型商品的贸易条件。资本相对于劳动,其国际流动速度很快,近年来中国的政策大力鼓励对外直接投资,大大提升了资本的流出速度,资本和劳动两种要素流动的不同步性,使得其中一种类型的贸易条件得到改善,另一种类型则必然恶化。而在中国的出口商品结构中,中低档的劳动密集型产品比例较大,例如纺织品服装业,长期以来一直是中国贸易顺差的主要来源。而近十年里,一些小商品的出口额增长了五成,但平均价格跌幅却超过了 20%。可见资本密集型商品的价格在上升,劳动密集型商品的价格在下降。资源寻求型和资产寻求型对外直接投资的增加将改善中国的商品价格贸易条件。从国家战略布局角度出发,国有企业对外直接投资多以资源寻求型为形式,通过在国外开发矿产资源,获取相关初级产品进口的价格优势,防止了相关商品进口价格的暴涨,这将改善中国的贸易条件。而另一方面,市场寻求型的对外直接投资,则避免了出口价格下降,有利于改善中国的贸易条件。

(三)产业结构效应

借助对外直接投资和企业的国际化来推动产业结构调整,是近年国家制定"走出去"战略的重要依据。研究发达国家经济发展过程可发现,这些国家将劳动密集型行业转移至发展中国家促进了本国产业结构向资本以及技术密集型转型,赤松的雁行模式以及小岛清的边际产业扩张论则从理论上论证了对外直接投资及产业向外转移将有利于母国的产业升级。依据已有文献,对外直接投资对产业结构的影响可通过多种途径传递,既有可能产生正的效应,也有可能引起负的效应(汪琦,2004;邵汝军,2006)。一方面,通过对外直接投资加速了母国传统产业的转移,并促进国内的生产要素向新产业转移,通过学习、获得技术进步,推动母国产业结构高端化,产生正效应(江小涓、杜玲,2002;王根军,2004;欧阳峣,2006);另一方面,对外直接投资会引起国内生产逐步被进口与海外生产所取代的情景,导致制造业缩小,引起"产业空心化"的陷阱,对投资国的就业、国内投资等方面产生负效应(Slaughter,1998)。

首先,民营企业对外直接投资可以带来产业转移效应,从而引起产业结构的变化。企业的对外直接投资最先发生于边际产业,即将失去比较优势的产业,而边际产业的外向转移则会释放出原先被占用的稀缺生产要素,从而为新兴行业或相对具有比较优势的产业发展提供要素投入支撑。一方面传统产业的改造融合了新兴产业例如高新技术产业的发展,另一方面劣势产业在国外获得的投资收益的利润反馈机制又为新兴产业提供了资金支持,最终导致母国的产业升级(卞昂,2010)。

其次,民营企业对外直接投资有一定的反向技术溢出效应,从而引起产业结构的变化。通过对外直接投资获得东道国的研究和开发资源,进而获得从东道国向投资母国的技术溢出,被称为反向技术外溢。母国投资企业与东道国之间技术反馈渠道,通过母国内部的技术信息外溢、人员流动、研发成本降低、上下游溢出等,又可以使其他企业从中获利,从而提高母国整体的技术水平,引起产业结构的变化。因此,在经济全球化背景下,企业的研发创新能力不仅取决于自身的研发投入,而且还依赖于从其他国家技术研发外溢的获取和学习程度(汪斌、李伟庆、周明海,2010)。

最后,民营企业对外直接投资所引起的产业关联效应,有利于母国的产业升级。产业关联论认为产业之间具有前后向的线型关联关系,一个产业的规模和技术变化则会对其前后关联的产业产生影响,无论是前向关联、后向关联还是旁侧关联的产业,都能够产生诱导性投资,从而不断促进具有联系效应的产业或部门的发展,反过来还能推动该产业的进一步扩张,从而使整个产业部门得到发展,实现产业结构调整或优化(王永强,2004;赵伟、江东,2010)。

二、经济效应实证检验

（一）经济增长效应检验

经济增长作为社会发展的重要内容,在经济学理论研究中一直占据十分重要的地位,同时关于保持经济持续增长以及经济增长的影响因素分析的实证研究文献有很多。陈友余(2013)利用灰色关联度组合分析方法对中国经济增长的 18 个影响因素进行分析,结果表明消费习惯、产业结构和国内贸易发展水平对中国经济增长影响最大。季方(2009)从需求和供给两方面分析了相关因素对经济增长的效应,包括资本、劳动力、人力资本、R&D 资本、最终消费、进出口等因素。潘艳芳(2012)认为经济增长根源于投入要素的变化,而经济周期波动性则可由需求的变动解释,资本的跨国流动和对外直接投资规模的变化同时影响着这些要素投入和需求的决定因素。

因此,下面以 GDP 做因变量,即经济增长的代理变量,以对外直接投资流量($\ln OFDI$)、劳动力投入($\ln L$)和资本投入($\ln K$)为解释变量做回归分析,检验对外直接投资的经济增长效应。同时,为了考察民营经济对外直接投资的影响,加入民营经济占比(PRA)、民营经济占比与对外直接投资的交互项($PRA \_\ln OFDI$),考察民营经济对外直接投资的经济增长效应,基本的回归模型如下:

$$\ln GDP_{it} = \beta_0 + \beta_1 \ln OFDI_{it} + \beta_2 PRA_{\ln OFDI_{it}} + \beta_3 \ln L_{it} + \beta_4 \ln K_{it} + \beta_5 PRA + \varepsilon \tag{8-1}$$

本书以省际层面数据分析民营经济对外直接投资的经济增长效应,其中由于西藏、青海数据缺失严重,没有选取两地数据。各省对外直接投资的统计数据来自《中国对外直接投资统计公报》(2005 —2014),各省 GDP 数据和劳动力投入数据来自各省的统计年鉴,资本投入按照张军(2004)方法估算得到。另外,为了使数据具有可比性,统一对以美元为单位的变量用当年平均汇率换算成人民币(元)。因为原始数据以当年价格计算,我们利用各省的居民消费价格指数分别进行处理,进一步统一数据,主要变量的统计特征见表8-4。

表8-4 经济增长效应主要变量的统计特征

变量	观测值	均值	标准差	最小值	最大值
ln GDP	288	22.702	0.848	20.091	24.557
ln OFDI	288	15.905	1.911	9.357	19.939
ln L	288	17.436	0.682	15.600	18.490
ln K	288	23.083	0.825	20.499	24.889
PRA	288	0.231	0.116	0.029	0.513
PRA _ln OFDI	288	3.753	2.070	.333	8.891

资料来源:《中国对外直接投资统计公报》,商务部、国家统计局、国家外汇管理局,2005—2014年。

图8-6为对外直接投资同GDP总量、民营经济占比与对外直接投资的交互项同GDP总量的偏相关图,从图8-6中可以看出,对外直接投资同GDP总量、民营经济占比与对外直接投资的交互项与地方经济总量存在明显的正向关系。

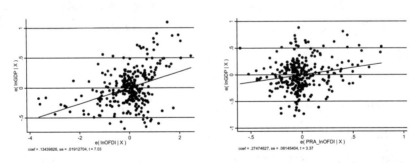

图8-6 对外直接投资及其与民营经济占比交互项同GDP的偏相关图

资料来源:笔者计算。

(3)实证分析

通过F检验及Hausman检验,得到应该建立个体固定效应模型,回归结果见表8-5。

表8-5 经济增长效应的回归结果

	模型 1 （控制时间效应）	模型 2 （不控制时间效应）
$\ln OFDI$	0.152*** （7.85）	0.024** （2.49）
$PRA\_\ln OFDI$	0.244*** （2.93）	0.065* （1.67）
$\ln L$	0.518*** （12.24）	0.505*** （11.26）
$\ln K$	0.205*** （6.67）	0.409*** （12.10）
PRA	−3.487** （−2.48）	−0.977 （−1.40）
时间效应	N	Y
$R\text{-}sq$	0.722	0.962
N	288	288

注：*表示在10%的置信水平上显著，**表示在5%的置信水平上显著，***表示在1%的置信水平上显著。

表8-5中,模型1没有控制时间效应,模型2控制了时间效应,从回归结果看,不管是否控制时间效应,对外直接投资对地方 GDP 增长效应为正,对外直接投资增加1%能带动 GDP 增长 0.152%,控制了时间效应后,对外直接投资对 GDP 的带动作用有所下降;考察民营企业对外直接投资的经济增长效应的交互项 $PRA\_\ln GDP$ 也在不同程度上显著,说明民营企业对外直接投资的增长效应更明显。

（二）贸易促进效应检验

本部分考察民营企业对外直接投资的贸易促进效应,根据行业最新的研究成果,对外直接投资对贸易的规模、贸易的结构以及贸易的条件都有一定的影响。赵伟、陈愉瑜(2012)在对中国对外直接投资的现实考察和机理分析认为,中国 OFDI 存量和流量都会对贸易规模产生影响,且存量对贸易规模的影响大于流量。根据其理论假定,对外直接投资、市场需求、汇率、商品价格都会对一国贸易规模(T)与结构产生影响。借鉴其研究,首先构建 OFDI—贸易效应的基本计量模型:

$$T = f(OFDI, GDP, R, P, \cdots) + \varepsilon \qquad (8\text{-}2)$$

其中,T 是贸易规模(贸易结构、贸易条件)变量,$OFDI$ 是对外直接投资额,GDP 代表了母国或者东道国的市场需求水平,R 是中国货币汇率,P 是商品价格水平;同时,为了考察民营经济对外直接投资的影响,加入民营经济占比、民营经济占比与对外直接投资的交互项,考察民营经济对外直接投资的贸易效应。由于贸易条件的数据难以获得,故在此仅对贸易规模和贸易结构进行实证分析。经过对数化处理以及考虑到数据的可得性,最终确定分析贸易规模效应和贸易结构效应的实证计量模型:

$$\ln EX_{it} = \alpha_0 + \alpha_1 \ln OFDI_{it} + \alpha_2 PRA \times \ln OFDI + \alpha_3 \ln GDPW_{it} + \alpha_4 \ln R_{it} + \alpha_5 P_{it} + \alpha_6 PRA + \varepsilon_{it} \qquad (8\text{-}3)$$

$$\ln IM_{it} = \beta_0 + \beta_1 \ln OFDI_{it} + \beta_2 PRA \times \ln OFDI + \beta_3 \ln GDP_{it} + \beta_4 \ln R_{it} + \beta_5 P_{it} + \beta_6 PRA + \varepsilon_{it} \qquad (8\text{-}4)$$

$$EXS_{it} = \gamma_0 + \gamma_1 \ln OFDI_{it} + \gamma_2 PRA \times \ln OFDI + \gamma_3 \ln GDPW_{it} + \gamma_4 \ln R_{it} + \gamma_5 P_{it} + \gamma_6 PRA + \varepsilon_{it} \qquad (8\text{-}5)$$

$$IMS_{it} = \delta_0 + \delta_1 \ln OFDI_{it} + \delta_2 PRA \times \ln OFDI + \delta_3 \ln GDP_{it} + \delta_4 \ln R_{it} + \delta_5 P_{it} + \delta_6 PRA + \varepsilon_{it} \qquad (8\text{-}6)$$

其中,EX、IM 是出口额和进口额用来代表贸易规模,EXS、IMS 是出口和进口的一般贸易比重用来代表贸易结构,$OFDI$ 代表了省份的对外直接投资额流量,$GDPW$、GDP 表示中国主要贸易伙伴 GDP 的总和($GDPW$ 选取了中国香港、日本、韩国、澳大利亚、新西兰、东盟 10 国、欧盟 27 国、北美和南美 13 国作为中国的主要贸易伙伴)和省份的 GDP,R 表示人民币对美元汇率,P 代表省际层面进出口商品的平均价格,PRA 为民营经济占工业总产值的比重,$PRA\_\ln OFDI$ 为民营经济占比与对外直接投资的交互项。

本部分仍使用除青海、西藏外的省际面板数据,对外直接投资流量(OFDI)来自《中国对外直接投资统计公报》(2005—2014)。GDPW 中包括了中国主要贸易伙伴的国民生产总值,数据来自世界银行的《世界发展指数》,各省的 GDP、民营经济占比来自各省的统计年鉴整理,省际层面的贸易数据、贸易结构和商品价格数据来自《中国海关数据库》(2005—2014),通过加总微观企业数据得到省际层面的贸易数据和贸易结构数据,并计算出省际层面进出口商品的平均价格。另外,为了使数据具有可比性,统一对以美元为单位的变量用当年平均汇率换算成人民币(元)。因为原始数据以当年价格计算,我们利用各省的居民消费价格指数分别进行处理,进一步统一数据,得到主要变量的统计特征见表8-6。

表8-6 贸易效应相关变量的统计特征

变量	观测值	均值	标准差	最小值	最大值
$\ln GDP$	288	22.702	0.848	20.091	24.557
$\ln OFDI$	288	15.905	1.911	9.357	19.939
$\ln EX$	288	20.463	1.531	17.397	24.022
$\ln IM$	288	20.253	1.548	16.801	23.578
EXS	288	0.622	0.199	0.150	0.991
IMS	288	0.642	0.209	0.189	0.991
P_EX	288	1.302	0.859	0.202	8.696
P_IM	288	0.620	0.353	0.137	2.306
$\ln GDPW$	288	28.236	0.098	28.101	28.429
$\ln R$	288	1.931	0.098	1.815	2.103
PRA	288	0.231	0.116	0.029	0.513
$PRA\_\ln OFDI$	288	3.753	2.070	0.333	8.891

资料来源:《中国对外直接投资统计公报》,商务部、国家统计局、国家外汇管理局,2005—2014 年。

图 8-7 为对外直接投资同贸易规模、贸易结构偏相关图,从图中可以看出,对外直接投资对出口的贸易规模影响最大,对其他贸易效应的影响较小;图 8-8 民营经济占比与对外直接投资交互项同贸易规模、贸易结构的偏相关图,从图中可以看出,民营经济占比与对外直

投资交互项与贸易规模存在明显的正向关系,而与贸易结构负相关。

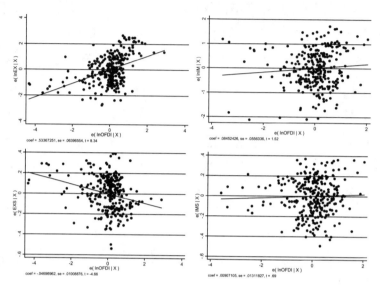

图 8-7　对外直接投资同贸易规模、贸易结构的偏相关图

资料来源:笔者计算。

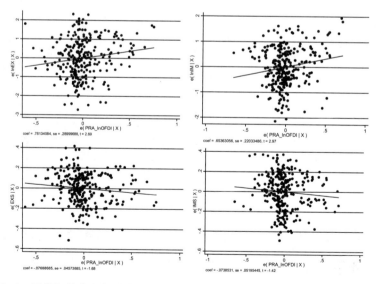

图 8-8　民营经济占比与对外直接投资交互项同贸易规模、贸易结构的偏相关图

资料来源:笔者计算。

通过 F 检验以及 Hausman 检验等相关统计量,确定应当使用个体固定效应模型,回归结果见表 8-7。

表 8-7 贸易效应的回归结果

	贸易规模效应		贸易结构效应	
	ln*EX*	ln*IM*	*EXS*	*IMS*
ln*OFDI*	0.049* (1.74)	−0.059** (−2.24)	−0.022** (−2.16)	0.011 (1.01)
*PRA_*ln *OFDI*	0.246** (2.171)	0.243** (2.412)	−0.004 (−0.114)	−0.056 (−1.398)
ln*GDPW*	1.464*** (5.342)		0.179* (1.741)	
ln*GDP*		0.952*** (8.933)		−0.246*** (−7.034)
P_EX	0.301*** (9.476)		−0.072*** (−6.231)	
P_IM		0.540*** (6.332)		−0.152*** (−4.528)
Ln*R*	−1.649*** (−4.063)	−0.058 (−0.141)	−0.205 (−1.424)	−0.648*** (−4.801)
PRA	−4.061** (−1.984)	−5.040*** (−2.771)	0.544 (0.767)	1.569** (2.191)
R-sq	0.693	0.706	0.230	0.248
N	288	288	288	288

注:*表示在10%的置信水平上显著,**表示在5%的置信水平上显著,***表示在1%的置信水平上显著。

从表 8-7 贸易规模效应的回归结果来看,在控制其他变量情况下,对外直接投资对出口规模和进口规模的影响不同,对外直接投资有利于扩大出口规模,但会减少进口规模;民营经济占比与对外直接投资交互项可以显著地提升出口规模和进口规模,说明民营企业对外直接投资对贸易规模的影响更显著。贸易规模还受到市场需求、汇率变化和商品价格的影响,其中国际需求增长 1% 将带来 1.46% 的出口规模的增长,国内需求增长 1% 将带来 0.95% 的进口规模的增长;汇率对出口规模的影响显著,对进口规模的影响则不显著;产品价格对出口规模和进口规模的影响都为正。

从表8-7贸易结构效应的回归结果来看,在控制其他变量情况下,对外直接投资对出口结构的影响在5%的显著水平下为负,说明对外直接投资会降低出口产品中一般贸易的比重,这可能是因为对外直接投资增加了中国与东道国的中间产品贸易,因而一般贸易比重会显著下降,而对外直接投资对进口结构的影响则并不显著。民营经济占比与对外直接投资交互项对出口贸易结构和进口贸易结构都没有显著影响,说明民营企业对外直接投资不能够显著优化进出口贸易结构。其他控制变量中,需求因素对进出口贸易结构的影响不尽相同,国际需求对出口贸易结构有显著的正影响,而国内需求会显著地降低一般贸易比重;汇率因素只对进口贸易结构有影响,人民币贬值,会降低进口一般贸易比重;商品价格也会显著影响进出口贸易结构,商品价格越高,一般贸易比重越低。

总体来看,对外直接投资对贸易规模的影响比贸易结构的影响更显著,对出口贸易的影响比进口贸易的影响更显著;而民营企业对外直接投资在贸易规模上有更明显的影响,而对贸易结构的影响不显著。

(三)产业结构效应检验

已有文献中,产业升级的影响因素一般包括:国内生产总值,其提高意味着居民消费需求扩大以及消费结构优化,经济中服务业的需求会提升,同时针对高技术附加值产品的需求也会相应提高,这在一定程度上引导本国产业的发展趋向,从而推动产业升级(钱纳里,1986)。对外直接投资,企业通过对外直接投资获取国外稀缺资源同时吸收国外先进生产技术经验有利于企业自身价值产出能力的提升,同时通过反向外溢效应传导至国内产业,提高区域内部生产技术水平,从而推动整体产业升级进程(潘颖,2009)。固定资产投资,特定行业的固定资产投资规模是行业内经营情况以及长期发展前景的体现,其行业布局直接影响到一个地区未来的行业发展布局,因此会对其产业升级进程产生影响(蒋昭侠,2005)。进出口贸易额能从侧面反映出产品、行业相对优势,当这种相对优势显著时,该地区会产生较大的贸易动机,相应的贸易规模会扩大,而发达地区的相对优势一般是该地区技术能力的体现,这种基于技术优势的国际贸易能够推动区域内部高技术行业的发展,从而在理论上能够推动产业升级进程(黄先海、石旭东,2012)。

根据以上理论,经过对数化处理以及考虑到数据的可得性,最终确定分析产业升级效应的实证计量模型如下:

$$SERVICE_{it} = \gamma_0 + \gamma_1 \ln OFDI_{it} + \gamma_2 \ln GDP_{it} + \gamma_3 \ln I_{it} + \gamma_4 \ln Trade_{it} +$$

$$\gamma_5 PRA \times \ln OFDI_{it} + \gamma_6 PRA + \varepsilon \qquad (8-7)$$

其中 $SERVICE$ 为第三产业比重,$OFDI$ 为对外直接投资额,GDP 为该省的国内生产总值,I 为固定资产投资额,$Trade$ 为该省国际贸易额,PRA 为民营经济占比,$PRA\_\ln OFDI_{it}$ 为民营经济占比与对外直接投资交互项。

本部分继续使用除青海、西藏外的省际面板数据。对外直接投资(OFDI)的统计数据来自《中国对外直接投资统计公报》(2005—2014),其余数据均来源于各省统计年鉴。我们用第三产业比重作为产业升级的代理变量。另外,为了使数据具有可比性,统一对以美元为单位的变量用当年平均汇率换算成人民币(元)。因为原始数据以当年价格计算,我们利用各省的居民消费价格指数分别进行处理。主要变量的统计特征见表8-8。

表8-8　产业结构效应相关变量的统计特征

变　量	观测值	均值	标准差	最小值	最大值
$SERVICE$	288	0.403	0.083	0.286	0.779
$\ln GDP$	288	22.702	0.848	20.091	24.557
$\ln OFDI$	288	15.905	1.911	9.357	19.939
$\ln I$	288	22.152	0.868	19.611	24.090
$\ln Trade$	288	21.106	1.501	17.88	24.508

续表

变　量	观测值	均值	标准差	最小值	最大值
PRA	288	0.231	0.116	0.029	0.513
*PRA*_ln*OFDI*	288	3.753	2.070	0.333	8.891

图 8-9 为对外直接投资同第三产业比重、民营经济占比与对外直接投资的交互项同第三产业比重的偏相关图,从图中可以看出,对外直接投资量与第三产业有显著的正向关系;而民营经济占比与对外直接投资的交互项同第三产业比重有明显的负向关系。

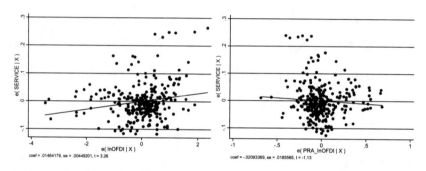

图 8-9　对外直接投资及其与民营经济占比交互项和第三产业比重的偏相关图
资料来源:笔者计算。

通过 F 检验以及 Hausman 检验等相关统计量,确定应当使用个体固定效应模型,回归结果见表 8-9。

表 8-9　产业结构效应的回归结果

	模型 1 (控制时间效应)	模型 2 (不控制时间效应)
ln*OFDI*	−0.005* (−1.901)	−0.001 (−0.474)
*PRA*_ln*OFDI*	0.037*** (3.367)	0.016* (1.741)
ln*GDP*	0.080*** (4.076)	−0.139*** (−5.044)
ln*I*	0.002 (0.173)	−0.002 (−0.193)

续表

	模型1 （控制时间效应）	模型2 （不控制时间效应）
ln*Trade*	-0.029^{***} (-4.001)	-0.013^{**} (-2.154)
PRA	-0.889^{***} (-4.476)	-0.536^{***} (-3.138)
时间效应	N	Y
R-sq	0.339	0.608
N	288	288

注：*表示在10%的置信水平上显著，**表示在5%的置信水平上显著，***表示在1%的置信水平上显著。

表8-9中，模型1没有控制时间效应，模型2控制了时间效应，从回归结果看，没有控制时间效应时，对外直接投资在10%的显著水平下会降低第三产业比重，控制了时间效应之后，对第三产业比重的影响不显著；而民营经济占比与对外直接投资交互项会显著提高第三产业比重，说明民营企业对外直接投资对当地产业结构的影响更显著。其他控制变量中，当地GDP水平对产业结构的影响不一致，没有控制时间效应时，GDP越高会显著提升当地第三产业比重，而控制了时间效应之后，影响变为负；贸易水平和民营经济比重会显著负向影响第三产业比重，投资对产业结构影响不显著。

通过引入民营经济与对外直接投资交互项对经济增长效应、贸易效应和经济结构效应的检验发现，民营经济对外直接投资对经济增长、出口规模和经济结构都有更显著的影响。

第四节　案例分析：吉利并购沃尔沃

一、案例背景

（一）汽车制造行业民营企业对外投资概况

汽车制造行业的特征之一是上下游联系十分紧密，因此汽车制造行业的发展对中国经济增长、社会稳定有重要的意义。汽车制造行业的上游产业包括钢铁、橡胶、玻璃、石化、电子等,下游产业包括保险、金融、维修、汽车旅馆、旅游等,汽车制造行业的发展能够带动上下游产业的发展,进一步增加各关联行业的就业岗位。相关研究表明,汽车产业每增加一个就业机会,将会给关联产业提供 7 个就业岗位。第二个特征是汽车制造行业的技术更新较快,技术的综合度、适用度较高。汽车制造行业的发展,对上下关联企业有技术溢出效应(彭维文,2005)。

中国本土汽车制造企业的"走出去"尚处于起步阶段,打入国际市场的国际品牌极少,国际化程度不高。这与中国企业缺乏核心技术、营销网络、资金支持等限制因素有关。而国际跨国大企业与中国本土企业合作,在国内开设工厂并在国内进行销售的内向国际化已经处于比较成熟的过程,相比之下中国汽车制造行业向内国际化的发展以及国内消费市场的紧缩,使得以自主品牌为主的民营企业开始将对外投资战略作为企业发展的长期战略。浙江吉利汽车集团提出"把 2/3 的吉利汽车卖到国外去"的国际化战略目标,同时在售后服务系统和全球信息系统的开发上加大投资,为国际化提供坚实的后盾。2010 年浙江吉利控股集团以 18 亿美元并购美国福特汽车公司旗下的沃尔沃轿车,创下了中国收购海外整车资产的最高金额纪录,是中国汽车产业海外并购最具有标志性的事件(舒杏,2010)。

(二)浙江吉利集团简介

浙江吉利控股集团是中国汽车行业十强企业中唯一的民营企业,始建于 1986 年,集团总部设立在杭州,同时在浙江临海、宁波、路桥和上海等地设有生产基地。1997 年进入轿车领域以来,凭借灵活的经营理念和不断的自主创新取得快速发展,连续十年进入中国企业 500 强,现今的资产总值超过 1000 亿元(包括沃尔沃)。据中国企业联合会公布的数据显示,吉利 2012 年海外资产高达 7656507 万元,海外收入

12927804 万元,海外员工 20530 人,跨国指数高达 67.25%,是中国跨国指数最高的跨国公司。并以 233.557 亿美元的营业收入首次入围 2012 年《财富》世界 500 强企业,成为入围世界 500 强的 5 家中国民企之一。[①]

浙江吉利控股集团在国内建立了完善的营销网络,拥有近千家品牌 4S 店和近千个服务网点;在海外建有近 200 个销售服务网点;投资数千万元建立国内一流的呼叫中心,为用户提供 24 小时全天候快捷服务,吉利汽车在 J.D.Power 售后服务满意度调查中名列前茅;率先实施了基于 SAP 的销售 ERP 管理系统和售后服务信息系统,实现了用户需求的快速反应和市场信息快速处理;率先实现汽车 B2B、B2C 电子商务营销,开创汽车网络营销新渠道。截至 2012 年年底,吉利汽车累计社会保有量超过 270 万辆(魏荣祥,2011)。

目前,吉利拥有各种专利 8000 余项,其中发明专利 1000 多项,国际专利 40 多项,被列为"中国企业知识产权自主创新十大品牌",是国家级"企业技术中心""博士后工作站""高新技术企业"。浙江吉利控股集团投资数十亿元建立的北京吉利大学、三亚学院、浙江汽车职业技术学院、湖南吉利汽车职业技术学院等高等院校,在校学生超过 4 万人;受中国汽车工程学会委托,投资建立的浙江汽车工程学院,是中国首个专门培养汽车车辆工程硕士、博士的研究生院(王静,2014)。

二、案例分析

(一)收购历程

据中国企业联合会公布的数据显示,吉利 2012 年跨国指数高达 67.25%,是中国跨国指数最高的跨国公司,而并购沃尔沃无疑是吉利

---

① 上述简介根据新华网汽车频道(http://news.xinhuanet.com/auto/2011 - 01/20/c _ 121004826.htm),新浪财经(http://finance.sina.com.cn/roll/20130425/180815281446.shtml)等综合整理而成。

近几年来最大的国际化举措。在收购沃尔沃前,吉利经历了四个阶段循序渐进的国际化历程:第一阶段,2005年吉利提出"让吉利汽车走遍世界"的理念;第二阶段,与英国锰铜控股工资组建合资公司,生产英国经典出租车,开始走入国际市场;第三阶段,2009年并购了全球第二大变速器生产企业——澳大利亚DSI,该企业为世界知名厂商提供核心汽车配件,开始实行产业链一体化策略;第四阶段,2010年成功收购沃尔沃百分之百的股权,获取了品牌资源和优秀的研发团队(石雯怡,2013)。

表8-10 吉利集团国际化历程

国际化	时间	事　件	意　义
第一阶段	2005年5月	提出"让吉利汽车走遍世界"的国际化战略	战略部署
第二阶段	2006年11月	与英国锰铜控股工资组建合资公司	以合资公司走入国际市场
第三阶段	2009年6月	并购了全球第二大变速器生产企业——DSI	产业链一体化策略
第四阶段	2010年3月	收购沃尔沃百分之百的股权	获取品牌资源和研发团队

资料来源:《中国民营企业国际化报告2012》,中国经济出版社2013年版。

　　沃尔沃是欧洲著名的豪华汽车品牌,已有82年历史,被誉为"世界上最安全的汽车"。在汽车安全和节能环保方面,有许多独家研发的先进技术和专利。1999年,沃尔沃集团将旗下的沃尔沃轿车业务以64亿美元的价格出售给美国福特汽车公司。2010年,吉利控股集团以18亿美元(其中2亿美元以票据方式支付,其余以现金方式支付)从福特手中购得沃尔沃轿车业务,并获得沃尔沃轿车品牌的拥有权。跨国并购的交易过程中吉利通过了欧盟的反垄断审查、美国政府的相关审查以及中国商务部的批准,最终顺利成为中国汽车企业成功收购国外豪华汽车企业的第一宗案例。

表 8-11　收购沃尔沃历程

日　期	事　件　进　展
2007 年 1 月	底特律国际车展上,李书福与福特汽车首席财务长讨论了沃尔沃的问题
2007 年 6 月	吉利提出全面战略转型,并向美国提出了并购沃尔沃的想法,未得到反馈
2009 年 4 月	金融危机后,沃尔沃连续两年巨额亏损,福特宣布考虑出售沃尔沃
2009 年 5 月	沃尔沃工会表示不支持吉利收购计划
2009 年 7 月	欧盟通过对吉利收购沃尔沃项目的反垄断审查
2009 年 9 月	福特与吉利达成出售沃尔沃框架协议
2009 年 10 月	福特汽车宣布吉利成为沃尔沃首选竞标人
2009 年 11 月	吉利汽车正式宣布高盛资本合伙人投资
2009 年 12 月	吉利正式竞购沃尔沃,成为唯一竞标者
2010 年 3 月	获多财团支持,吉利聘洛希尔公司买沃尔沃
2010 年 3 月	吉利签署股权收购协议,以 18 亿美元收购沃尔沃轿车公司
2010 年 7 月	中国商务部正式批复核准此收购项目
2010 年 8 月	吉利和福特在英国伦敦举行交接仪式,至此完成对沃尔沃的全部股权收购

资料来源:《中国民营企业国际化报告 2012》,中国经济出版社 2013 年版。

(二)案例启示

吉利汽车并购沃尔沃的主要动机是有效弥补品牌短板、提升研发能力、获得关键技术、获取全球经销商网络、赢得一流管理团队和技术人才,进而提升企业的国际竞争力。吉利成功并购沃尔沃的启示有如下一些。

1. 技术创新、品牌建设是民营企业形成核心竞争力的重要手段。民营企业成功地进行海外投资并且顺利地发展,很大程度上取决于相关技术人才的储备状况。同时除了技术人才,还需要更多适应海外投资和管理的专门人才,并且专门人才的本土化也十分重要。案例中的吉利集团投入了巨额资金用于技术研发和人力资本的积累,建立了北京吉利大学、浙江汽车职业技术学院、海南大学三亚学院,同时旗下的浙江汽车工程学院是中国首个专门培养汽车车辆工程硕士、博士的研究生学院(王静,2014),这些院校每年培养的数千名技术人才成为其并购整合成功的重要保障。

2.金融危机后跨国并购进入摄取核心技术的新阶段。20世纪80年代初汽车工业因为原始积累较少提出了"技贸结合,以市场换技术"的说法,指的是在进口国外轿车的同时要求进口商提供相关技术,以促进当时资金和技术都较匮乏的中国汽车工业提高制造和工艺水平,例如一汽大众、广州丰田、北汽奔驰等都是在当时发展起来的。但以市场换技术并没有达到应有的效果,在进口汽车占领市场的同时,国内的企业并没有真正获得相应的核心技术,同时国内企业的自主创新被抑制。而加入WTO后,以及在后危机时代下,跨国并购的国际化方式能够帮助国内已经积累了一定资金和技术的民营企业获得先进的核心技术。这有利于企业在一个新的起点上加速提升自主创新能力和研究开发水平。

3.企业领导人的卓越才能是民营企业进行对外直接投资的重要推进因素。吉利控股集团董事长以及其整个管理团队,在整个并购案的促成中发挥极大的作用。最初在2007年1月的底特律国际车展上,李书福与福特汽车首席财务长就讨论了沃尔沃的问题,在车展后5个月,吉利提出全面战略转型,并向美国提出了并购沃尔沃的想法,并未得到反馈。金融危机后,在沃尔沃连续两年巨额亏损的情况下,福特宣布考虑出售沃尔沃,并且与早先有意向的吉利团队进行了联系。李书福领导的并购团队利用各种资本运作手法,筹集到足够的资金,同时更重要的是与欧美工会和政府多次协调,最终获得并购的通行证。整个过程中,以李书福为代表的实干型民营企业家们,以国际化的视野和战略眼光,发挥企业家精神,最终走出了中国汽车业标志性的一步。

吉利对沃尔沃完成跨国并购是中国民营企业走向国际化的标志性事件,但同时这也是企业对外直接投资的第一步,后续的还有并购整合等一系列重要的问题,如何使吉利和沃尔沃互相融合、推陈出新,从而形成新的竞争力,提高国内市场占有率,积极开拓国际市场,是未来民营企业家们需要继续关注的问题。

第五节　政策含义

在国内外环境不断发展变化的情况下,中国民营企业实行"走出去"战略和国际化发展路径迎来新的机遇和挑战。国际上经营受金融危机的影响,以美国为代表的北美洲、欧洲等国家为缓解本土企业资金压力,降低了对外国企业进入本国的门槛,引发了全球性产业调整和企业兼并重组的浪潮,为许多有能力的民营企业的国际化提供了机遇。例如在本章末尾的关于吉利成功收购沃尔沃的案例分析。金融危机对中国国内的民营企业也造成了一定的冲击,由于中国民营企业的优势主要集中在劳动密集型、技术含量低的产业,危机形成的倒逼机制以及政府推动发展的客观助力,为中国民营企业走上国际化发展路径创造了机会。

另一方面,后危机时代带来机遇的同时也存在着风险和挑战,尤其民营企业因为其规模小、投资区域集中、家族式管理等历史特性,导致多数民营企业缺乏明晰的对外直接投资战略、投资的模式单一缺乏弹性、对国际信息的获取不及时,而相对于民营企业对信息咨询服务、融资渠道等的大量需求,政府以及相关中介组织的咨询服务显得不够健全。刘迎秋等(2009)的研究表明,对全国10个省市的705家企业进行的调查结果显示,有19%和17%的企业认为,在对外投资中遇到的最大困难是不了解投资国信息,或者难以获得投资国信息。有72.2%的企业认为中国政府为民营企业"走出去"提供的服务一般化,不满意的主要表现在两个方面:一是政府为企业提供的信息服务严重滞后,二是审批制度不够科学高效。

　　所以在提升民营企业对外直接投资的有效性方面,仅仅依靠民营企业和企业家们的自身努力是不够的,还需要政府为其提供行政资源以及非政府组织提供咨询和服务资源,包括健全民营企业对外直接投资的法律保障体系。通过制定相关对外投资法以及签订政府双边和多边协议,来指导、规范和协助民营企业的对外投资;完善民营企业海外投资的政策支持体系,如简化政府审批制度、丰富民营企业的融资渠道、提供差异化支持政策等;建立民营企业对外投资的信息服务体系,特别是政府借助本身的优势提供民营企业海外投资的相关国别指南和企业所需的东道国政府信息(周倩,2007);完善民营企业对外投资的监管与保障体系,包括完善民营企业对外投资的监管体系,构建民营企业对外投资的保障制度。避免东道国经济、政治政策调整、社会震荡对跨国经营的民营企业的影响是极其重要的问题。在国际上,对外直接投资的保险和保证制度已经相当成熟,中国可以借鉴国际上的经验,规范对外直接投资的保险与保证制度。

第九章　民营企业国际分工地位提升①

　　20 世纪 70 年代以来,越来越多的产品生产过程的不同工序或区段,通过空间分散化,展开成跨区域或跨国性的生产链条或体系,不同的国家参与特定产品生产过程的不同环节或区段的生产或供应活动,形成了所谓的"产品内分工"(Intra-product Specialization)(卢峰,2004)。这种分工模式使得广大发展中国家能以低廉而丰富的劳动力等要素参与其中,快速提高其产品生产和出口能力,最典型的是中国以"出口导向"的"加工贸易"模式奠定了"世界工厂"的地位(黄先海、杨高举,2009)。然而由于主要以低成本劳动力等低端要素参与国际分工,使得发展中国家所能获得的收益非常有限。以产品内分工发展最为快速的电子产品为例,2005 年美国苹果公司的 30GB 第 5 代 iPod 零售价是 299 美元,其中仅有 3.86 美元由组装测试厂商获得,仅占其制造成本的 2.7%。类似地,售价 1479 美元和 1399 美元的联想 ThinkPad T43 和惠普 nc6230 两种笔记本电脑,组装厂商所能获得的价值仅为 21.86 美元和 23.76 美元,分别为其制造成本的 2.5% 和 2.8%(Dedrick 等,2009)。

　　中国经过三十多年的改革开放,无论是纵向还是横向比较,经济领域的表现令人瞩目。得益于全球产品内分工的发展,中国制造业得以从最初级的组装加工起步,以"出口导向"的发展战略逐步"嵌入"到全球产业链体系之中,并逐渐向产业链和价值链的高端渗透。正如日本

---

　　①　本章节类似内容发表于《中国社会科学》2013 年第 2 期。

与"亚洲四小龙"等经济体所曾经历的,中国正徘徊在产业亟待转型升级的大门口。如何向全球价值链的更高层级攀升,成为中国以及其他发展中国家面临的共同难题。而中国民营企业虽然数量多、就业人数多,但多数规模小、融资难,一定程度上是经济中薄弱环节、国际竞争中的短板,因此民营企业的转型升级和国际分工地位提升,是整体中国产业国际竞争力提升的关键因素之一。

实现分工地位提升,首要的问题是要对国际分工地位及其发展趋势和影响因素有较为准确的认识和判断。在一国广泛参与全球产品内分工的条件下,对其国际分工地位的判定并不像在传统分工模式下那样简单明了。早期发展出的判断一国竞争力和分工地位的方法,如净贸易指数、被广泛运用的"显示性比较优势"(RCA)指数等(Balassa,1965),都会因为对出口中包含的进口中间品的重复统计而导致一国贸易额的虚高,即"统计假象"(Statistical Illusion)问题(黄先海、杨高举,2010)。学者们提出了不同的方法来解决此问题,如梅尔斯(Hummels)等提出的垂直专业化(VS)指数(Hummels,2001),通过剔除一国出口产品中包含的进口中间投入来衡量一国参与产品内分工的程度;库普曼等(Koopman,2008)运用非竞争型投入产出模型,估算中国出口品中包含的国内增加值和国外增加值;黄先海、杨高举(2010)认为,一国出口部门的生产效率和对外贸易的获利能力是其"国际分工地位"(International Specialization Status,ISS)的集中体现。他们基于非竞争型投入产出表,计算出口品的国内完全增加值率和劳动生产率,通过跨国比较发现,中国的高技术产业国际分工地位在25个样本国家和地区中的排名,由1995年的第16位上升到2005年的第10位。

寻求升级的途径是准确判定一国国际分工地位之后的必然选择。已有研究主要从两个方向展开:一是从全球价值链治理的角度,实证分析发展中国家在全球价值链中升级的可行途径,如汤姆森(Thomsen,2007)以及加西亚和斯格(Garcia和Scur,2010)对巴西、越南具体产业全球价值链治理的讨论;二是从 FDI 技术溢出和产业转移等角度进行分析。对 FDI 溢出效应及其对产业升级的作用,学者们的看法不尽一致。布罗斯多姆和佩尔逊(Blomström 和 Persson,1983)以及戈戈(Kokko,1994)对墨西哥的研究表明,制造业中存在 FDI 的行业内溢出效应。但哈达德和哈里森(Haddad 和 Harrison,1993)对戈戈等(Kokko 等,1996)对乌拉圭的研究却得出了相反的结论。对 FDI 在中国的溢出效应研究也是一个热点论题,较早期部分代表性的研究如沈坤荣、耿强(2001)、赖明勇等(2005),学者们对 FDI 投资的区域间溢出效应(钟昌标,2008)、行业层面的溢出效应和企业层面的溢出效应进行了多方面的探讨(何洁,2000;刘巳洋、路江涌、陶志刚,2008;Xu 和 Sheng,2012),这些研究发现 FDI 在中国具有明显的溢出效应。也有一些研究者发现,FDI 溢出效应和技术引进的效果并不尽如人意。如平新乔的研究表明,FDI 的技术溢出效应并不像人们预期的那样显著,甚至 FDI 的流入在一定程度上阻碍了内资企业技术创新的努力(平新乔,2007)。黑尔和朗(Hale 和 Long,2006)的研究表明,外资的进入会诱使更多的民营企业为其提供中间产品配套,并因此而显著地降低创新投入。范西和胡一凡(Fan 和 Hu,2007)以及胡和杰佛逊(Hu 和 Jefferson,2002)同样发现,FDI 对中国企业研发努力的净作用显著为负。也有研究显示,外商直接投资对内资企业生产效率的影响并不显著,甚至显著为负(蒋殿春、张宇,2008;蒋仁爱、冯根福,2012)。

以上研究对发展中国家提升其国际分工地位具有借鉴意义,但多数研究关注的重点仍然是"外部"性的因素,即从发展中国家之外寻求能帮助其实现升级的途径,试图借助分工合作的知识溢出来提高技术水平、改善分工地位,实现价值链由低端向高端跨越,而忽略了对"内部力量"的分析,如国内物质资本和人力资本的积累、技术研发与创新等因素的作用。当然,也缺乏针对民营企业的专门研究。实际上,民营经济也是中国最富有活力、内生动力和创新精神的力量,它最能适应市场经济的变化和竞争(李锐,2013),因而如何发挥民营企业在中国产业国际分工地位升级中的作用是非常重要的。从根本上讲,一国赖以实现产业升级的基础和根本在于内部的动力,依靠外资及其溢出效应永远只能做被动的"跟随者"。因此对于像中国那样已然嵌入到全球生产网络体系中的广大发展中国家而言,问题的关键是如何通过各种努力,实现国内产业技术水平和国际分工地位的提升。

因此,本书尝试在两国产品内分工的框架下,构建发展中国家国际分工地位升级受其国内资本积累、人力资本提升以及技术进步等内部因素影响的模型,并进行实证检验,从而探索发展中国家通过自身的努力,实现国际分工地位提升的可行途径。后文基本安排如下:第二部分构建理论模型,并提出理论命题;第三部分就理论命题进行实证检验;最后作总结性评论。

第一节　产品内分工下的国际分工地位

基于朗(Long 等,2005)对产品内分工的研究(以下简称 LRS 模型),假设一国生产两种最终产品:农产品 A 和工业品 I ,以及用于 I 生产的总技术服务 S 。与 LRS 模型不同的是,本书假定该国劳动力禀赋为 $L = L_s + L_u$, L_s 为技术劳动力, L_u 表示非技术劳动力,两种劳动力的工资为 w_s 和 w_u ,且有 $w_s = w_u + t$ 。设 A 和 I 的生产所需的非技术劳动力分别为 L_{Au} 和 L_{Iu} ,则 $L_{Au} + L_{Iu} = L_u$ 。

A 的生产只使用非技术劳动力,其产出取决于生产技术水平, $A = \dfrac{L_{Au}}{T_A}$,其中 L_{Au} 是 A 生产所使用的非技术劳动力的数量, T_A 表示单位 A 产品生产所需的劳动力,将 A 作为计价产品,即将其价格标准化 $P_A = 1$,则非技术劳动力的工资为 $w_u = \dfrac{1}{T_A}$ 。

总技术服务 S 是最终产品 I 生产所需的中间技术投入，其生产由 n 个不同的专业化技术服务企业各提供 s_i（ $i \in [0, n]$ ）单位的专业化技术服务组合而成，S 的生产函数为 CES 形式 $S = \left[\sum\limits_{i}^{n} s_i^\lambda \right]^{\frac{1}{\lambda}}$，其中 $0 < \lambda < 1$。令 P_i 为专业化技术服务 i 的价格，则总技术服务的价格为：

$$P_s = \left[\sum\limits_{i}^{n} P_i^{\frac{\lambda}{\lambda-1}} \right]^{\frac{\lambda-1}{\lambda}} \tag{9-1}$$

每个专业化技术服务企业只专门生产一种技术服务，其生产只需要技术劳动的投入，企业 i 生产 s_i 单位的专业化技术服务需使用 $cs_i + f$ 单位的技术劳动力，即专业技术服务的生产需要固定成本 $f w_s$ 和可变成本 $cs_i w_s$。

工业品 I 的生产流程可划分为 $[0, 1]$ 的连续环节，每一个环节都对应一种零部件 τ（ $\tau \in [0, n]$ ）。设工业品 I 和零部件 τ 的生产厂商都是完全竞争的，即价格等于成本，且零部件厂商是总技术服务价格的接受者。I 的生产无须劳动力和技术服务的直接投入。令 $P(\tau)$ 为部件 τ 的价格，则 I 的价格为 $P_I = \int_0^1 P(\tau) \, \mathrm{d}\tau$。零部件 τ 的生产需要一单位的非技术劳动力 L_u、$e(\tau)$ 单位的总技术服务 S 和 τ 单位的资本 K，且资本品的价格为 r（这与 LRS 模型中零部件生产不需要资本的假定不同），则 τ 的价格等于成本 $P(\tau) = w_u + r\tau + e(\tau) P_s$。不失一般性，设 $e(\tau) = \omega\tau$（ $\omega > 0$ ），则有：$P(\tau) = w_u + r\tau + \omega P_s \tau$。从而 I 的价格为：

$$P_I = \int_0^1 P(\tau) \, \mathrm{d}\tau = w_u + \frac{r + \omega P_s}{2} \tag{9-2}$$

生产 S 单位的总技术服务，对企业 i 的专业化技术服务的条件需求函数可根据谢菲尔德引理（Shephard's Lemma），由（9-1）式得到：$\dfrac{\partial P_s}{\partial P_t} = \left(\sum\limits_{i}^{n} P_i^{\frac{\lambda}{\lambda-1}} \right)^{\frac{1}{\lambda}} \cdot P_i^{\frac{1}{\lambda-1}}$。在对称性假设条件下，即所有的专业化技术服务企业使用相同的生产技术，$P_i = P$，则 $P_s = P n^{\frac{\lambda-1}{\lambda}}$。对于任意技术服

务企业 i 而言,S 和 Δ 可视为给定值,其需求弹性为 $\varepsilon = \dfrac{1}{1-\lambda} > 1$。从

而零部件 τ 的成本为 $P(\tau) = w_u + \tau\left(r + \omega P\, n^{\frac{\lambda-1}{\lambda}}\right)$,此时 $P(\tau)$ 是一条截

距为 w_u、斜率为 $r + \omega P\, n^{\frac{\lambda-1}{\lambda}}$ 的直线。技术服务企业的边际收益等于边

际成本 $MR = P\left(1 - \dfrac{1}{\varepsilon}\right) = MC = c\,w_s$,所以有 $P = \dfrac{c\,w_s}{\lambda}$。在对称性假设条

件下,S 单位的总技术服务需要每个技术服务企业提供 s 单位的专业

技术服务,并有 $S = \left[\, n\, s^{\lambda}\,\right]^{\frac{1}{\lambda}} = n^{\frac{1}{\lambda}} s$。因每个技术服务企业对技术劳动力

的需求数为 $cS\, n^{\frac{1}{\lambda}} + f$,所以 I 单位的最终产品生产因零部件投入而对

总技术服务 S 的间接需求为 $S^d = I\displaystyle\int_0^1 e(\tau)\, d\tau = \dfrac{\omega I}{2}$,从而对技术劳动力的

需求为 $L_s^d = nf + \dfrac{c\omega I}{2\, n^{\frac{1-\lambda}{\lambda}}}$,对非技术劳动力的间接需求量为 $L_{lu}^d = I\displaystyle\int_0^1 d\tau = I$,

对资本的间接需求量为 $K^d = I\displaystyle\int_0^1 \tau d\tau = \dfrac{I}{2}$。

根据李嘉图模型(Ricardian-type Model),均衡价格(以 A 计价)独
立于需求:

$$P_s = \frac{c(1 + t\, T_A)}{\lambda\, T_A\, n^{\frac{1-\lambda}{\lambda}}} \tag{9-3}$$

$$P(\tau) = \frac{1}{T_A} + r\tau + \frac{c\omega(1 + t\, T_A)}{\lambda\, T_A\, n^{\frac{1-\lambda}{\lambda}}}\tau \tag{9-4}$$

从而单个技术服务企业的利润为:

$$\pi_i = (P - c\,w_s)\, s - f w_s = \left(\frac{1-\lambda}{\lambda} cs - f\right)\frac{(1 + t\, T_A)}{T_A} \tag{9-5}$$

一、有成本的技术服务贸易和资本流动

一般而言,后发国不能免费获得发达国家的技术服务,而且技术服

务的贸易还存在知识产权保护的问题,因此可将进行贸易时为保护知识产权而支出的各种费用看作技术服务贸易的成本。同时,与产品内分工相伴随的是,资本从发达国家流向发展中国家的生产领域,形成跨国公司全球生产链的环节之一,且资本流动也存在成本。在 LRS 模型中,对有成本的技术服务贸易、资本流动,以及二者对产品内分工和发展中国家所处地位的影响未作讨论,当然也没有涉及在这些条件下如何准确度量一国产业的国际分工地位。因此,我们将有成本的技术服务贸易和资本流动引入 LRS 模型框架中,并引入增加值率和劳动生产率来衡量产品内分工条件下一国产业的国际分工地位。

假设存在一个最终产品和零部件自由贸易,但技术服务贸易和资本有流动成本的两国世界。[①] 其中一国为前文所述的发达国家 D(Developed),另一国为发展中国家 G(Developing),后者劳动力禀赋为 $L^* = L_s^* + L_u^*$(上标 * 表示发展中国家 G,下同),工资为 w_s^* 和 w_u^*,且有 $w_s^* = w_u^* + t = t + \dfrac{1}{T_A^*}$。[②] D 国在农产品 A 的生产方面有绝对优势,$T_A < T_A^*$;在自由贸易的情况下,两国 A 的价格将相等且标准化,则有 $1 = P_A = T_A w_u = P_A^* = T_A^* w_u^*$,即 G 国的非技术工人的工资低于 D 国,$w_u^* < w_u$。D 国资本要素丰裕,其价格低于 G 国,$r < r^*$,技术工人工资和技术服务企业数高于 G 国,$w_s^* < w_s$,$n^* < n$,且零部件、专业技术服务生产技术比 G 国先进,即 $\omega < \omega^*$,$c < c^*$,$f < f^*$。则根据(9-3)式 G 国总技术服务价格为:

$$P_s^* = \frac{c^*(1 + t\,T_A^*)}{\lambda\,T_A^*\,n^{*\frac{1-\lambda}{\lambda}}}。 \tag{9-6}$$

---

① 如果 S 无成本地自由贸易,则 G 国能免费获得所有技术,其工资水平低于 D 国,从而将出现角点解情形;同样如果资本无成本地自由流动,G 国资本将全部来源于 D 国。这两种情形都和我们的分析目的相违。而最终产品和零部件有贸易是否有成本,不会对分工模式有本质的影响。

② 系指两国中两种劳动力的工资差距相同,t 是否相同,并不影响下文分析结论。

设技术服务贸易的成本是 η，则 D 国的总技术服务出口到 G 国的价格为 $P_s + \eta$。此时，G 国的零部件厂商有两种选择——本国生产或进口总技术服务。如果 $P_s + \eta < P_s^*$，显然 D 国的总技术服务价格更低，从而总技术服务的生产将全部由 D 国提供。设资本流动的成本是 φ，如果 $\varphi < r^* - r$，则资本将从 D 国流向 G 国（主要形式为 FDI），增加其资本供给。设资本流动量为 K'，则 G 国资本总资本量为 $K^* = K_0^* + K'$（K_0^* 为 G 国自有资本量），资本的价格为 $r^* = r + \varphi$。根据 (9-4) 式 G 国零部件价格为：

$$P^*(\tau) = \frac{1}{T_A^*} + r^*\tau + \eta\omega^*\tau + \frac{c\omega^*(1 + tT_A)}{\lambda T_A n^{\frac{\lambda-1}{\lambda}}}\tau \qquad (9-7)$$

结合 (9-4) 式和 (9-7) 式，由于 $T_A < T_A^*$，$r < r^*$，$\omega < \omega^*$，因而两国的零部件价格曲线 $P(\tau)$ 和 $P^*(\tau)$ 将相交于 $\tau = \tau_\theta$，亦即零部件 τ_θ 在两国生产的成本相同，并有：

$$\tau_\theta = \frac{\lambda(T_A^* - T_A)}{T_A^*(\lambda T_A(\varphi + \eta\omega^*) + c(\omega^* - \omega)(1 + tT_A)n^{\frac{\lambda-1}{\lambda}})} \qquad (9-8)$$

即最终产品 I 生产的分工状态取决于两国农产品生产技术水平的差距（即非技术劳动力的工资水平差距），以及资本流动和技术服务贸易的成本。显然，在 $0 < \tau_\theta < 1$ 时（即不考虑角点解的情况下），G 国在 $[0, \tau_\theta]$ 阶段的零部件生产中有成本优势（劳动密集型），而 D 国在 $[\tau_\theta, 1]$ 阶段的零部件生产中有成本优势（技术服务和资本密集型）。[①]

根据 (9-2) 式，I 的价格等于其成本：$P_I = \int_0^{\tau_\theta} P^*(\tau)\,d\tau + \int_{\tau_\theta}^1 P(\tau)\,d\tau =$

$\Phi + \frac{T_A - T_A^*}{T_A T_A^*}\tau_\theta + \Gamma\tau_\theta^2$，其中 $\Phi = \frac{1}{T_A} + \frac{r}{2} + \frac{c\omega(1 + tT_A)}{2\lambda T_A n^{\frac{1-\lambda}{\lambda}}}$，$\Gamma =$

---

① 指产品完全在某一个国家生产的情形。角点解并非我们关注的重点，在此不作讨论。

$$\frac{\varphi + \eta \omega^*}{2} + \frac{c(\omega^* - \omega)(1 + t T_A)}{2\lambda T_A n^{\frac{1-\lambda}{\lambda}}} \text{。}$$

采用反向求解法,设两国的劳动者即为消费者,其消费偏好相同,收入来自工资,充分就业条件下世界总收入是:

$$M = w_u L + t L_s + w_u^* L_u^* \tag{9-9}$$

代表性消费者视 M 和所有的价格为给定,其位似效用函数为 $U(I, A) = I^\alpha A^{1-\alpha}$,则世界对工业品和农产品的总需求分别为:$I^w = \frac{\alpha M}{P_I}$,

$A^w = \frac{(1-\alpha) M}{P_A}$。$I^w$ 单位产品生产对技术劳动力的需求为:$L_s^d = nf + \frac{\alpha c \omega M}{2 P_I n^{\frac{1-\lambda}{\lambda}}}$。代入(9-9)式有:$M = \frac{2 P_I \Lambda}{\Pi}$,其中 $\Lambda = \frac{L}{T_A} + \frac{L_u^*}{T_A^*} + tnf$,$\Pi = 2 P_I - \alpha ct\omega n^{\frac{\lambda-1}{\lambda}}$。则均衡的工业品产出为:$\bar{I}^w = \frac{2\alpha \Lambda}{\Pi}$。从而均衡时,$\bar{I}^w$ 单位的产出对 G 国非技术劳动力的需求为 $\bar{L}_{lu}^* = \bar{I}^w \int_0^{\tau_\theta} d\tau = \bar{I}^w \tau_\theta$,对其资本需求为 $\bar{K}^* = \bar{I}^w \int_0^{\tau_\theta} \tau d\tau = \frac{\tau_\theta^2}{2} \bar{I}^w$。

根据(9-5)式可得两国技术服务企业的总利润分别为:

$$\pi^* = 0, \pi = \left(\frac{(1-\lambda)\alpha c\omega \Lambda}{\lambda \Pi} - f\right) \frac{n + tn T_A}{T_A} \tag{9-10}$$

此时,尽管 $[0, \tau_\theta]$ 阶段的零部件在 G 国生产,但由于其生产所需的专业技术服务是从 D 国进口而非本国生产,其国内技术工人没有就业机会,技术服务企业也不能获得利润,只有资本和非技术工人能获得相应收益。虽然 G 国的产出中包含了进口的专业技术服务的价值,使得其总产出(出口)较高,但实际所能获得的收益较低,即产出中的增加值的比例较低,相反 D 国产出中增加值的比例要高得多。这意味着在两个分工参与国的利益分配中,G 国只能获得较少的一部分,与其高额的产出(出口)不相匹配。此即前文所述的"统计假象"问题——出口中包含大量进口中间投入品的价值而导致发展中国家出口额高企,但实际获利低下。针对"统计假象"问题导致的出口额难以准确反映一国国际分工地位和竞争力问题,黄先海、杨高举提出基于非竞争型投入产出法,剔除生产过程中所使用的进口中间投入,计算单位最终需求(出口)带动的国内完全增加值和劳动生产率,可克服"统计假象"问题带来的干扰,从而准确评判一国产业的国际分工地位。[1] 其方法的核心在于,无论产品生产(包括出口)需要多少进口中间投入,在生产技术水平和工资等不变的条件下,所能形成的增加值并不变动。当一国高技术产品生产中所需的高价值的中间投入主要依靠进口时,表明其对外部要素(如技术、资本)的依赖程度很高,而此时其本国产出中增加值占总产出的比例自然很低。因而本国增加值与产出(或出口)值之比,可反映一国生产(出口)的国际分工地位。同时,生产相同价值的产品,如果一国生产过程中所使用的劳动力更少,则表明其生产效率高,相对于使用更多劳动力的国家,在国际生产链中处于更有利的地位,从而生产效率也反映了该国的国际分工地位。沿着这一思路,我们在模型中引入产出中的增加值率(增加值与总产出之比)与劳动生产率(增加值与劳动力之比)之和,以衡量产品内分工条件下一国产业的国际分工地位 ISS (International Specialization Status)[2],对于 G 国有:

$$ISS^* = \frac{w_u^* \bar{L}_{lu}^* + (r+\varphi)\bar{K}^*}{w_u^* \bar{L}_{lu}^* + (1+r+\varphi)\bar{K}^* + S^*(P_s+\eta)} + \frac{w_u^* \bar{L}_{lu}^* + (r+\varphi)\bar{K}^*}{\bar{L}_{lu}^*} \quad (9-11)$$

---

[1] 技术细节可参阅黄先海、杨高举:《中国高技术产业的国际分工地位研究——基于非竞争型投入占用产出模型的跨国分析》,《世界经济》2010 年第 5 期。

[2] 这样做相当于计算直接增加值率和劳动生产率。在互相没有中间投入的两部门模型中,国内完全增加值率和直接增加值率是等同的。

二、自身努力和 FDI 溢出效应

在国内专业技术服务价格高于进口价的情况下，G 国只有努力提升技术水平（降低 c^*），降低其专业技术服务价格，至少要小于等于进口价格时，即 $P_s^* \leqslant P_s + \eta$，专业技术服务企业才能生存并获得利润。设 G 国提升技术水平的途径是增加研发投入，以降低可变生产成本。同时假设资本流动除了为 G 国提供生产资金外，还对专业技术服务企业有技术溢出效应。并设 G 国研发投入为 R，$\tilde{\omega}$ 为研发投入产出效率系数，资本流动的溢出效应系数为 δ，从而有 $c^{*'} = c^* - \tilde{\omega}R - \delta K'$。在 $P_s < P_s^* < P_s + \eta$ 时①，根据前文分析，新的分工临界点为：

$$\tau'_\theta = \frac{\lambda(T_A^* - T_A)}{\lambda\varphi\, T_A^*\, T_A + c^{*'}\omega^*(1 + t\, T_A^*)\, T_A\, n^{*\frac{\lambda-1}{\lambda}} - c\omega(1 + t\, T_A)\, T_A^*\, n^{\frac{\lambda-1}{\lambda}}}$$

(9-12)

与(9-8)式相比，可知 $\tau'_\theta > \tau_\theta$。② 均衡时，$I$ 的价格等于其成本：

$$P'_I = \Phi + \frac{T_A - T_A^*}{T_A T_A^*}\tau'_\theta + \Gamma'\tau'^2_\theta，其中 \Gamma' = \frac{\varphi}{2} + \frac{c^{*'}\omega^*(1 + t\, T_A^*)}{2\lambda\, T_A^*\, n^{*\frac{1-\lambda}{\lambda}}} -$$

$\dfrac{c\omega(1 + t\, T_A)}{2\lambda\, T_A\, n^{\frac{1-\lambda}{\lambda}}}$。显然，由于 G 国生产技术的进步，其技术服务价格低于进口价，而零部件和工业品价格等于其成本，从而有 $P'_I < P_I$。

此时一部分技术服务由 D 国转移到 G 国生产，从而一部分技术劳动力的就业也发生转移，并设 L'_s 为 D 国技术劳动力就业量，则世界的

---

① 要求 $P_s < P_s^*$，是因为如果 $P_s > P_s^*$，则两国的分工模式将逆转，不再适用于我们的假定。

② 在 G 国自产技术服务时有 $P_s^* < P_s + \eta$，意味着 $P^*(\tau)$ 的斜率（P_s^*）要低于进口时的斜率（$P_s + \eta$），而 $P(\tau)$ 保持不变，从而 $P(\tau)$ 和 $P^*(\tau)$ 的交点将右移到 τ'_θ，因此有 $\tau'_\theta > \tau_\theta$。

总收入为 $M' = w_u L + t L'_s + w_u^* L^* + t L_s^*$，同样由反向求解可得均衡时：

$\bar{I}^{w'} = \dfrac{2\alpha\,\Lambda'}{\Pi'}$，其中 $\Lambda' = \dfrac{L'}{T_A} + \dfrac{L_u^*}{T_A^*} + t(nf + n^* f^*)$，$\Pi' = 2\,P'_I -$

$\alpha c t\omega(1 - \tau'^2_\theta)\,n^{\frac{-1}{\lambda}} - \alpha c^{*'} t\omega^* \tau'^2_\theta n^{*\frac{-1}{\lambda}}$。由于 $P'_I < P_I$，所以 $\bar{I}^w < \bar{I}^{w'}$。此时，G 国技术服务业的总利润为：

$$\pi^{*'} = \left(\dfrac{\alpha c^* \omega^* (1 - \lambda)\,\tau'^2_\theta\,\Lambda'}{\lambda\,\Pi'\,n^{*\frac{\lambda-1}{\lambda}}} - n^* f^*\right)\dfrac{1 + t\,T_A^*}{T_A^*} - R \quad (9\text{-}13)$$

由 (9-13) 式可通过利润最大化的一阶条件，以及在满足 $P_s < P_s^* < P_s + \eta$ 和 $\pi^{*'} > 0$ 的条件下，求得最优的研发投入量。此时，以增加值率和劳动生产率衡量的 G 国国际分工地位为：

$$ISS^{*'} = \dfrac{w_u^* \bar{L}_{Iu}^{*'} + w_s^* \bar{L}_s^{*'} + (r + \varphi) \bar{K}^{*'} + \pi^{*'}}{w_u^* \bar{L}_{Iu}^{*'} + w_s^* \bar{L}_s^{*'} + (1 + r + \varphi) \bar{K}^{*'} + \pi^{*'}} +$$

$$\dfrac{w_u^* \bar{L}_{Iu}^{*'} + w_s^* \bar{L}_s^{*'} + (r + \varphi) \bar{K}^{*'} + \pi^{*'}}{\bar{L}_{Iu}^{*'} + \bar{L}_s^{*'}} \quad (9\text{-}14)$$

在新的均衡时，G 国的生产对非技术劳动力的需求为 $\bar{L}_{Iu}^{*'} = \bar{I}^{w'} \int_0^{\tau\theta} d\tau = \bar{I}^{w'} \tau'_\theta$，对其资本需求为 $\bar{K}^{*'} = \bar{I}^{w'} \int_0^{\tau\theta} \tau d\tau = \dfrac{\tau'^2_\theta}{2} \bar{I}^{w'}$。显然，$\bar{L}_{Iu}^{*'} > \bar{L}_{Iu}^*$，$\bar{L}_{Iu}^{*'} > 0$，$\bar{K}^{*'} > \bar{K}^*$。并且有 $ISS^{*'} > ISS^*$。[①] 这意味着 G 国生产可变成本的下降（$c^{*'} < c^*$），将增加对劳动力和资本的需求，提高生产分工阶段，也提高其以增加值率和劳动生产率衡量的国际分工地位。

同时，由于 $c^{*'} = c^* - \widetilde{\omega} R - \delta K'$，因此可变成本的下降，既可能来自研发

---

① 因为在 $P_s^* = P_s + \eta$ 时，G 国选择生产或进口技术服务是无差异的，且总产出也相同。若选择生产技术服务，G 国工业部门的总增加值大于进口时，增加值率也比选择进口时要大；同时，劳动生产率也因技术工人参与生产而得到提高。因而 G 国选择生产技术服务时必有 $ISS^{*'} > ISS^*$。

投入带来的技术创新,也可能来自 FDI 的溢出效应。值得注意的是,无论是技术创新还是 FDI 溢出效应带动的 G 国分工地位的提升,都需要使用更多的劳动力和资本,如果 G 国初始的劳动力尤其是技术劳动力和资本不足以满足这种增加的需要,则会限制技术创新和溢出效应对提升其分工地位作用的发挥。这意味着对于 G 国而言,无论是通过提高 FDI 溢出效应,还是增加研发投入进行技术创新,以提高其国际分工地位,都需要以增加劳动力和资本等要素的投入为保障。这与新结构经济学强调人力资本的提升,必须与物质资本的积累和产业升级保持齐头并进的观点不谋而合。[①] 因此我们有如下命题:

在产品内分工条件下,后发国的技术研发和创新以及 FDI 溢出效应,都有利于其国际分工地位的提升,同时,劳动力尤其是技术劳动力和资本投入协同性的增加,是提升国际分工地位的必要条件。

第二节　民营经济国际分工地位影响因素实证检验

一、计量模型及数据

基于以上分析,我们建立以下对数待估计方程,对分析结论进行实证检验:

$$\ln(ISS) = \alpha_0 + \alpha_1\ln(L_u) + \alpha_2\ln(L_s) + \alpha_3\ln(K) + \alpha_4\ln(K') +$$

$$\alpha_5\ln(R) + \alpha_i\ln(X_i) + \sum_i \alpha_i\ln(X_i) + \xi \qquad (9-15)$$

(9-15)式中因变量 ISS 表示产品内分工条件下以出口品的增加值衡量的国际分工地位,X_i 为其他控制变量($i \geq 6$),ξ 是随机误差项,其余字母的含义同前文。我们选择中国高技术产业的统计数据进行计

---

① 参见林毅夫:《新结构经济学——反思经济发展与政策的理论框架》,苏剑译,北京大学出版社 2012 年版。

量回归,以验证理论模型的结论。选择高技术产业的数据,一方面是因为高技术产品更可能采用产品内分工方式进行国际协作生产。据胡梅尔斯等(Hummels 等,2001)的研究,产品内分工需具备三个条件:(1)产品生产可分为连续的两个及以上的阶段;(2)有两个或更多的国家在产品的生产过程中赋予其增加值;(3)至少有一个国家的生产阶段使用进口的中间投入,并且部分产出用于出口。显然生产过程复杂的高技术产品,尤其是其中生产阶段和零部件标准化程度很高的电子信息产品,更容易满足这三个条件。另一方面,中国高技术产业的加工贸易是发展中国家参与全球产品内分工的典型形式。OECD 的数据显示,中国高技术产品出口在 2008 年超越美国居世界第一。[1] 同时,中国高技术产业出口倾向在 2004 年超过了 50%,并在其后都保持 55%左右的水平。[2] 而中国高技术产品出口中一般贸易的比例,虽然呈逐步上升趋势,但在 2006 年之后才超过 10%,到 2010 年达到约 15.2%。[3]这些数据表明,大量的加工贸易,是推动中国成为世界第一大高技术产品出口国的重要因素,加工贸易也是以中国为代表的发展中国家参与全球产品内分工的典型方式。

计量估计所用到的数据包括两部分:一是来自《中国高技术产业统计年鉴》中 1995—2007 年的产业层面的数据[4];二是来自中国工业企业数据库(2005—2007 年)和 2004 年经济普查的企业层面数据。由于产业层面的是直接统计数据,准确性较高,而企业层面的部分数据是我们在一定假设条件下推算得到的,可能存在度量准确性问题。因此,我们先进行产业层面的估计,再以企业层面的估计作为印证。

对产业层面的数据,以增加值和生产率衡量的分工地位与其他国

---

① OECD STAN Bilateral Trade Database,http://stats.oecd.org。

② 即出口额占总产值的比例,根据《中国高技术产业统计年鉴》的数据计算而得。

③ 数据来自中国科技统计网,www.sts.org.cn/。

④ 《中国高技术产业统计年鉴》从 2009 年起不再包括高技术产业增加值,这使得我们无法计算 2008 年及以后年份的增加值率,因此我们的数据只截止到 2007 年。

家的比较见图9-1。以高技术产业中的科技活动人员衡量技术劳动力;以从业人员年平均人数减去科技活动人员数,得到非技术劳动力;资本投入采用王玲和西尔毛伊(王玲和Szirmai,2008)的方法,以永续盘存法计算各期资本存量;由于相应年份高技术产业利用外资数据难以获得,因此借鉴卢获(2003)以及蒋殿春和夏良科(2005)的方法,以外资企业当年投资额衡量;对技术创新以R&D经费内部支出衡量。对产业层面的数据,考虑到数据齐备性和对应性,选取17个三位码行业的数据组成面板数据①,相关数据以1995年为基期进行价格平减②,最终形成一组包括17个截面和13个年份的面板数据集,对其统计性描述见表9-1。

表 9-1　产业层面数据的描述性统计

变　量		$\ln(ISS)$	$\ln(L_u)$	$\ln(L_s)$	$\ln(K)$	$\ln(K')$	$\ln(R)$
总　体	均值	3.580	7.402	3.083	2.639	1.623	3.763
	最大值	4.318	11.393	7.785	7.712	5.973	6.082
	最小值	2.460	4.066	-0.083	0.075	0.038	1.777
	方差	0.309	1.325	1.974	1.553	2.79	2.423
国有企业	均值	3.560	3.628	1.481	0.613	1.982	1.501
	最大值	4.153	7.714	5.008	5.751	5.66	5.262
	最小值	2.748	0.331	0.732	0.097	0.081	0.497
	方差	0.232	1.973	2.326	1.862	2.559	1.811
外资企业	均值	3.616	6.759	2.455	2.652	1.523	1.737
	最大值	4.151	12.522	8.765	7.973	6.432	3.902
	最小值	2.791	0.785	-4.286	-7.273	-6.552	0.079
	方差	0.281	1.876	2.974	3.006	1.881	2.011
样本量		221	221	221	221	221	221

注:此处是对1995—2007年总体数据的统计描述。原数据中劳动力的单位为人,资本、外资和研发投入单位为亿元人民币。

---

①　之所以未选择细分到四位码的数据,一方面四位码行业中部分数据缺失较多(齐备性),另一方面不是每个三位码行业都细分到四位码(对应性)。

②　产值和增加值以工业生产总值指数进行平减,资本存量和外商投资以固定资产投资价格指数进行平减。两个价格指数来自国研网统计数据库。

从图 9-1 可知,中国以增加值和生产率衡量的国际分工地位在 1995—2007 年间持续上升,量值增长了 41%,但与一些发达国家相比差距仍非常明显。以同时期的量值对比,中国大约是其他国家平均值的 30%;其中,中国 2007 年的量值才达到韩国 20 世纪 90 年代、法国和意大利 20 世纪 80 年代的水平,与美国、日本 80 年代的水平尚有一定差距。由于多数国家的增加值率呈下降趋势①,因而中国与发达国家量值的差距主要是劳动生产率的差距所致。虽然中国高技术产业以不变价格计算的劳动生产率在 1995—2007 年间提升了 445%,远远快于其他国家,但由于绝对量的差距太大,而增加值率的下降速度又比其他国家快很多,导致最终的国际分工地位的量值无论从绝对数还是提升的速度来看,都比不上其他国家。

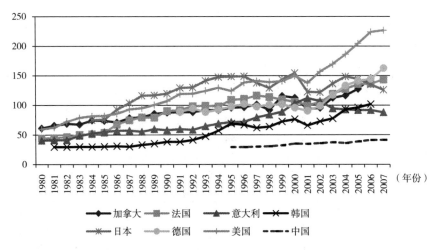

图 9-1　以增加值和生产率衡量的国际分工地位比较:1980—2007 年

注:各国增加值以 1995 年为基期进行平减,并根据当年汇率折为美元,再计算生产率(千美元/人年)。

资料来源:中国数据来自相应年份的《中国高技术产业统计年鉴》(国家统计局、国家发展和改革委员会、科学技术部编,中国统计出版社)和国研网统计数据库(http://edu-data.drcnet.com.cn/web/);其他国家数据来自 OECD《结构分析数据库 2011》。

---

① 由于全球产品内分工的深化,使得参与国使用更多的进口中间投入进行生产,从而会降低其增加值占总产出的比例。

对(9-15)式进行回归估计时,需要注意内生性问题。李红玉(2008)在比较了解决生产函数估计中要素投入变量的内生性问题的各种方法后指出,对面板数据采用广义矩估计(GMM)能够得到一致估计量。因此下文的分析采用动态面板数据的 GMM 估计进行回归分析。动态面板数据 GMM 估计一般要求样本的截面数远大于时期数,本书所收集的数据是 17 个截面和 14 个年份。我们将数据以 2002 年为界,分为两组分别进行回归分析。这一方面是为了满足上述要求,另一方面也是考虑到中国在 2001 年年底加入了 WTO,其后高技术产业要素的投入和出口均出现加速上升趋势(见图 9-2),这可能导致数据的结构发生变化,使得将数据全部混在一起进行估计会降低其结果的可靠性。同时,为了控制自变量以外因素的影响,将前一期的解释变量与滞后一期的被解释变量以及税负率和平均工资①也纳入回归方程。我们先进行总体数据估计,再分别以国有企业和三资企业的数据进行回归估计②,结果见表 9-2。

企业层面的数据来源于中国工业企业数据库(2005—2007 年)和2004 年经济普查数据,并根据国家统计局颁布的"高技术产业统计资料整理公布格式"来筛选高技术企业。③ 部分没有直接记录的数据处理情况如下:2004 年的增加值,采用生产法以工业总产值减去工业中间投入,再加上本年应交增值税而得;以企业从业人员中大专及以上学历人员数来衡量技术劳动力④,2005—2007 年的企业技术劳动力以总

---

① 税负率是税负支出(利税减去利润得到)与产值之比(%),平均工资(单位:元/人)为经价格平减后工资总额与从业人员数之比(数据来源与下文企业层面的相同)。由生产法可知,增加值会受价格和税率两个外生性因素的影响,而价格因素可通过价格平减得到控制。同时,工资水平也是影响增加值和就业的外生变量(由模型分析可知)。

② 一般而言,其他所有制企业的数据可由全行业的数据减去国有企业和三资企业的数据得到,但我们发现有一些项得到的数值为负数,使得对其他所有制企业产业层面的分析难以进行。

③ 国家统计局国统字〔2002〕033 号文件,可参阅国家统计局、国家发展和改革委员会、科学技术部编:《中国高技术产业统计年鉴 2009》(中国统计出版社 2009 年)的附录。

④ 因为两个数据来源中都没有科技活动人员的统计。

从业人员乘以 2004 年的相应企业技术劳动力占比而得;2004 年的企业研发投入以总产值乘以 2005—2007 年相应企业的平均研发投入强度而得;2004 年的资本投入以企业的固定资产净值和流动资产之和来代替,后续年份资本仍通过永续盘存法获得;外资以四位码行业中三资企业投资额衡量。经样本筛选后整理得到 13105 个企业 4 个年份的平衡面板数据(余淼杰,2011),采用与产业层面相同的方法进行估计,结果见表 9-3,由于企业层面的数据直接可得,因此表 9-3 中还包括了对民营企业的估计结果。

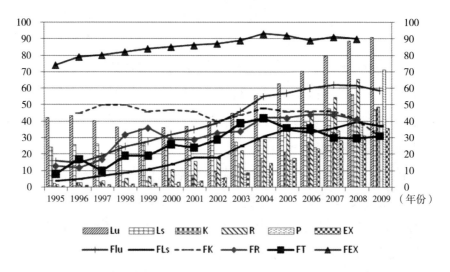

图 9-2　中国高技术产业要素投入和出口状况:1995—2007 年

注:P 代表专利申请数(千件),EX 代表出口交货值(千亿),其余和(9-14)式相同,前加 F 表示三资企业所占比例(右轴)。K(百亿元)、R(十亿元)和 EX 以当年价计。Lu 和 Ls 的单位分别为十万人、万人。

资料来源:1996 和 1997 年的出口根据 OECD STAN Bilateral Trade Database 的数据进行汇率换算而得,并以 1995 和 1998 年的均值推算三资企业出口,其余来源同图 9-1 中国数据。

二、实证结果讨论

对产业层面数据的估计结果而言,回归结果中 Wald 统计量的 χ^2 检验都在 1% 的水平上拒绝了模型的系数(除截距项外)均为零的原假设;而 Sargan 检验都通过,即不能拒绝工具变量有效性的零假设,表示模型估计结果中不存在工具变量的过度识别问题;模型的二阶自相关检验 AR(2)不能拒绝原假设,表明模型不存在自相关。这些检验表明模型整体设定合理,工具变量可接受,可以用估计结果做进一步分析。

总体来看,估计结果与前文理论模型预期基本一致,各主要变量的系数大都为正且显著。但各组数据的估计结果有一定差异。

表 9-2　产业层面数据 GMM 估计结果

$\ln(ISS)$	总体		国企		三资	
	1995—2001	2002—2008	1995—2001	2002—2008	1995—2001	2002—2008
$\ln(Lu)$	0.044** (0.021)	0.098* (0.050)	0.216 (0.141)	0.434* (0.239)	0.149*** (0.050)	0.045** (0.022)
$\ln(Ls)$	0.079** (0.033)	0.088** (0.042)	0.201 (0.146)	0.038 (0.045)	0.759 (0.406)	0.051** (0.025)
$\ln(K)$	0.103*** (0.025)	0.080** (0.036)	0.083** (0.040)	0.196** (0.088)	0.080** (0.033)	0.054** (0.023)
$\ln(K')$	0.020 (0.021)	0.094* (0.051)	0.068 (0.085)	0.094 (0.172)		
$\ln(R)$	0.055*** (0.011)	0.038*** (0.014)	0.252** (0.128)	0.061** (0.029)	0.042 (0.028)	0.029* (0.016)
$\ln(T)$	−0.151*** (0.016)	−0.094** (0.037)	−0.091** (0.038)	0.061** (0.032)	−0.081** (0.036)	−0.070** (0.028)
$\ln(W)$	−0.051** (0.027)	−0.881*** (0.126)	−0.148*** (0.053)	−0.079* (0.045)	−0.215** (0.096)	−0.671*** (0.062)
$\ln(ISS_{t-1})$	0.297*** (0.086)	0.156*** (0.022)	0.215*** (0.079)	0.262*** (0.043)	0.043*** (0.011)	0.028*** (0.009)
$\ln(Lu_{t-1})$	0.001 (0.002)	0.022 (0.038)	0.015 (0.124)	0.002 (0.083)	0.032 (0.026)	0.025 (0.020)
$\ln(Ls_{t-1})$	0.234*** (0.032)	0.371** (0.182)	0.049 (0.052)	043 (0.044)	0.067** (0.027)	0.019 (0.018)
$\ln(K_{t-1})$	0.180* (0.098)	0.151*** (0.014)	0.049 (0.061)	0.070* (0.041)		
$\ln(K'_{t-1})$	0.031* (0.011)	0.077* (0.044)	0.127 (0.111)	−0.015 (0.055)	0.109** (0.051)	0.242** (0.103)
$\ln(R_{t-1})$	0.014*** (0.019)	0.022*** (0.009)	0.104*** (0.026)	0.213*** (0.068)	0.187 (0.274)	0.328* (0.442)

续表

ln(ISS)	总体		国企		三资	
	1995—2001	2002—2008	1995—2001	2002—2008	1995—2001	2002—2008
cons	2.974	3.143	0.186	-0.555	2.265	2.440
Wald P.	0.000	0.000	0.000	0.000	0.000	0.000
Sargan P.	0.102	0.241	0.401	0.160	0.159	0.168
AR(1)P.	0.002	0.006	0.000	0.0001	0.000	0.000
AR(2)P.	0.362	0.443	0.152	0.231	0.279	0.887

注:上标 * 、 * 、 * * * 分别表示 z 检验在 10%、5%和 1%的水平上显著。下标 t-1 表示滞后一期。P. 表示检验的 P 值。ln(T)和 ln(W)分别表示税负率和平均工资的对数。

　　总体数据的估计结果表明,研发投入及其他要素投入对高技术产业的国际分工地位都有一定的促进作用,但显著性水平各有不同。在两组时间估计结果中,非技术劳动力和外商投资(2002—2007 年)的弹性系数都只在 10%的水平上显著,而研发投入则在高于 1%的水平上显著,资本和技术劳动力的显著性居中。这表明技术创新以及物质资本和人力资本的协同投入,是推动整体高技术产业国际分工地位提升的主要因素,而非技术劳动力和外商投资也有正向的促进作用(虽然显著性较低),与前文理论模型的预期基本一致。非技术劳动力的作用显著性低的原因可能是,与技术劳动力相比,其生产效率较低,单位劳动力创造的增加值也低,从而对增加值率和生产率的贡献不如技术劳动力。外商投资的作用不显著是比较意外的结果。2008 年中国高技术产业利用外资额已达 826.2 亿元,占高技术产业总投资额的 17.8%(张晓强,2009),如此大规模的资本投入,即使溢出效应系数非常低,也会因投资的规模而使得溢出效应比较明显。但估计结果却显示,只在后一组数据中很低的水平上显著。造成这种结果的原因可能在于,外资在中国高技术产业中的投资主要是设立三资企业,其中外商独资企业占绝大部分。2008 年高技术产业利用外资额 826.2 亿元,其中港澳台资商投资企业利用 29.7%,外商投资企业利用 66. 6%，只有 3. 6%为内资企业所用，同年，高技术产业中的外商独资企业数占三资企业数约 73. 9%，产值占 74. 1%。[①] 这意味着流入的外资与内资企业的直接联系较少，可能也限制了其直接溢出效应的发挥。当然，溢出效应的大小，还与内资企业的吸收能力有关。布莱克（Blake）等研究发现，生产效率越高的企业，其吸收能力也高，从而越能够从外资流入中获得更大的生产率溢出效应（Blake 等，2009）。就中国高技术产业而言，随着三资企业特别是外商独资企业生产及出口的扩张，外贸的入超状态直至 2004 年才得以改变，这在一定程度上表明，内资企业的生产效率及吸收能力可能也相对有限。此外，外商投资的溢出效应不明显，还可能与三资企业的生产主要是出口导向型有关。林等（Lin 等，2009）人的研究表明，出口导向型的 FDI 对内资企业的溢出效应明显低于内销型的 FDI。而 1995 — 2007 年，中国高技术产业中三资企业的平均出口倾向高达 70%以上。[②]

对国有企业数据的估计结果显示，各变量的显著性水平都较低，其中研发投入和资本投入是提升其国际分工地位的主要推动力，而技术劳动力则完全不显著，非技术劳动力也只是在 2002—2008 年的数据组中在 10%的水平上显著。这表明人力资本积累并不具有提升国有企业国际分工地位的作用，而资本和技术创新则有正向作用。可能的原因在于，技术创新和增加资本投入，对国有企业而言，可能因新的生产技术或设备的使用而提高劳动者的生产效率，但人力资本的积累却因国有企业特殊的管理机制而未必能转化为生产效率。外资的作用也不显著，表明其对国有企业没有明显的溢出效应。实际上，研究者们对外

---

①　利用外资的数据来自张晓强主编的《高技术产业发展年鉴 2009》，外商独资企业数及产值占比根据中国工业企业统计数据库 2008 年数据计算，二者可能不是完全可比。

②　数据来源见国家统计局、国家发展和改革委员会、科学技术部编：《中国高技术产业统计年鉴》相应年份。下文所引用数据，如无特别说明，均与此处来源相同。

资是否对国有企业具有显著的溢出效应并没有一致的结论。布莱克等（Blake 等，2009）的研究发现，通过劳动力的流动，外资对国有企业的生产率具有显著的正向溢出效应；而黑尔和朗（Hale 和 Long，2006）的研究则表明，外资对国有企业的溢出效应不显著或为负。造成这种差异的原因可能是所用的数据不同。

对三资企业数据的估计结果显示，非技术劳动力对提高其国际分工地位作用最显著，但显著性趋于下降（两组数据结果对比），资本投入的显著性次之，技术劳动力和研发投入的显著性水平在后一段的数据组中有所提升。这表明在高技术产业中，外资企业主要利用中国的非技术劳动力，并结合其资本投入进行生产，以提升其产品国际竞争力和自身的国际分工地位。但这种投资生产模式可能正在发生变化，即人力资本和技术的作用在增强。这与三资企业雇佣的非技术劳动力比例在不断降低，而技术劳动力比例上升的趋势相一致。三资企业中两种劳动力之比从 1995 年的 75：1 降到 2007 年的 29：1，表明外资企业从需要大量非技术劳动力的生产，向相对技术复杂的产品生产转变。显然这种转变需要更多的技术劳动力，同时也需要进行一定的技术研发与创新。尽管如此，研发投入的作用仍只是在很低的水平上显著。这可能与其在中国的投资生产模式有关，2007 年三资企业的 R&D 内部支出占高技术产业总体的 44%，专利申请量占总体的 30%，而新产品产值却占总体的 70%。这意味着三资企业的新产品生产能力远高于其研发投入和技术创新水平，二者之间的巨大差距难以用研发的投入产出效率之高低来解释。实际上，2007 年三资企业的 R&D 内部支出占其总产值的比例仅为 0.7%，明显低于高技术产业的平均值 1.1% 的水平。因此，可以推测三资企业能从外部引进新产品，这些引进的新产品不需要在中国进行研发和创新，但同样能提升其生产效率和国际竞争力，亦即新产品的引进代替了在中国的技术创新。当然，研发投入的作用在后一组数据中变得显著，也和外资企业日渐重视国内市场、在华大量设立研发中心的实际观察相一致。①

表 9-3　企业层面数据 GMM 估计结果

ln(ISS)	总体	国企	民营	三资
ln(Lu)	0.020* (0.011)	0.074* (0.028)	0.031** (0.015)	0.020*** (0.007)
ln(Ls)	0.064** (0.030)	0.022* (0.012)	0.70*** (0.057)	0.021* (0.012)
ln(K)	0.073** (0.029)	0.028** (0.018)	0.077*** (0.029)	0.146** (0.064)
ln(K′)	0.012 (0.019)	0.011 (0.013)	0.014 (0.012)	
ln(R)	0.098** (0.042)	0.641*** (0.061)	0.081*** (0.028)	0.300* (0.176)
Wald P.	0.001	0.000	0.000	0.000
Sargan P.	0.116	0.169	0.389	0.350
AR(1)P.	0.008	0.000	0.000	0.000
AR(2)P.	0.620	0.114	0.182	0.200

注:显著性水平和字母代表含义同表 9-2。限于篇幅,只报告了主要变量的估计结果。

　　企业层面数据的估计结果一定程度人印证了产业层面数据的估计结果。总体而言,研发投入、技术劳动力和资本均对企业国际分工地位有较显著的促进作用,而非技术劳动力的作用显著性较低,外商投资的溢出效应不显著。分企业类型而言,国有企业的研发投入作用最显著、资本的作用次之;民营企业则是研发投入、技术劳动力和资本都非常显著;在三资企业中,非技术劳动和资本的显著性较高,技术劳动力和研发投入则只在 10% 的水平上显著。外商投资在所有的数据组中的估计结果中都不显著,这和上文产业层面数据的估计结果基本相一致。

　　对比表 9-2 和表 9-3 的结果可发现,国有企业的人力资本和物质

---

　　① 到 2010 年年初,跨国公司在华设立研发中心已超过 1200 家,见《人民日报》2010 年 3 月 17 日报道,http://paper.people.com.cn/rmrb/html/2010-03/17/nw.D110000renmrb_20100317_4-02.htm。

资本投入,尽管对高技术产业国际分工地位的提升有较显著的作用,但与民营企业相比显著性明显偏低,可能是由于国有企业要素配置效率低下、存在效率损失所致。当企业存在效率损失时,要素配置的效率必然受到影响,从而其积累和提升不能发挥应有的促进国际分工地位的升级作用。

第三节　结论及政策含义

本书将增加值率和生产率作为跨国可比的国际分工地位度量指标,引入产品内分工分析框架中,刻画了发展中国家产业的国际分工地位受国内技术创新、劳动力投入、资本投入,以及 FDI 溢出效应等因素的影响机理。理论模型分析表明,提升技术水平和协同性的要素投入,以及 FDI 的溢出效应,都对发展中国家产业国际分工地位的提升有促进作用。以中国高技术产业和企业层面的数据进行的实证检验表明,技术研发、物质资本和人力资本积累是推动中国高技术产业国际分工地位升级的关键因素,FDI 溢出效应的作用相对有限。

本书的分析表明,中国要实现国际分工地位的提升,进而推动产业升级,除了要转变依赖外部因素的理念(如市场换技术),更应关注内部因素如技术进步和要素提升等的作用,还要推动要素的市场化配置,以提高利用效率。1995—2007 年高技术国有企业科技活动人员占总体的 60.5%,而其专利申请数却只占总体的 37.7%,拥有的发明专利数占总体的 39.3%。国有企业的科技产出与其拥有大量的科技活动人员极不相称,意味着人力资本在企业的创新中没有发挥应有的作用,这与民营企业的表现形成了鲜明的对比。因此,解决好要素的市场化配置、提高利用效率问题,让民营企业在提升高技术产业国际分工地位中应有作用得到进一步突显,同时促进国有企业作用的进一步发挥,是中国产业国际分工地位提升的必然选择。

参考文献

[1]巴曙松:《"刘易斯拐点"是经济转型契机》,《理论学习》2011 年第 11 期。

[2]白洁:《外向直接投资的逆向技术溢出效应——对中国全要素生产率影响的经验研究》,《世界经济研究》2009 年第 8 期。

[3]白重恩、钱震杰、武康平:《中国工业部门要素分配份额决定因素研究》,《经济研究》2008 年第 8 期。

[4]卞昂:《外商直接投资的贸易效应——基于中国省际面板数据的实证分析》,云南财经大学 2010 年硕士学位论文。

[5]曹秋菊:《对外直接投资对母国经济增长的作用研究》,《江苏商论》2007 年第 1 期。

[6]钞鹏:《中国企业对外投资发展历程和规模分析》,《武汉商业服务学院学报》2014 年第 1 期。

[7]陈国荣:《韩国的服务贸易及其促进政策》,《浙江统计》2009 年第 5 期。

[8]陈汉林:《对韩国经济发展模式的重审与反思》,《经济纵横》2003 年第 1 期。

[9]陈继元:《国际技术贸易发展趋势及我国的应对措施》,《武汉市经济管理干部学院学报》2003 年第 3 期。

[10]陈江生:《拉美化陷阱:巴西的经济改革及其启示》,《中共石家庄市委党校学报》2005 年第 7 期。

[11]陈柳钦:《全球价值链:一个关于文献的综述》,《兰州商学院学报》2009 年 10 期。

[12]陈文强:《中国台湾经济快速发展时期贫富差距的控制及启示》,《开放导报》2009 年第 4 期。

[13]陈晓莉:《论中国对外直接投资的经济效应》,《商场现代化》2006 年第 17 期。

[14]陈秀荣:《地缘因素在日本对外经贸发展过程中的作用初探》,《世界地理研究》1999 年第 2 期。

[15]陈雪:《韩国服务贸易发展分析》,吉林大学 2010 年硕士学位论文。

[16]陈友余:《中国经济增长影响因素及其预测》,《统计与决策》2013 年第 3 期。

[17]陈愉瑜:《外向直接投资与中国外贸演化:机理与实证》,浙江大学 2012 年博士学位论文。

[18]陈愉瑜:《中国对外直接投资的贸易结构效应》,《统计研究》2012 年第 9 期。

[19]陈振锋等:《中日韩进出口商品结构之比较研究》,《管理评论》2003 年第 10 期。

[20]池仁勇、邵小芬、吴宝:《全球价值链治理、驱动力和创新理论探析》,《外国经济与管理》2006 年第 3 期。

[21]迟福林:《走向消费主导的中国经济转型与改革战略》,《经济社会体制比较》2012 年第 4 期。

[22]崔健等:《日本促进外国直接投资引进的新政策》,《国际商务》2004 年第 3 期。

[23]单豪杰:《中国资本存量 K 的再估算:1952—2006 年》,《数量经济技术经济研究》2008 年第 10 期。

[24]邓丽娟:《中国台湾经济"黄金十年"的机遇与挑战》,《中国台湾研究》2011 年第 4 期。

[25]樊纲、关志雄、姚枝仲:《国际贸易结构分析:贸易品的技术分布》,《经济研究》2006 年第 8 期。

[26]樊纲、王小鲁、张立文、朱恒鹏:《中国各地区市场化相对进程报告》,《经济研究》2003 年第 3 期。

[27]范爱军:《中韩两国出口制成品的技术结构比较分析》,《国际贸易》2007 年第 3 期。

[28]范巧:《永续盘存法细节设定与中国资本存量估算:1952—2009 年》,《云南财经大学学报》2012 年第 3 期。

[29]方希桦、包群、赖明勇:《国际技术溢出:基于进口传导机制的实证研究》,《中国软科学》2004 年第 7 期。

[30]冯秀臣:《我国民营企业国际化发展战略研究》,哈尔滨工程大学 2012 年硕士学位论文。

[31]傅立峰:《中国高技术产品出口复杂度及其影响因素分析》,浙江大学 2012 年硕士学位论文。

[32]高帆:《体制转型—结构转化:中国经济发展的"异质性"及其引申含义》,《西北大学学报(哲学社会科学版)》2008 年第 1 期。

[33]高帆:《中国二元经济结构转化:轨迹、特征与效应》,《学习与探索》2007 年第 6 期。

[34]龚晓君:《基于 SWOT 模型的苏州民营企业国际化经营战略选择》,《企业家天地(下旬刊)》2010 年第 8 期。

[35]顾金俊:《韩国对外贸易两翼齐飞》,《经济日报》2011 年 12 月 8 日。

[36]关志雄:《从美国市场看"中国制造"的实力》,《国际经济评论》2002 年第 8 期。

[37]国家统计局、国家发展和改革委员会、科学技术部编:《中国高技术产业统计年鉴2009》附录(国统字〔2002〕033号文件),中国统计出版社2009年版。

[38]韩红蒙:《中国企业海外投资区位因素研究》,哈尔滨工业大学2010年硕士学位论文。

[39]韩杰:《多措并举浙江积极有效推进"走出去"发展》,《中国经贸》2012年第13期。

[40]韩丽珠:《战后日本海外直接投资的基本理念》,《北华大学学报》2003年第3期。

[41]何洁:《外商直接投资对中国工业部门外溢效应的进一步精确量化》,《世界经济》2000年第12期。

[42]贺菊煌:《我国资产的估算》,《数量经济技术经济研究》1992年第8期。

[43]胡永强:《多种类补贴与新兴产业培育》,浙江大学2012年硕士学位论文。

[44]黄群慧:《中国城市化与工业化的协调发展问题分析》,《学习与探索》2006年第2期。

[45]黄彤华、王振全、汪寿阳:《中国资本外逃规模的重新估算:1982—2004》,《管理评论》2006年第6期。

[46]黄先海、石东楠:《对外贸易对我国全要素生产率影响的测度与分析》,《世界经济研究》2005年第1期。

[47]黄先海、徐圣:《中国劳动收入比重下降成因分析——基于劳动节约型技术进步的视角》,《经济研究》2009年第7期。

[48]黄先海、杨高举:《高技术产业的国际分工地位:文献述评与新的分析框架》,《浙江大学学报(人文社会科学版)》2009年第6期。

[49]黄先海、杨高举:《中国高技术产业的国际分工地位研究——基于非竞争型投入占用产出模型的跨国分析》,《世界经济》2010年第5期。

[50]黄先海、叶建亮等:《内源主导型:浙江的开放模式》,浙江人民出版社2008年版。

[51]黄先海:《浙江开放模式:顺比较优势的"倒逼型"开放》,《浙江社会科学》2008年第1期。

[52]季方:《中国经济增长响因素实证分析》,首都经济贸易大学2009年硕士学位论文。

[53]贾曼曼:《进口广化对中国国内产品多样性的效应分析》,浙江大学2012年硕士学位论文。

[54]简新华、张皓:《论中国外贸增长方式的转变》,《中国工业经济》2007年第8期。

[55]江小涓:《中国的外资经济对增长结构升级和竞争力的贡献》,《中国社会科学》2002年第6期。

[56]蒋殿春、张宇:《经济转型与外商直接投资技术溢出效应》,《经济研究》2008年

第7期。

[57]蒋仁爱、冯根福:《贸易、FDI、无形技术外溢与中国技术进步》,《管理世界》2012年第9期。

[58]金明善:《日本现代化研究》,辽宁大学出版社1993年版。

[59]景诚:《中国企业对外直接投资区位选择研究》,东南大学2011年硕士学位论文。

[60]景玉琴:《中国产业安全问题研究》,吉林大学2005年博士学位论文。

[61]孔繁荣:《中国台湾经济起飞过程中收入分配均衡化的经验及对大陆的启示》,《中国台湾研究集刊》2011年第1期。

[62]孔庆峰、王冬:《中国外贸发展战略的演变及其动因分析》,《山东大学学报(哲学社会科学版)》2009年第6期。

[63]赖明勇:《外商直接投资与技术外溢:基于吸收能力的研究》,《经济研究》2005年第8期。

[64]雷鹏:《我国对外直接投资战略与产业选择》,《上海经济研究》2012年第6期。

[65]李安方:《探索对外开放的战略创新——"新开放观"研究的时代背景与理论内涵》,《世界经济研究》2007年第3期。

[66]李红玉:《解决厂商生产函数估计中的内生性问题:从参数估计到非参数估计》,中国数量经济学年会(2008年)论文集。

[67]李继宏、陆小丽:《后金融危机时代中国民营企业境外直接投资研究》,《区域金融研究》2013年第6期。

[68]李名峰:《土地要素对中国经济增长贡献研究》,《中国地质大学学报(社会科学版)》2010年第1期。

[69]李明玉:《中国民营企业核心竞争力的现实分析》,《商场现代化》2008年第1期。

[70]李茜:《民营企业对外直接投资研究》,首都经济贸易大学2014年硕士学位论文。

[71]李荣林、姜茜:《我国对外贸易结构对产业结构的先导效应检验——基于制造业数据分析》,《国际贸易问题》2010年第8期。

[72]李锐:《我国民营企业转型升级问题研究》,福建师范大学2013年博士学位论文。

[73]李小平、朱钟棣:《国际贸易、R&D溢出和生产率增长》,《经济研究》2006年第2期。

[74]李莹等:《日本、韩国服务业、服务贸易的发展及对中国的启示》,《学术交流》2007年第10期。

[75]李远:《二战后日本对外贸易政策的变迁》,《经济体制改革》2005年12期。

[76]李治国、唐国兴:《资本形成路径与资本存量调整模型——基于中国转型时期的

分析》,《经济研究》2003 年第 2 期。

[77]梁曙霞:《国际直接投资与国际贸易的关联性——以中国为例的实证分析》,《世界经济与政治论坛》2003 年第 6 期。

[78]林吕建、唐玉:《论当代浙商精神的科学内涵》,《浙江社会科学》2011 年第 8 期。

[79]林毅夫:《新结构经济学——反思经济发展与政策的理论框架》,苏剑译,北京大学出版社 2012 年版。

[80]林毅夫、孙希芳:《经济发展的比较优势战略理论——兼评〈对中国外贸战略与贸易政策的评论〉》,《国际经济评论》2003 年第 12 期。

[81]刘昌黎:《90 年代日本对外直接投资的波动及其原因》,《日本学刊》2001 年第 1 期。

[82]刘巳洋、路江涌、陶志刚:《外商直接投资对内资制造业企业的溢出效应:基于地理距离的研究》,《经济学(季刊)》2008 年第 8 卷第 1 期。

[83]刘寿涛:《全球价值链下企业知识转移影响因素分析》,华中农业大学 2011 年硕士学位论文。

[84]刘信一:《韩国经济发展中的对外贸易》,《中国工业经济》2006 年第 7 期。

[85]刘迎秋、张亮、魏政:《中国民营企业"走出去"竞争力 50 强研究——基于 2008 年中国民营企业"走出去"与竞争力数据库的分析》,《中国工业经济》2009 年第 2 期。

[86]刘珍芳:《我国民营企业对外直接投资及其经济效应分析》,湘潭大学 2009 年硕士学位论文。

[87]隆国强:《新兴大国的对外开放新战略》,《中国经济时报》2011 年 12 月 9 日第 11 版。

[88]蒋殿春、夏良科:《外商直接投资对中国高技术产业技术创新作用的经验分析》,《世界经济》2005 年第 8 期。

[89]卢获:《外商投资与中国经济发展——产业和区域分析证据》,《经济研究》2003 年第 9 期。

[90]卢峰:《产品内分工》,《经济学(季刊)》2004 年第 4 卷第 1 期。

[91]陆定、张永镕:《我国对外开放模式的第三种选择——兼谈东亚两种模式对我国的借鉴》,《国际贸易问题》2007 年第 1 期。

[92]罗良文:《我国企业对外投资的经济效应分析》,《财政研究》2003 年第 6 期。

[93]吕越、罗伟、刘斌:《异质性企业与全球价值链嵌入:基于效率和融资的视角》,《世界经济》2015 年第 8 期。

[94]马丽艳、宁振刚、程慧芳:《国际质量管理体系中过程记录控制的实现分析》,《河北工程大学学报(社会科学版)》2012 年第 2 期。

[95]马文秀:《中日对美国直接投资比较分析》,全国日本经济学会 2012 年会暨"亚太区域经济合作新格局中的中国与日本"学术研讨会,厦门,2014 年 4 月。

[96]孟连、王小鲁:《对中国经济增长统计数据可信度的估计》,《经济研究》2000 年

第 10 期。

[97]欧阳秋珍、陈昭：《技术溢出、利益分配不均和双方决策——综述与评论》，《技术经济》2011 年第 7 期。

[98]欧阳晓明：《2011 年度全国工商联上规模民营企业调研分析报告》，见王钦敏主编：《中国民营经济发展报告 No.10（2012—2013）》，社会科学文献出版社 2013 年版。

[99]欧阳峣：《基于"大国综合优势"的中国对外直接投资战略》，《财贸经济》2006 年第 5 期。

[100]潘艳芳：《中国资源导向型对外直接投资的经济效应分析》，天津财经大学 2012 年硕士学位论文。

[101]潘颖、刘辉煌：《中国对外直接投资与产业结构升级关系的实证研究》，《统计与决策》2010 年第 2 期。

[102]彭莉：《中国台湾侨外投资条例探析——兼评中国台湾当局的陆资对台投资政策法规》，《中国台湾研究集刊》2003 年第 4 期。

[103]彭斯达、陈继勇、杨余：《我国对外贸易商品结构和方式与经济增长的相关性比较》，《国际贸易问题》2008 年第 3 期。

[104]彭伟斌、陈晓慧：《WTO 与我国民营经济发展创新战略探析——以浙江省为例》，《湖南工程学院学报（社会科学版）》2003 年第 4 期。

[105]彭维文：《我国汽车产业链的发展思考》，《北方经济》2005 年第 2 期。

[106]平新乔：《市场换来了技术吗》，《国际经济评论》2007 年第 5 期。

[107]齐东锋：《发展中国家外向直接投资理论及其对我国的启示》，《现代管理科学》2006 年第 5 期。

[108]齐俊妍：《出口品技术含量和附加值视角：中国贸易比较优势与竞争力重新考察》，《现代财经》2009 年第 7 期。

[109]齐俊妍：《基于产品技术含量和附加值分布的国际贸易结构分析方法研究》，《现代财经》2006 年第 8 期。

[110]齐俊妍：《出口品技术含量和附加值视角：中国贸易比较优势与竞争力重新考察》，《现代财经》2009 年第 7 期。

[111]齐晓斋：《巴西经济起落的启示和投资机遇》，《上海轻工业》2004 年第 3 期。

[112]钱晓婧：《日本对外直接投资的研究及对中国的启示》，西南财经大学 2007 年硕士学位论文。

[113]任重、朱延福：《论战略性贸易政策》，《海南大学学报（人文社会科学版）》2006 年 3 期。

[114]沈坤荣、耿强：《外国直接投资、技术外溢与内生经济增长——中国数据的计量检验与实证分析》，《中国社会科学》2001 年第 5 期。

[115]石雯怡：《我国民营企业海外并购管理研究——以吉利并购沃尔沃为例》，对外经济贸易大学 2013 年硕士学位论文。

［116］石旭东:《外商直接投资与我国产业升级:机理与实证》,浙江大学 2012 年硕士学位论文。

［117］石正方:《中国台湾对外经济关系的"全球布局战略"》,《中国台湾研究》2004 年第 3 期。

［118］舒杏:《吉利并购沃尔沃后的风险分析及建议》,《经营管理者》2015 年第 15 期。

［119］宋晓华:《产业转型,向"韩国经验"学什么》,《新华日报》2008 年 1 月 4 日。

［120］孙红国等:《探析巴西现代化进程中的战略选择》,《九江学院学报(社会科学版)》2006 年第 4 期。

［121］孙世春:《日本区域经济合作构想及其战略取向》,《日本研究》2012 年第 1 期。

［122］唐心智、吴萍:《不同动因 FDI 与对外贸易相互关系研究》,《中国商贸》2010 年第 16 期。

［123］田伯平:《全球分工与全球性经济危机——基于全球经济均衡分析的视角》,《南京政治学院学报》2012 年第 5 期。

［124］汪斌、李伟庆、周明海:《ODI 与中国自主创新:机理分析与实证研究》,《科学学研究》2010 年第 6 期。

［125］汪琦:《对外直接投资对投资国的产业结构调整效应及其传导机制》,《世界经济与政治论坛》2014 年第 1 期。

［126］王柏玲、江蓉:《基于价值链视角提升民营经济竞争优势研究》,《企业活力》2010 年第 3 期。

［127］王宏淼:《中国的"新重商主义"及其改进思路:对外开放模式的一个审视》,《经济与管理研究》2008 年第 4 期。

［128］王娇:《论民营企业跨国经营中的政府作用》,对外经济贸易大学 2009 年硕士学位论文。

［129］王静:《我国大中型企业复杂产品系统技术创新的组织模式研究》,北京交通大学 2014 年硕士学位论文。

［130］王岚:《全球价值链分工背景下的附加值贸易:框架、测度和应用》,《经济评论》2013 年第 5 期。

［131］王玲、A.Szirmai:《高技术产业技术投入和生产率增长之间关系的研究》,《经济学(季刊)》2008 年第 7 卷第 3 期。

［132］王喜红:《我国民营企业境外投资探析》,《理论前沿》2006 年第 14 期。

［133］王英:《中国对外直接投资的产业结构调整效应研究》,南京航空航天大学 2007 年博士学位论文。

［134］王永进、施炳展:《上游垄断与中国企业产品质量升级》,《经济研究》2014 年第 4 期。

［135］王永强:《对外直接投资对经济发展的影响及对策研究》,武汉理工大学 2004

年硕士学位论文。

[136]魏荣祥:《中国民营企业海外并购的战略研究——以吉利并购沃尔活为例》,东南大学 2011 年硕士学位论文。

[137]魏婷:《国际贸易技术溢出对中国经济增长的促进作用研究》,厦门大学 2007 年硕士学位论文。

[138]吴桂华:《后金融危机时期新国际贸易保护主义研究》,《江西社会科学》2010 年第 6 期。

[139]吴金希等:《地方政府在发展战略性新兴产业中的角色和作用》,《科学学与科学技术管理》2012 年第 8 期。

[140]吴延兵:《国有企业双重效率损失研究》,《经济研究》2012 年第 3 期。

[141]谢林林:《金融发展对高新技术产业成长的作用机理研究》,《经济前沿》2009 年第 10 期。

[142]徐红梅:《拉美人均 GDP 达到 1000 美元后的问题和启示》,对外经贸大学 2006 年硕士学位论文。

[143]徐立军:《日本贸易立国战略辨析》,《现代日本经济》2002 年第 4 期。

[144]许斌:《技术升级与中国出口竞争力》,《国际经济评论》2008 年 5—6 月。

[145]许庆瑞、陈力田、吴志岩:《战略可调性提升产品创新能力的机理——内外权变因素的影响》,《科学学研究》2012 年第 8 期。

[146]薛美萍:《中国民营企业对外直接投资研究》,东北财经大学 2011 年硕士学位论文。

[147]杨春梅:《中国企业对外直接投资问题研究》,四川大学 2008 年硕士学位论文。

[148]杨汝岱、姚洋:《限赶超与经济增长》,北京大学中国经济研究中心,讨论稿系列 No.C2007016。

[149]姚洋、张晔:《中国产品国内技术含量升级研究——来自全国、江苏和广东的证据》,北京大学中国经济研究中心,讨论稿系列 No.C2007013。

[150]姚洋、章林峰:《中国本土企业出口竞争优势和技术变迁分析》,北京大学中国经济研究中心,讨论稿系列 No.C2007012。

[151]叶飞文:《要素投入与中国经济增长》,北京大学出版社 2004 年版。

[152]叶丰:《现阶段中国民营企业跨国经营战略研究》,对外经济贸易大学 2013 年硕士学位论文。

[153]殷德生、唐海燕、黄腾飞:《国际贸易、企业异质性与产品质量升级》,《经济研究》2011 年第 2 期。

[154]尹贤淑:《韩国经济增长方式转变的经验及启示》,《中央财经大学学报》2003 年第 1 期。

[155]尹翔硕:《逐步转向自由贸易——中韩经济发展阶段和相应贸易战略的比较》,《国际贸易》2003 年第 4 期。

［156］尹中立:《2012 年中国经济的最大挑战是产能过剩》,《观察与思考》2012 年第 3 期。

［157］余淼杰:《加工贸易、企业生产率和关税减免——来自中国产品面的证据》,《经济学(季刊)》2011 年第 10 卷第 4 期。

［158］喻美辞、喻春娇:《中国进口贸易技术溢出效应的实证分析》,《国际贸易问题》2006 年第 3 期。

［159］袁霓:《对中国经济发展阶段的探讨——从刘易斯曲线、人口红利、库兹涅茨曲线角度出发》,《技术经济与管理研究》2012 年第 9 期。

［160］袁欣:《中国对外贸易结构与产业结构:"镜像"与"原像"的背离》,《经济学家》2010 年第 6 期。

［161］张宝宇:《巴西的通货膨胀与反通货膨胀经验》,《拉丁美洲研究》1995 年第 3 期。

［162］张二震、任志成:《FDI 与中国就业结构的演进》,《经济理论与经济管理》2005 年第 5 期。

［163］张洪霞、李颖:《技术进步对经济增长的贡献:理论述评》,《广东财经职业学院学报》2009 年第 1 期。

［164］张杰、陈志远、刘元春:《中国出口国内附加值的测算与变化机制》,《经济研究》2013 年第 10 期。

［165］张杰、张坚:《对外直接投资对我国国际收支的影响》,《对外经贸实务》2010 年 1 期。

［166］张军、章元:《对中国资本存量 K 的再估计》,《经济研究》2003 年第 7 期。

［167］张奎亮:《中国制造业在全球价值链分工中地位的影响因素分析》,山东大学2011 年硕士学位论文。

［168］张露:《刘易斯转折点的跨越与挑战》,《沿海企业与科技》2011 年第 1 期。

［169］张明志、马静:《产业结构影响中国贸易收支失衡的理论分析与实证检验》,《国际贸易问题》2012 年第 1 期。

［170］张庆霖、陈万灵:《外资进入、内资研发与加工贸易升级——基于面板数据的实证研究》,《国际经贸探索》2011 年第 7 期。

［171］张霞:《日本战略性贸易政策探讨》,对外经贸大学 2007 年硕士学位论文。

［172］张晓刚:《论设计创意产业对我国经济转型的驱动作用》,《当代经济管理》2010 年第 1 期。

［173］张晓强:《高技术产业发展年鉴 2009》,北京理工大学出版社 2009 年版。

［174］张晓瑜:《我国民营企业发展现状概述》,《中国内部审计》2012 年第 10 期。

［175］张亚斌、易红星、林金开:《进口贸易与经济增长的实证分析》,《财经理论与实践》2002 年第 12 期。

［176］张燕、陈漓高:《从对外贸易角度看中国产业升级的路径——基于投入产出法

的实证分析》,《世界经济研究》2008 年第 12 期。

[177]张燕生:《后危机时代:中国转变外贸增长方式最重要》,《国际经济评论》2010 年第 1 期。

[178]张幼文:《国际金融中心发展的经验教训——世界若干案例的启示》,《社会科学》2003 年第 1 期。

[179]章传利:《韩国贸易政策的演变及原因探析》,《技术与市场》2012 年第 4 期。

[180]赵放:《新环境新变化——日本对外贸易政策动向评析》,《现代日本经济》2005 年第 3 期。

[181]赵骞:《中国企业对外直接投资的结构分析》,《经济研究导刊》2012 年第 8 期。

[182]赵伟、古广东、何元庆:《外向 FDI 与中国技术进步:机理分析与尝试性实证》,《管理世界》2006 年第 7 期。

[183]赵伟、江东:《ODI 与中国产业升级:机理分析与尝试性实证》,《浙江大学学报》2010 年第 3 期。

[184]郑秉文:《"中等收入陷阱"与中国发展道路——基于国际经验教训的视角》,《中国人口科学》2011 年第 1 期。

[185]郑洁琦:《基于全球价值链的中国制造型产业集群升级模式研究——以浙江产业集群为例》,北京交通大学 2010 年硕士学位论文。

[186]郑锦:《浅析当前民营企业对外贸易面临的形势及发展之路》,《商场现代化》2008 年第 18 期。

[187]钟昌标:《外商直接投资地区间溢出效应研究》,《经济研究》2010 年第 1 期。

[188]罗雨泽等:《外商直接投资的空间外溢效应:对中国区域企业生产率影响的经验检验》,《经济学(季刊)》2008 年第 7 卷第 2 期。

[189]周丽莎:《基于企业创新的浙江民营企业对外直接投资范式研究》,浙江工业大学 2011 年硕士学位论文。

[190]周明海、肖文、姚先国:《企业异质性、所有制结构与劳动收入份额》,《管理世界》2010 年第 10 期。

[191]周倩:《我国民营企业海外直接投资研究》,安徽大学 2007 年硕士学位论文。

[192]周小锋:《环杭州湾地区经济与产业发展研究》,《经济视角(下)》2012 年第 5 期。

[193]朱坤林:《中小企业融资政策国际比较及启示》,《经济问题探索》2008 年第 9 期。

[194]Dani Rodrik:《中国出口有何独到之处?》,《世界经济》2006 年第 3 期。

[195] Balassa, B., "Trade Liberalization and 'Revealed' Comparative Advantage", *The Manchester School of Economic and Social Studies*, Vol.33, No.2, 1965, pp.99-123.

[196] Balassa, B., "Exports and Economic Growth: Further Evidence", *Journal of Development Economics*, Vol.5, 1978, pp.181-189.

［197］Balassa, B., "Trade Creation and Diversion in European Common Market: An Appraisal of Evidence", *The Manchester School of Economic & Social Studies*, Vol. 42, No. 2, 1974, pp.93-135.

［198］Baldwin, R. E., "On the Growth Effects of Import Competition", *National Bureau of Economic Research*, 1992.

［199］Bernstein, J.I., Mohnen, P., "International R&D Spillovers between US and Japanese R&D Intensive Sectors", *Journal of International Economics*, Vol.44, No.2, 1998, pp.315-338.

［200］Bin, Xu, "Measuring China's Export Sophistication", Working Paper, China Europe International Business School, 2007.

［201］Blake, A., Deng, Z., Falvey, R., "How Does the Productivity of Foreign Direct Investment Spillover to Local Firms in Chinese Manufacturing?", *The University of Nottingham and GEP Research Paper*, March 2009.

［202］Blomström, M., Persson, H., "Foreign Investment and Spillovers Efficiency in an Underdevelopment Economy: Evidence from the Mexican Manufacturing Industry", *World Development*, Vol.11, No.6, 1983, pp.493-501.

［203］Coe, D.T., Helpman, E., and Hoffmaister, A.W., "International R&D Spillovers and Institutions", *European Economic Review*, Vol.53, No.7, 2009, pp.723-741.

［204］Coe, D. T., Helpman, E., "International R&D Spillovers", *European Economic Review*, Vol.39, No.5, 1995, pp.859-887.

［205］Davis, D. R., "Intra-industry Trade: A Heckscher-Ohlin-Ricardo Approach", *Journal of international Economics*, Vol.39, No .3, 1995, pp.201-226.

［206］Davis, D. R., "Home Market, Trade, and Industrial Structure", *Social Science Electronic Publishing*, Vol.88, No.5, May 1997, pp.1264-1276.

［207］Dedrick, J., Kraemer, K.L., and Linden, G., "Who Profits from Innovation in Global Value Chains? A Study of the iPod and Notebook PCs", *U.S.-China Hi-Tech Trade Conference Paper*, School of Public Policy and Management, Tsinghua University, Beijing, October 23-24, 2009.

［208］Dixit, A. K., Stiglitz, J. E., "Monopolistic Competition and Optimum Product Diversity", *American Economic Review*, Vol.67, No.3, 1977, pp.297-308.

［209］Dornbusch, R., Fischer, S., and Samuelson, P. A., "Comparative Advantage, Trade and Payments in a Ricardian Model with a Continuum of Goods", *American Economic Review*, Vol.67, No.3, 1977, pp.823-839.

［210］Eaton, J., Kortum, S., "Trade in Ideas Patenting and Productivity in the OECD", *Journal of International Economics*, Vol.40, No.3, 1996, pp.251-278.

［211］Essaji, A., Kinya, F., "Contracting Institutions and Product Quality", *Journal of Comparative Economics*, Vol.40, No.2, 2012, pp.269-278.

[212] Fan, C. S. and Hu, Y., "Foreign Direct Investment and Indigenous Technological Efforts: Evidence from China", *Economics Letters*, Vol.96, No.2, 2007, pp.253-258.

[213] Feenstra, R. C., Romalis, J., "International Prices and Endogenous Quality", *The Quarterly Journal of Economics*, Vol.129, No.2, 2014, p.477.

[214] Flam, H., Helpman, E., "Vertical Product Differentiation and North-South Trade", *American Economic Review*, Vol.77, No.5, 1987, pp.810-822.

[215] Garcia, R., Scur, G., "Knowledge Management in Local Systems in the Brazilian Ceramic Tile Industry and the New Challenges of Competition in the Global Value Chain", *Journal of Knowledge Management Practice*, Vol.11, No.1, 2010, pp.57-78.

[216] Gereffi, G., "International Trade and Industrial Upgrading in the Apparel Commodity Chain", *Journal of International Economics*, Vol.48, 1999, pp.37-70.

[217] Gereffi, G., Humphrey, J., and Sturgeon, T., "The Governance of Global Value Chains", *Review of International Political Economy*, Vol.12, No.1, 2005, pp.78-104.

[218] Gibbon, P., Ponte, S., *Trading Down: Africa, Value Chains, and the Global Economy*, Temple University Press, Philadelphia, 2005.

[219] Goldberg, P. K., Khandelwal, A., Pavcnik, N. et al., "Imported Intermediate Inputs and Domestic Product Growth: Evidence from India", *National Bureau of Economic Research*, 2008.

[220] Griliches, Z., "Market value, R&D, and Patents", *Economics Letters*, Vol.7, No.2, 1981, pp.183-187.

[221] Grossman, G. M., Helpman, E., "Comparative Advantage and Long-Run Economic Growth", *American Economic Review*, Vol.80, No.4, 1990, pp.796-815.

[222] Grossman, G. M., Helpman, E, "Trade, Knowledge Spillovers, and Growth", *European Economic Review*, Vol.35, No.2, 1991, pp.517-526.

[223] Grossman, G. M., Helpman, E., "Quality Ladders in the Theory of Growth", *The Review of Economic Studies*, Vol.58, No.1, 1991, pp.43-61.

[224] Haddad, M., Harrison, A., "Are there Positive Spillovers from Direct Foreign Investment? Evidence from Panel Data for Morocco", *Journal of Development Economics*, Vol.42, No.1, 1993, pp.51-74.

[225] Hale, G., Long, C., "FDI Spillovers and Firm Ownership in China: Labor Markets and Backward Linkages", *Federal Reserve Bank of San Francisco Working Paper Series*, 2006 No. 2006-25.

[226] Hallak, J. C., Sivadasan, J, "Product and Process Productivity: Implications for Quality Choice and Conditional Exporter Premia", *Journal of International Economics*, Vol.91, No.1, 2013, pp.53-67.

[227] Hallak, J., "Product Quality and the Direction of Trade", *Journal of International*

Economics,Vol.68,No.1,2006,pp.238-265.

[228] Hausmann, R., Hwang, J., and Rodrik, D., "What You Export Matters", *National Bureau of Economic Research*, 2005.

[229] Hu, Albert G. Z. and Jefferson, G. H., "FDI Impact and Spillover: Evidence from China's Electronic and Textile Industries", *The World Economy*, Vol. 25, No. 8, 2002, pp. 1063-1076.

[230] Hummels, D., Klenow, P. J., "The Variety and Quality of a Nation's Exports", *American Economic Review*, Vol.95, No.3, 2005, pp.704-723.

[231] Hummels, D., Ishii, J., YiKei-Mu, "The Nature and Growth of Vertical Specialization in World Trade", *Journal of International Economics*, Vol.54, 2001, pp.75-96.

[232] Humphrey, J., Schmitz, H., "Governance in Global Value Chains", in Hubert Schmitz (ed), *Local Enterprises in the Global Economy: Issues of Governance and Upgrading*, Cheltenham: Elgar, 2003.

[233] Johnson, R.C., Noguera, G., "Accounting for Intermediates: Production Sharing and Trade in Value Added", *Journal of International Economics*, Vol.86, 2012, pp.224-236.

[234] Kee, H.L., Tang, H., "Domestic Value Added in Exports: Theory and Firm Evidence from China", *American Economic Review*, Vol.106, No.6, 2016, pp.1402-1436.

[235] Kogut, B. "Designing Global Strategies: Comparative and Competitive Value-added Chains", *Sloan Management Review*, Vol.26, 1985, pp.15-28.

[236] Kokko, A., "Technology, Market Characteristics, and Spillovers", *Journal of Development Economics*, Vol.43, No.2, 1994, pp.279-293.

[237] Kokko, A., Tansini, R., and Zejan, M. C., "Local Technological Capability and Productivity Spillovers from FDI in the Uruguayan Manufacturing Sector", *The Journal of Development Studies*, Vol.32, No.4, 1996, pp.606-611.

[238] Koopman, R., Wang, Z., and Wei, S. J., "How Much of Chinese Exports is Really Made in China? Assessing Domestic Value-Added When Processing Trade is Pervasive", NBER Working Paper, 2008, No.14109.

[239] Koopman, R., Wang, Z., and Wei, S. J., "Estimating Domestic Content in Exports When Processing Trade is Pervasive", *Journal of Development Economics*, Vol. 99, 2012, pp. 178-189.

[240] Koopman, R., Wang, Z., and Wei, S J., "Tracing Value-Added and Double Countingin Gross Exports", *American Economic Review*, Vol.104, No.2, 2014, pp.459-494.

[241] Koopman, R., Powers, W., Wang, Z., and Wei, S J., "Give Credit Where Credit Is Due: Tracing Value Added in Global Production Chains", NBER Working Paper, 2010, No.16426.

[242] Krugman, P., "Scale Economics, Product Differentiation and the Pattern of Trade",

American Economic Review,Vol.70,No.5,1980,pp.50-59.

[243] Krugman,P.,"Growing World Trade:Causes and Consequences",*Brookings Papers on Economic Activity*,Vol.1,1995,pp.327-377.

[244] Lall,Sanjaya,"The Technological Structure and Performance of Developing Country Manufactured Exports, 1985 - 1998", Oxford Development Studies, 2000, vol. 28, No. 3, pp. 337-369.

[245] Lall,Sanjaya,Albaladejo,Manuel,"China's Competitive Performance:A Threat to East Asian Manufactured Exports?",*World Development*,2004,Vol.32,pp.1441 - 1466.

[246] Lichtenberg, F., de La Potterie B V P, "International R&D Spillovers: A Reexamination",*National Bureau of Economic Research*,1996.

[247] Lin,P.,Liu,Z.,and Zhang,Y.,"Do Chinese Domestic Firms Benefit from FDI Inflow? Evidence of Horizontal and Vertical Spillovers",*China Economic Review*,Vol.20,No.4, 2009,pp.677 - 691.

[248] Linder, S. B., An Essay on Trade and Transformation, Stockholm: Almqvist & Wiksell,1961.

[249] Long,N.V.,Riezman,R.,and Soubeyran,A.,"Fragmentation,Outsourcing and the Service Sector",*The North American Journal of Economics and Finance*,Vol.16,No.1,2005,pp. 137 - 152.

[250] Markusen, James R., Venables, A. J., "Multinational Firms and the New Trade Theory",*Journal of International Economics*,Vol.46,No.2,1998,pp.183-204.

[251] Melitz,Marc J.,"The Impact of Trade on Intra-industry Reallocations and Aggregate Industry Productivity",*Econometrica*,Vol.71,No.6,2003,pp.1695-1725.

[252] Melitz,Marc J.,"The Impact of Trade on Intra-Industry Reallocations on Aggregate Industry Productivity",*Econometrica*,Vol.71,No.6,2003,pp.1695-1725.

[253] Ozawa,T.,"Japan in a New Phase of Multinationalism and Industrial Upgrading: Functional Integration of Trade,Growth and FDI",*Transnational Corporations and Innovatory Activities*,Vol.17,1994,p.361.

[254] Porter, M. E., *The Competitive Advantage: Creating and Sustaining Superior Performance*.NY:Free Press,1998.

[255] Redding, Stephen, "Dynamic Comparative Advantage and the Welfare Effects of Trade",*Oxford Economic Paper*,1999,p.51.

[256] Redding,Stephen,"Specialization Dynamics",*Journal of International Economics*, Vol.58,pp.2002,299-334.

[257] Schiff, M., Wang, Y., "Education, Governance and Trade - Related Technology Diffusion in Latin America",IZA DP No.1028,2004.

[258] Schott, P. K., "The Relative Sophistication of Chinese Exports", NBER working

paper,2006,No.12173.

[259] Stevens Guy V. G., Lipsey, R. E., "Interactions between Domestic and Foreign Investment", *Journal of International Money & Finance*, Vol.11, No.1, Nov 1992, pp.40-62.

[260] Thomsen, L., "Accessing Global Value Chains? The Role of Business - State Relations in the Private Clothing Industry in Vietnam", *Journal of Economic Geography*, Vol.7, No.6, 2007, pp.753-776.

[261] Upward, Richard, Wang, Zheng, and Zheng, Jinghai, "Weighing China's Export Basket: The Domestic Content and Technology Intensity of Chinese Exports", *Journal of Comparative Economics*, Vol.41, 2012, pp.527-543.

[262] Verhoogen, E., "Trade, Quality Upgrading, and Wage Inequality in the Mexican Manufacturing Sector", *The Quarterly Journal of Economics*, Vol.123, No.2, 2008.

[263] Xu, X., Sheng, Y., "Productivity Spillovers from Foreign Direct Investment: Firm - Level Evidence from China", *World Development*, Vol.40, No.1, 2012, pp.62-74.

[264] Young, A., "The Tyrant of Numbers: Confronting the Statistical Realities of the East Asian Growth Experience", NBER Working Paper, 1994, No.4680.

策划编辑:郑海燕

封面设计:吴燕妮

责任校对:吕　飞

图书在版编目(CIP)数据

开放战略转型与民营经济发展/黄先海 等　著. —北京:人民出版社,2017.6

ISBN 978－7－01－017747－2

Ⅰ.①开… 　Ⅱ.①黄… 　Ⅲ.①民营经济-经济发展-研究-中国

　Ⅳ.①F121.23

中国版本图书馆 CIP 数据核字(2017)第 121353 号

开放战略转型与民营经济发展

KAIFANG ZHANLÜE ZHUANXING YU MINYING JINGJI FAZHAN

黄先海　杨高举 等　著

人民出版社 出版发行

(100706　北京市东城区隆福寺街 99 号)

北京盛通印刷股份有限公司印刷　新华书店经销

2017 年 6 月第 1 版　2017 年 6 月北京第 1 次印刷

开本:710 毫米×1000 毫米 1/16　印张:15.25

字数:176 千字

ISBN 978－7－01－017747－2　定价:50.00 元

邮购地址 100706　北京市东城区隆福寺街 99 号

人民东方图书销售中心　电话 (010)65250042　65289539